青年学术丛书·教育

YOUTH ACADEMIC SERIES-EDUCATION

思想政治教育活动研究

褚凤英 著

人民出版社

序

　　不断加强和改进包括思想政治教育在内的党的建设，是我们党领导人民取得革命胜利和推进社会主义现代化建设事业的重要法宝之一。思想政治教育作为中国共产党的政治优势和优良传统，是取得革命胜利和社会主义建设成就的重要保证。在当今我国全面建设小康社会的关键时期，思想政治教育对于增强民族凝聚力和创造力，为现代化建设提供有力的思想保证和精神动力，都起着不可替代的作用。加强和改进党的思想政治教育，推进社会主义精神文明建设，增强社会主义意识形态的吸引力和凝聚力，是党的十七大作出的一个重大战略部署。

　　在新形势下，加强和改进党的思想政治教育，需要我们创新思想政治教育的理论与方法，切实提高思想政治教育工作的针对性和有效性。为此，我们必须不断分析和解答新问题，不断发现和开拓新领域，不断创造和运用新方法，才能走出一条独具特色的个性化研究道路。思想政治教育学科是在马克思主义指导下，在总结思想政治教育实践经验的基础上建立起来的综合性、政治性、科学性、实践性很强的一门应用学科，也是一门新兴的、比较年轻的学科。在当前我国推进思想政治教育学科建设的进程中，我们必须坚持学科意识和问题意识，在重点开展应用研究的同时，加强基础研究，深化思想政治教育学的基础理论建设。

　　其中，关于思想政治教育学元理论的研究就是当前基础理论建设中的一个重要问题。元理论首先是对整个学科理论作整体性的反思，它区别于对某一具体理论的反思。其次，元理论将以一种批判的态度来审视原来学科的理论结构以及其他种种表现，它是一种超越的视界，意味着一种更高级的逻辑形式。加强思想政治教育学元理论研究是推进学科建设的关键之举。

褚凤英在博士论文基础上出版的专著《思想政治教育活动研究》就是对思想政治教育学元理论研究的一种初步尝试。通读全书，我个人认为该书在以下几个方面具有元理论研究的意义和自身的理论特色。

第一，该书突破了旧有研究视角和方法论的局限，以全新的研究范式，对思想政治教育现象进行了整体性反思。思想政治教育是人类自有阶级以来就存在的一种社会现象，这是一个具有普遍性与历史性的社会事实。长期以来，我国学术界主要是从"社会需要"的角度，来理解和认识思想政治教育现象的。从方法论上说，是以社会为"元点"，通过研究思想政治教育对社会已经发生的作用，为思想政治教育的存在寻找合法性基础。"社会需要论"的研究范式有其合理的一面，在某种意义上甚至是必不可少的。但是，这种研究范式的不足之处也非常明显，即它忽视了人的存在和发展与思想政治教育的内在关联，因而无法深入到思想政治教育活动内部进行深层细致的研究。可以说，已有的思想政治教育研究注重外在力量对人的思想品德的改变，但对主体的自我创造过程、对人的自觉活动在思想政治教育中的作用研究不够。

从"现实的个人"出发，是唯物史观观察社会历史现象的根本观点和方法。在我的指导下，褚凤英在博士论文中应用了这一科学方法，并提出思想政治教育研究"人学范式"转向的命题。从我掌握的情况看，这样明确、系统地提出"范式转换"问题，在思想政治教育学界尚属首次。这个观点于2006年在由我牵头撰写、人民出版社出版的学术专著《思想政治教育学前沿》（褚凤英撰写了其中的"活动研究"部分）一书中公开发表。近年来，这一研究范式被思想政治教育学界广泛接受。

褚凤英的这本新专著运用马克思主义人学的研究范式，把马克思主义关于人和社会的关系、人和人的关系、人的本质、人的主体性、人的需要、人的价值以及人的权利和义务、人的自由和平等、人的理想和信念等理论，作为思想政治教育理论研究和学科建设的坚实基础，力图将宏大的问题转化成感性的具体问题来研究，从而使思想政治教育更贴近生活实际。具体地说，本书从思想政治教育与人的生存和发展的关系出发，探讨思想政治教育作为一种必然的社会现象，它本身蕴涵了人的生存和发展的哪些内在要求和一般逻辑。这也是把思想政治教育和那些具有最一般意义的与人有关的哲学理论命题结合加以思考，从而使思想政治教育基本理论研究获得一种高度或升华。

第二，该书将思想政治教育的研究置于马克思主义唯物史观理论基础之上，把思想政治教育看做现实的个人所参与的主体性活动，并具有高效性的价值追求。具体地说，就是把思想政治教育看做人的一种生命活动，看做一种满足人的生存和发展需要的主体性活动，在此基础上对作为主体性活动的思想政治教育的内部结构和过程进行深入细致的研究。该书从主体活动的角度，首次明确区分了思想政治教育中的"教育者的价值引导活动"与"教育对象的思想品德建构活动"，且对这两种活动均做了系统深入的分析，并从一个新的角度即主体之间的交互活动来解释两种活动的关系，从而取得了理论突破，解决了学术界长期以来存在的"单主体说"、"双主体说"等旷日持久的论争。

第三，该书在马克思主义人学范式下，对思想政治教育学的基本理论——思想政治教育的本质、功能、价值、目的等问题——进行了新的思考。该书指出，思想政治教育的本质是调节个人与社会的思想政治关系，促进个人价值取向与社会价值导向同质发展，以实现个人与社会良性互动的活动；思想政治教育的功能在于促进个人思想品德和社会思想文化的发展；思想政治教育的价值是人本价值，即实现人对社会思想文化的适应与超越；思想政治教育的目的是培养思想品德建构活动和社会生活的主体，以实现"教是为了不教"（叶圣陶语）。这些理论观点都具有很强的创新意义。

总之，这本新专著从"现实的个人"出发，以"人的主体性活动"为切入点，对思想政治教育活动的内部结构和过程进行了深入细致的研究，在此基础上对思想政治教育学的基本理论问题进行了探讨，进而提出理解思想政治教育现象的一种"全新理论范式"，为创新思想政治教育理论奠定了坚实基础。可以说，该书的出版是近年来思想政治教育学科建设的一个新成果，是思想政治教育"元理论"研究的一个重要尝试。

褚凤英是我于 2000 年在华中师范大学招收的马克思主义理论与思想政治教育专业的第一届博士生。作为导师，十余年来我见证了她在学术研究方面的艰辛与坚持。在学期间和毕业以来，她一直致力于思想政治教育学基本理论的研究和探索，本书的出版可以说是她学习和探索过程中的一个小结。

最后，我衷心祝愿她能够在学术研究的道路上不断进取并获得新的突破。

张耀灿

2011 年 7 月 10 日于武昌桂子山

目 录

导　论

　　思想政治教育是人类自有阶级以来就存在的一种社会现象。长期以来，我国学术界主要是从"社会需要"的角度来理解和认识思想政治教育现象。这种研究模式有其合理的一面，但它忽视了人的存在和发展与思想政治教育的内在关联，因而无法深入到思想政治教育活动内部进行深层细致的研究。

　　本书将思想政治教育的研究置于马克思主义唯物史观理论之上，把思想政治教育看做现实的个人所参与的社会活动，追求其高效性的价值活动。具体地说，从活动的视角研究思想政治教育，就是把思想政治教育看做是人的一种生命活动，看做是一种满足人的生存和发展需要的主体性活动，在此基础上对作为主体性活动的思想政治教育的内部结构和过程进行深入细致的研究，进而提出理解思想政治教育现象的一种全新理论范式，为创新思想政治教育理论奠定坚实的基础。这也是把思想政治教育和那些具有最一般意义的与人有关的哲学理论命题结合加以思考，从而使思想政治教育基础理论研究获得一种高度或升华。

　　把思想政治教育看做是人的一种主体性活动，这个思想在已有的研究文献中虽略有涉及，但比较集中地进行专题的研究尚不多见。因此，这可能是思想政治教育学研究的一个新的视点。同时，从人的生存和发展的角度看，思想政治教育作为一种客观的也是必然的社会现象，它本身蕴涵了人的生存和发展的哪些内在要求和一般逻辑，也正是我们需要展开深入探寻的。

　　从活动的视角研究思想政治教育，把思想政治教育看做是人类的一种主体性活动，既是实践发展的客观需要，又是深化思想政治教育理论研究和促进思想政治教育学科发展的内在要求。因此，在具体展开研究之前，我们有必要对这一研究课题的提出与研究意义、逻辑结构和研究方法做简要的分析。

一、从"社会需要"到"现实的个人"：
思想政治教育研究方法论之转向

　　在当前的现实生活中，思想政治教育工作不好做，思想政治教育效果不理想，思想政治教育有效性不明显，这在近些年来已是不争的事实，并已引起了思想政治教育理论工作者和实际工作者的高度关注。许多理论工作者从不同的视角和不同的侧面进行研究，推动了思想政治教育理论和实践的不断发展。但反观这些研究，我们发现，大多数理论研究都是针对思想政治教育理论和现实中的某些具体理论和实际问题展开的，而对思想政治教育整体现象从根本上进行反思性的研究尚显不足。对于与思想政治教育有着密切相关性的教育实践活动，人们已经达成了这样的共识："教育是一项巨大的事业，对人类命运具有强烈的影响，因而，如果我们只根据它的结构、后勤的手段和过程去考虑教育，那将是十分有害的。对于教育的实质，教育同人类与人类发展的基本关系、教育同作为社会产物和社会因素的环境相互作用等等，我们必须进行深刻的检查和广泛的重新考虑。"① 这个论断对于我们进一步认识思想政治教育，从而探究思想政治教育"是什么"、"为什么"和"应该怎样"等问题，使思想政治教育沿着科学化的道路发展，具有重要的启示意义。从整体上看，社会科学方法

---

　　① 联合国教科文组织国际教育委员会编：《学会生存——教育世界的今天和明天》，教育科学出版社 1996 年版，第 98—99 页。

包括两方面的内容：一是科学抽象系统，这一系统重在揭示社会现象"是什么"，并把社会规律逻辑地表述出来；二是科学解释系统，这一系统重在对"是什么"进行"为什么"的解释，是对社会现象进行"理解"的方法。① 因此，我们必须从整体上对思想政治教育现象加以"理解"。

要从整体上对思想政治教育进行认识，首先要回答的一个问题便是"思想政治教育是什么"。那么，思想政治教育是什么呢？思想政治教育概念的提出，是在马克思主义诞生之后。但是，思想政治教育作为一种客观存在的社会现象源远流长。时至今日，它不仅渗透于现实社会的各大系统，而且已经成为人们潜心探究的一个学科领域。作为一种社会现象，思想政治教育是人类社会自有阶级以来就存在的一种普遍现象。古往今来，任何统治阶级都力图用他们的思想体系、政治观点和道德规范来影响全社会的成员，使社会成员尤其是年轻一代成为统治阶级所要求的人，从而巩固其统治。因此，一般认为，思想政治教育是指社会和社会群体用一定的思想观念、政治观点、道德规范，对其成员施加有目的、有计划、有组织的影响，使他们形成符合一定社会或一定阶级所需要的思想品德的社会实践活动。② 这个结论既是对古今中外思想政治教育现象和事实的历史总结，又是对这种社会现象的理论抽象，是一个历经实践检验的科学结论，应当成为我们进一步进行理论研究和理论建构的坚实基础。理论作为对问题的解释方式，应当具有普遍性，能够为众多人所共有。思想政治教育学既然是一门实践性很强的学科，那么，在学科研究领域里被普遍认同的科学结论如何走向实践领域，并为广大人民群众所认同和接受？这是思想政治教育理论工作者不能忽略和回避的一个重要问题，也是一个极富挑战性的问题。因为，一个简单的事实是，在当前的现实生活中，人们普遍认

① 参见杨耕：《"危机"中的重建》，中国人民大学出版社 1995 年版，第 226 页。
② 参见邱伟光、张耀灿主编：《思想政治教育学原理》，高等教育出版社 1999 年版，第 4 页。

为，思想政治教育再重要，也是党和国家的事情，是社会的事情，而不是个人的事情，不是与个人有关的事情；思想政治教育只不过是为社会需要服务的，是为了社会需要而培养人，而与个人的利益、个人的发展、个人的需要是不甚相关甚至是相悖的，因而远离、漠视甚至拒斥思想政治教育。甚至一些思想政治教育工作者也不乏这种思想倾向，在实际工作中常常满足于上级交给的任务，以至于使本应该充满生机和活力的思想政治教育也常常陷于软弱无力。马克思指出："理论只要说服人，就能掌握群众；而理论只要彻底，就能说服人。所谓彻底，就是抓住事物的根本。"[①]因此，我们必须从根本上对作为一种普遍的社会现象的思想政治教育进行反思，探询思想政治教育的存在之基，追问思想政治教育何以能够成为一种普遍的、必然的社会现象，从而使理论真正彻底而说服人，以便为思想政治教育"正名"，为人民群众"解蔽"，为扬弃思想政治教育的外在性压力提供一种新理念，使思想政治教育发挥应有的作用。

思想政治教育何以能够成为一种普遍的、必然的社会现象呢？对于这个问题，人们一般认为，作为一种社会实践活动，思想政治教育是社会大系统中的一个子系统，是维持现存社会正常运转、支撑社会良性运行的一个重要系统。从研究的方法论上说，这是从社会需要出发，以社会为"元点"，着眼于思想政治教育与社会大系统和其他子系统之间的关系，通过研究思想政治教育对社会大系统和各个子系统的作用，为思想政治教育的存在寻找合法性基础。可以说，"社会需要论"是思想政治教育研究的基本方法论模式，有学者把这种研究模式称为"社会哲学的视野"。[②]也就是说，在较长时间内，人们对于思想政治教育这一社会现象主要是在"社会需要"这个层面上来认识和把握的。客观地说，从社会需要的视角出发研究思想政治教育有其合理的一面，在某种程度上，这种方法论模式的研究甚至是必不可少的。事实上，思想政治教育的确在社会大系统中扮

① 《马克思恩格斯文集》第 1 卷，人民出版社 2009 年版，第 11 页。
② 参见张澍军：《德育哲学引论》，人民出版社 2002 年版，第 89 页。

演着重要角色，承担着重要任务并发挥着重要作用，其地位是独立的和不可替代的。在社会系统中，社会各领域的问题都有可能在思想政治教育领域中找到某种反映。因此，在我国，思想政治教育就一直被看做是"经济工作和其他一切工作的生命线，是团结全党全国各族人民实现党和国家各项任务的中心环节，是我们党和社会主义国家的重要政治优势"①。从社会需要出发进行研究，思想政治教育在整个社会大系统中的实体地位得以确证，思想政治教育的相对独立性得到承认，从而使思想政治教育在实际运行中不再仅仅服从于政治需要，而是要服从和服务于整个社会发展。这对于纠正思想政治教育"万能论"和"无用论"两种错误认识和实践倾向，都是十分必要的。总之，研究思想政治教育与社会的关系，能够揭示思想政治教育具有普适性的一面，并揭示了思想政治教育随着社会发展而发生变化的必然性。

但是，如果以此模式为唯一的研究方法论，则是不全面的，甚至是有失偏颇的。这种研究方法论模式的不足之处至少在于，仅仅把思想政治教育看做社会大系统中的有机构成部分，只是看到了思想政治教育与社会大系统及其子系统的联系，以及思想政治教育在社会大系统中的某种功能，只能表明思想政治教育在社会大系统中的重要性、必要性和不可取代性，却无法深入到思想政治教育内部，探讨思想政治教育"何以可能"存在，又是"如何成为"一种普遍的社会现象，以及"应当成为"何种社会现象。即是说，这种研究方法论模式无法在深层意义上解释思想政治教育已有的"事实存在"和应当的"价值存在"。而只有对这些问题作出回答，才能彰显出思想政治教育的哲学意蕴和本质内涵。而在"社会需要"方法论模式的指导下，人们往往立足于从思想政治教育的社会历史本质或者说社会物质基础（利益关系）、社会功能和社会普遍价值导向来阐述人类思想政治教育现象的起源、发展类型以及社会历史作用，建构的思想政治教育理论则侧重于思想政治教育的社会一般，而忽视了对思想政治教育现

---

① 《江泽民文选》第三卷，人民出版社2006年版，第74页。

象进行深层细致的研究。若仅仅停留在这个研究层面上，对于思想政治教育这种人类所特有的极为复杂的社会现象，则不仅很难全面深入地揭示它的特殊本质、运行机制和发展规律，有效地发挥它应有的社会功能，而且在实际中往往会陷入空洞、片面性，造成操作上的阻塞和工作上的失误。在现代社会，如果我们仍然把思想政治教育看做是统治阶级进行统治和管理的工具，看做统治阶级意志之体现，那么，在当前这个改革开放和社会主义市场经济充分发展的新时代，在这个社会成员在权利和义务关系方面发生重大调整、人的主体性意识越来越充分彰显的新时期，这种理论指导下的思想政治教育实践便愈发显得软弱无力。这就注定了这种方法论指导下的思想政治教育理论研究是不深刻、不彻底的。总之，这种思维方式和研究方法论模式的局限性是很明显的，它从根本上限制了思想政治教育研究的视野，使研究者的思路难以超越经验性认识的框架。①

　　任何一种学术创新都离不开方法论上的突破。一种新的方法论的应用能够改变人们的思维方式，拓展人们的思维空间，使人们最终突破旧理论的框架，创立新的理论。如果说一种研究希冀它呈现自身特殊的气韵和景象，那么毫无疑问的，研究者应该以自己的角度和自己的方法认识世界和解释历史的事实。在此视界下，命题将在不断深化的基础上获得新的诠释。一切理论探讨最终都可以归结为对其研究方法论的探讨，一切理论变革又都首先依赖于对其研究方法论的变革，只有研究方法论的科学更新才能带来该学科的重大突破。如果不冲破旧的研究方法论模式，就不能为理论研究开拓新的领域。当代著名哲学家维特根斯坦认为："洞见或透识隐藏于深处的棘手问题是艰难的，因为如果只是把握这一棘手问题的表层，它就会维持原状，仍然得不到解决。因此，必须把它'连根拔起'，使它

---

① 经验的方法是重要的，任何理论思维无不以经验为依托，然而，单纯经验主义的方法是狭隘的，也是有害的。它只遵从经验和感受原则，重视眼前的实存状态，而把理论的抽象和应当如何的实践原则看成空洞的抽象和独断的教条，从而把实存与应该、现实与理想对立起来，其结果使自己陷入形而上学的独断。参见高兆明：《道德生活论》，河海大学出版社1993年版，"序"二。

彻底地暴露出来；这就要求我们开始以一种新的方式来思考。这一变化具有决定意义，打个比方说，这就像从炼金术的思维方式过渡到化学的思维方式一样。难以确立的正是这种新的思维方式。一旦新的思维方式得以确立，旧的问题就会消失；实际上人们会很难再意识到这些旧的问题。因为这些问题是与我们的表达方式相伴随的，一旦我们用一种新的形式来表达自己的观点，旧的问题就会连同旧的语言外套一起被抛弃。"① 这样，我们就要在已有的科学结论的基础上对思想政治教育进行进一步的研究，就不但要对思想政治教育的整体现象进行反思，而且要突破研究视角和方法论的局限，对原有的、约定俗成的思维方式和方法论进行转换和变革，使目光穿过思想政治教育的社会表现形式，走向思想政治教育本身的最深层、最根本的存在，而不是囿于原有的研究方法论模式，仅仅在某些理论的细枝末节上修修补补。不言而喻，原有的研究方法论既有合理性，也有不足之处。因此，我们对新的方法论的找寻并不是任意而为的，而是要对原有的方法论进行剖析，摸清人们选择这种方法论的根据是什么，这样才能在吸收原有方法论合理之处的基础上突破它的局限性，并弥补其不足之处。

马克思说过，只要按照事物的真实面目及其产生情况来理解事物，任何深奥的哲学问题都可以十分简单地归结为某种经验的事实。② 思想政治教育作为一种自人类有阶级以来就存在的社会现象，也是社会历史领域中的一种事实存在。事实具有个别性、可复核性、精确性和可知性的特点。它是形成一切科学领域概念、定律、原理，建立科学理论的基础。恩格斯说："不论在自然科学或历史科学的领域中，都必须从既有的事实出发。"③ 无独有偶，美国学者埃恩里奇也认为，"研究是寻求解释。即对事

---

① 转引自皮埃尔·布迪厄等：《实践与反思——反思社会学导引》，中央编译局出版社 1998 年版，第 1 页。
② 参见《马克思恩格斯文集》第 1 卷，人民出版社 2009 年版，第 528 页。
③ 《马克思恩格斯文集》第 9 卷，人民出版社 2009 年版，第 440 页。

件、现象、关系和原因作出解释"①。研究思想政治教育现象，当然首先也要对思想政治教育进行"事实认定"。长期以来，人们都是把思想政治教育看做整个社会存在中的一个单项，看做社会生活的一个必然的领域。因而，人们往往从社会需要出发，探讨思想政治教育存在的合法性。从社会需要出发，纳入人们研究视野的思想政治教育客观事实就是作为社会子系统的思想政治教育与整个社会大系统，以及与社会其他子系统之间的关系、相互作用及其过程，人们关注的是思想政治教育与社会各个子系统、与整个社会大系统的功能关系和在社会大系统中的地位与作用，期望的是思想政治教育社会功能的最终顺利实现。因而，人们把思想政治教育所具有的社会功能看做是其存在的根基。其实，在思想政治教育这种社会现象中，作为个体的人是不可或缺的，因为"人们的社会历史始终只是他们的个体发展的历史，而不管他们是否意识到这一点"②。那么，作为个体的人与思想政治教育的关系何以没有被纳入研究者的视野呢？这就涉及认定客观事实的有关问题。人们进行科学认识不是盲目的，而是有着自己的目的和动力，在人们进行科学认识时就先有一种价值观在起推动作用了。这一点已为当代认识论所证明，即在认识关系中有一种价值关系在制约着人们的认识。有学者指出，在人文社会科学世界里，并不存在"价值无涉"（Value-freedom）的所谓客观事实，因为这涉及研究者捕捉所谓"客观事实"时的立场与趣味。研究者的知识背景、期待视野、对历史和现实的提问方式，还有研究思路和理解框架，已经内在地决定了研究不可能"完全客观"。我们看见什么取决于如何去看，我们征求的答案其实早就包含在问题之中。我们试图要探索、解决的问题本身是只有在我们的理论视域中才能得以凸显和明晰的。③ 正如英国历史学家卡尔所形象地指出的："事实的确不像鱼贩子案板上的鱼。事实就像在浩瀚的，有时也是深

---

① 唐·埃思里奇：《应用经济学研究方法论》，经济科学出版社 1998 年版，第 19 页。
② 《马克思恩格斯选集》第 4 卷，人民出版社 1995 年版，第 532 页。
③ 参见肖川：《主体性道德人格教育》，北京师范大学出版社 2002 年版，第 41—43 页。

不可测的海洋中游泳的鱼；历史学家钓到什么样的事实，部分取决于运气，而主要还是取决于历史学家喜欢在海岸的什么位置钓鱼，取决于他喜欢用什么样的钓鱼用具钓鱼——当然，这两个因素是由历史学家想捕捉什么样的鱼来决定的。"① "社会需要论"的研究方法论模式仅仅关注思想政治教育与社会的关系，把这种社会现象主要归结于思想政治教育与社会的功能关系，这就涉及研究者研究社会历史现象（思想政治教育）的旨趣问题。不可否认的是，在"社会需要论"研究者的思想深处，可能还或多或少地存在着关于社会与个人关系问题的模糊认识。

在对于社会的观念把握中，最令人困惑的问题是个体与群体的关系问题。② 类似于这个问题的关于个人与社会的关系问题，同样令人困惑。但是，这又是一个不得不解决的问题，因为"个人和社会的关系问题在社会观念中占有极其重要的地位，可以说是社会观念的核心问题"③。我国传统哲学以及相应的思维方式总是认为"社会"是一种实体化的人格，"社会被看作超越个人之上独立存在的实体，人仅被当作从属于它的活动工具，这就是自古流传下来关于社会的基本观念"④。加之我国长期以来形成的整体主义文化传统的深刻影响，我们总是从实体化的社会这个视角来看待社会的性质及其与个人的关系。事实上，社会并不是反映某种独立存在的实体范畴，而是反映人与人的关系的范畴；社会不是单个人机械相加的总和，而是由人所构成的社会关系的总和。正如马克思所说，"社会不是由个人构成，而是表示这些个人彼此发生的那些联系和关系的总和"⑤，"真正的社会联系并不是由反思产生的，它是由于有了个人的需要

---

① E. H. 卡尔：《历史是什么？》，商务印书馆 2007 年版，第 108 页。
② 鲍桑葵认为，"个人与社会的关系是一切社会问题的根源"。见鲍桑葵：《关于国家的哲学理论》，商务印书馆 1995 年版，第 78 页。
③ 陈晏清等：《个人和社会的关系问题是社会观念的核心问题》，《天津大学学报》（社会科学版）1999 年第 1 期。
④ 高清海：《高清海哲学文存》第 2 卷，吉林人民出版社 1997 年版，第 300 页。
⑤ 《马克思恩格斯全集》第 30 卷，人民出版社 1995 年版，第 221 页。

和利己主义才出现的，也就是个人在积极实现其存在时的直接产物"①。这也就是说，我们说"人是社会中的人"，实质上是说人是在社会关系中存在的，而不能把人理解为处于实体化的社会中的人。从唯物史观的观点来看，并不存在一个先预设的实体化社会，"正像社会本身生产作为人的人一样，社会也是由人生产的"②；"人不是抽象的蛰居于世界之外的存在物。人就是人的世界，就是国家，社会"③。因此，马克思提醒人们："首先应当避免重新把'社会'当做抽象的东西同个体对立起来。个体是社会存在物。因此，他的生命表现，即使不采取共同的、同他人一起完成的生命表现这种直接形式，也是社会生活的表现和确证。"④ "人是社会的动物"表明，作为个体的人只有以一种社会性的形式，才能够生存和发展，才能成为人。也就是说，社会"不过是个体结合而成的一种关系体系，是实现个体生命活动的社会形式，也就是人这种特有生命实体的特有存在方式"⑤。个人与社会是有机统一的，个人在社会关系中生存和发展，而社会又是现实的个人活动的产物。人们经常说，社会是人的社会，人是社会的人，二者是相互规定的。这就是说，一方面，人的思想情感、观点信念和心理意识都是社会关系的反映。但另一方面，我们应该看到而不能忽略这种事实：人作为历史的剧作者，社会历史是由人编导的；个人是社会的单元，社会是由自觉的个体组成的。人类之"类"本身也并不是一种实体性的存在，作为类的实体而存在的人只能是现实的个人。社会最终要通过每一个现实的个人表现和起作用，个人是社会的最终目的。所以，从逻辑上讲，现实的个人毕竟更具有先在性，这种逻辑地位是不能颠倒的。正如马克思所说："全部人类历史的第一个前提无疑是有生命的个人的存在。"⑥ 如果离开了这个前提，或者把二者对立起来，那么社会就变成了

---

① 《马克思恩格斯全集》第 42 卷，人民出版社 1979 年版，第 24 页。
② 《马克思恩格斯文集》第 1 卷，人民出版社 2009 年版，第 187 页。
③ 同上书，第 3 页。
④ 同上书，第 188 页。
⑤ 高清海：《高清海哲学文存》第 2 卷，吉林人民出版社 1997 年版，第 302 页。
⑥ 《马克思恩格斯文集》第 1 卷，人民出版社 2009 年版，第 519 页。

抽象的东西。而把社会抽象化、概念化，在理论上导致对社会非现实的理解，是唯心主义的社会历史观、空想的社会理论和脱离实际的社会主张的思想根源。

马克思把"现实的个人"作为人类社会历史的起点和人类生存发展的前提与基础。从现实的个人出发，是唯物史观观察社会历史现象的根本观点和方法，它也是唯物史观区别于其他非科学的社会历史观而成为科学的社会历史观的根本点。马克思在《德意志意识形态》中反复强调，"我们开始要谈的前提不是任意提出的，不是教条，而是一些只有在臆想中才能撇开的现实前提。这是一些现实的个人，是他们的活动和他们的物质生活条件，包括他们已有的和由他们自己的活动创造出来的物质生活条件。因此，这些前提可以用纯粹经验的方法来确认"①，"在思辨终止的地方，在现实生活面前，正是描述人们实践活动和实际发展过程的真正的实证科学开始的地方"②，"符合现实生活的考察方法则从现实的、有生命的个人本身出发"③，而现实的个人"不是处在某种虚幻的离群索居和固定不变状态中的人，而是处在现实的、可以通过经验观察到的、在一定条件下进行的发展过程中的人"④。这就是要从"现实的个人"出发去说明社会，而不是相反，把社会当做现成的东西去说明个人。马克思曾经说过："我们陷入困境，也许是因为我们只把人理解为人格化的范畴，而不是理解为个人。"⑤ 也就是说，只有当我们把人还原为个人，而不是纯粹的人格化的范畴，才能获得对人、对世界真实的、具体的理解。

既然从现实的个人出发是唯物史观观察社会历史现象的根本观点和方法，那么，我们考察作为一种社会历史现象的思想政治教育之产生与发展的起点，同样必须遵循唯物史观的这一方法论原则。如此说来，思想政治

---

① 《马克思恩格斯文集》第 1 卷，人民出版社 2009 年版，第 516 页。
② 同上书，第 526 页。
③ 同上书，第 525 页。
④ 同上。
⑤ 《马克思恩格斯文集》第 5 卷，人民出版社 2009 年版，第 189 页。

教育与社会的关系在本质上可以还原为与社会中的现实的个人的关系。由此，纳入研究视野中的思想政治教育事实就应该还原为思想政治教育与现实的个人的关系。因此，我们必须透过思想政治教育与社会的关系这层帷幕，从个人的存在和需要出发，并以此作为一个基本的研究方法论去认定和研究思想政治教育领域的客观事实，进而对思想政治教育的存在作出合理的阐释。这样，与以往研究不同的是，我们把"现实的个人"作为思想政治教育研究的起点。

二、活动：从"现实的个人"出发研究思想政治教育的切入点

既然思想政治教育与社会的关系在本质上可以还原为与社会中现实的个人的关系，思想政治教育所体现的社会功能并不足以为思想政治教育的必然性存在提供最后的支撑，那么首先，我们就要追问在它背后更深的存在之基是什么。从唯物史观关于个人与社会的关系理论来看，思想政治教育的社会功能只能是通过现实的个人实现的。也就是说，思想政治教育社会功能的实现不是直接的，而是经过了现实的个人这个中介。当然，作为一种客观存在，社会一般表现为具有特定形态和范围的人群共同体。也正是在这个意义上，思想政治教育的社会功能才是具体的和现实的。因此，我们可以说，思想政治教育最一般的意义和最直接的、本体的功能就在于人的改变。具体地说，在于人的思想品德的改变。这种改变体现着人对社会倡导的某种理想和价值的践行与追求，因而在本质上是人的思想品德的发展。通过思想政治教育，个人成为社会机体的有效组成部分，社会成为由有效组成部分构成的有机整体，以实现个人与社会的良性互动。这样，思想政治教育就通过促进人的思想品德发展而使社会获得了存在和发展的现实性力量——现实的个人，从而使思想政治教育本身成为社会大系统中的具有某种实体性功能的有机的构成部分。

　　其次，我们需要进一步探究的是，思想政治教育何以能够使人的思想品德获得发展。现代哲学的研究表明，活动是人的存在和发展的基本方式。① 人在本质上是作为活动主体而存在的，能动而现实的活动是人存在的基本形态。唯物史观认为，现实的人是活动着的人，人们是通过活动来创造自己的实际生活和历史的，有目的的活动就是表现和实现人们自己的存在和发展的根本方式。马克思恩格斯指出："全部人类历史的第一个前提无疑是有生命的个人的存在。因此，第一个需要确认的事实就是这些个人的肉体组织以及由此产生的个人对其他自然的关系。"② 他们又强调，这里所说的个人是"现实中的个人，也就是说，这些个人是从事活动的，进行物质生产的，因而是在一定的物质的、不受他们任意支配的界限、前提和条件下活动着的"③。人们之所以通过活动来创造自己的实际生活和历史，是因为人们只有通过活动，才能满足自己生存和发展的多样性需要。正如马克思指出的，人们"积极地活动，通过活动来取得一定的外界物，从而满足自己的需要"④，而"已经得到满足的第一个需要本身、满足需要的活动和已经获得的为满足需要而用的工具又引起新的需要"⑤，新的需要又引起新的活动。这样就创造着人们的越来越丰富多彩的社会实际生活，并推动着人类历史的发展和进步。人类需要的这种连锁反应以及为满足不断产生的需要而不断扩展的人类活动，是人类社会进步的无穷动力。一部人类的历史就是人有意识地通过自己有目的的对象性活动创造的历史，"历史不过是追求着自己目的的人的活动而已"⑥。社会与人的活动具有内在的统一性，人类社会就是由人在活动中相互之间发生的关系构成的系统。

---

① 参见郭湛：《人活动的效率》，人民出版社1990年版，第5—6页。
② 《马克思恩格斯文集》第1卷，人民出版社2009年版，第519页。
③ 同上书，第524页。
④ 《马克思恩格斯全集》第19卷，人民出版社1963年版，第405页。
⑤ 《马克思恩格斯文集》第1卷，人民出版社2009年版，第531页。
⑥ 同上书，第295页。

马克思在批判旧唯物主义时指出，对于现存事物不能只是从客体的或直观的形式去理解，而要同时把它们当做人的感性活动去理解，要从主体方面去理解。作为一种新的世界观的马克思主义哲学，区别于旧唯物主义的显要之处就在于，它将哲学的视野从面向泛化的宇宙自然聚焦于与人的生存和发展相关联的世界，并把现存世界"从人的活动"、"从主体方面去理解"。① 在马克思看来，世界既不是什么超自然的神秘力量的创造物，也不是外在于人而存在的仅仅直观的对象（费尔巴哈的观点）；人在这个世界的面前既不是消极无谓的承受者，也不仅仅是被动的解释者。对于新哲学来说，人所生活的这个世界是人参与其生成、在人的活动中不断被改造和创新的对象，人在这里是具有主体功能、有着无限作用、积极主动的能动存在。从人的活动的视野来看，由自然界和人类社会构成的人的现存世界以及人自身都是人的活动的产物。

在马克思主义唯物史观视野中，现存世界包括人化自然和人的社会两个部分。马克思认为，自从有了人类，自然界就不再是"纯粹的"自然界，而是人化的自然；自然界"在历史进程中由于人们的活动而发生的变更"②，就是"自然界对人来说的生成过程"③。马克思在《1844年经济学哲学手稿》中就曾指出，"在人类历史中即在人类社会的形成过程中生成的自然界，是人的现实的自然界；因此，通过工业——尽管以异化的形式——形成的自然界，是真正的、人本学的自然界。"④ 恩格斯也认为，"只有人能够做到给自然打上自己的印记，因为他们不仅迁移动植物，而且也改变了他们的居住地的面貌、气候，甚至还改变了动植物本身，以致他们活动的结果只能和地球的普遍灭亡一起消失"⑤。

在马克思看来，从人的活动、从主体方面去理解现存世界中的社会，

---

① 《马克思恩格斯文集》第1卷，人民出版社2009年版，第499页。
② 同上书，第519页。
③ 同上书，第196页。
④ 同上书，第193页。
⑤ 《马克思恩格斯文集》第9卷，人民出版社2009年版，第421页。

"社会——不管其形式如何——是什么呢？是人们交互活动的产物"①，
"国家的职能等等只不过是人的社会特质的存在方式和活动方式"②。唯物
史观不是把社会现象看做没有生命、没有活力的既成事实，而是看做人类
活动的不同表现，通过揭示人的活动史来理解人们的社会实际生活和人类
的历史发展。正如列宁所说的那样，"个人的社会活动，即社会事实"③。
任何社会制度、社会关系和社会力量都是人本身活动的产物和表现，正如
马克思所说，"因为人的本质是人的真正的社会联系，所以人在积极实现
自己本质的过程中创造、生产人的社会联系、社会本质，而社会本质不是
一种同单个人相对立的抽象的一般的力量，而是每一个单个人的本质，是
他自己的活动，他自己的生活，他自己的享受，他自己的财富"④，"社会
关系的含义在这里是指许多个人的共同活动"⑤。社会既是主体能动活动
的过程，又是主体活动的结果；没有主体活动，就没有社会。人是受动和
能动的统一体，但能动是人的更为本质的一面，是人与动物的分野所在，
"人，像动物一样，服从着社会的各种法则，但是除此之外，他还能积极
地参与创造和改变社会生活形式的活动"⑥。可见，人并不是完全听命于
社会关系摆布的被动存在，而是能够自觉地、能动地认识和改造社会。社
会作为人与人的结合方式是人活动的结果，是以往的人的活动所产生的、
现实的人的活动在其中进行并不断再生产出来的关系。社会无非是人们活
动的总和，社会结构无非是人们的各种活动及其条件的组合方式，历史文
化也不过是前人的活动所创造的至今仍在影响着现实的人们的各种观念、
经验、规范等。无论是它们的产生还是它们对现在的人们的实际影响，都
是首先需要从历史上的人们的活动和现在的人们的活动来予以解释的。正
如马克思所说："以一定的方式进行生产活动的一定的个人，发生一定的

① 《马克思恩格斯全集》第 47 卷，人民出版社 2004 年版，第 440 页。
② 《马克思恩格斯全集》第 3 卷，人民出版社 2002 年版，第 29 页。
③ 《列宁全集》第 1 卷，人民出版社 1984 年版，第 367 页。
④ 《马克思恩格斯全集》第 42 卷，人民出版社 1979 年版，第 24 页。
⑤ 《马克思恩格斯文集》第 1 卷，人民出版社 2009 年版，第 532 页。
⑥ 恩斯特·卡西尔：《人论》，上海译文出版社 1985 年版，第 282 页。

社会关系和政治关系。经验的观察在任何情况下都应当根据经验来揭示社会结构和政治结构同生产的联系，而不应当带有任何神秘和思辨的色彩。社会结构和国家总是从一定的个人的生活过程中产生的。"①

唯物史观认为，不仅人的人化自然和人的社会是通过人的活动而存在的，而且人自身也是通过人的活动而存在的，人在能动地改造自然界和社会的过程中改造着人自身。正如马克思所说，"个人怎样表现自己的生命，他们自己就是怎样。因此，他们是什么样的，这同他们的生产是一致的——既和他们生产什么一致，又和他们怎样生产一致"②，"工业的历史和工业的已经生成的对象性的存在，是一本打开了的关于人的本质力量的书，是感性地摆在我们面前的人的心理学"③。这就是说，人们自身生命的生产与再生产，都是通过活动来实现的；人正是通过自身的活动来确证、实现自身的存在与本质的。不仅如此，人的思维也是在人的活动中产生和发展的，"人的思维的最本质的和最切近的基础，正是人所引起的自然界的变化，而不仅仅是自然界本身；人在怎样的程度上学会改变自然界，人的智力就在怎样的程度上发展起来"④，而"发展着自己的物质生产和物质交往的人们，在改变自己的这个现实的同时也改变着自己的思维和思维的产物"⑤。马克思多次强调人在改造自然和社会的过程中对自身的改造作用，指出人们"在革命活动中，在改造环境的同时也改变着自己"⑥，"在再生产的行为本身中，不但客观条件改变着……而且生产者也改变着，他炼出新的品质，通过生产而发展和改造着自身，造成新的力量和新的观念，造成新的交往方式，新的需要和新的语言"⑦，"他们在这个

---

① 《马克思恩格斯文集》第 1 卷，人民出版社 2009 年版，第 523 页。
② 同上书，第 520 页。
③ 同上书，第 192 页。
④ 《马克思恩格斯文集》第 9 卷，人民出版社 2009 年版，第 483 页。
⑤ 《马克思恩格斯文集》第 1 卷，人民出版社 2009 年版，第 525 页。
⑥ 《马克思恩格斯全集》第 3 卷，人民出版社 1960 年版，第 234 页。
⑦ 《马克思恩格斯文集》第 8 卷，人民出版社 2009 年版，第 145 页。

过程中更新他们所创造的财富世界，同样地也更新他们自身"①。事实正是如此。我们所面对并生活于其中的这个现实世界，在很大程度上是人的活动的产物。正是人的活动构成和规定了人的存在、人的特性和人的世界的圆圈。这样，唯物史观的活动观点就为我们确立了认识社会现象的两项基本原则：其一，把社会历史现象最终看成是人的活动的产物，这些产物一旦出现，它们就是客观存在的，不但是认识的对象，也是进一步改造的对象。这可以称为"客观性原则"。其二，唯物史观的活动观点确立了以人的活动为中心看待人与物相互作用的立场，把这些作用的产物看成是人活动的产物，认为这些产物塑造并体现着人的本质力量。这可以称为"主体性原则"。主体性原则不是一个本体论命题，而是一种活动论规范，它反映了人在世界中的主体地位，揭示了人应当如何通过自觉能动的创造性活动来处理自身与世界的关系，发挥自己的主体功能，创造出最大的主体性效应。主体性原则本质上是一种功能原则、效应原则、价值原则。②

现代教育学和心理学的研究也表明，人的身心素质都是通过活动生成和发展的。一切外在于主体自我的因素只有纳入自我的世界，为自我所认识到，才能真正对自我起作用，才能促进他的发展，"因为在个性发展中的任何东西都无法直接从外部引申出来"③，"人的活动是社会及其全部价值存在与发展的本源，是人的生命以及作为个性的发展与形成的源泉"④。20 世纪 70 年代苏联的教育理论认为，活动既是人和社会存在和发展的基础，也应当是教育过程的基础；"活动产生人，人在活动中得到改造并逐步形成"⑤。德国教育家第斯多惠认为，"发展与培养不能给予人或传播给

---

① 《马克思恩格斯文集》第 8 卷，人民出版社 2009 年版，第 204 页。
② 参见欧阳康：《哲学研究方法论》，武汉大学出版社 1998 年版，第 741 页。
③ 转引自伊·斯·马里延科：《德育过程原理》，人民教育出版社 1985 年版，第 65 页。
④ 瞿葆奎主编：《教育学文集·课外校外活动》，人民教育出版社 1991 年版，第 3 页。
⑤ 休金娜：《活动——教育过程的基础》，转引自《教育学文集·课外校外活动》，人民出版社 1991 年版，第 5 页。

人。谁要享有发展与培养，必须用自己内部的活动和努力来获得"①。瑞士心理学家皮亚杰关于发生认识论的研究表明，人的"认识既不是起因于一个有自我意识的主体，也不是起因于业已形成的（从主体的角度来看）、会把自己烙印在主体之上的客体；认识起因于主客体之间的相互作用"②，这种相互作用是通过一定的中介物而实现的，这一中介物就是主体自身的活动。苏联心理学的大量研究也得出了相似的结论，他们的基本观点可表述为：人的心理发展是在其完成某种活动的过程中实现的，即人在活动过程中通过对社会历史文化经验的掌握，促进了心理发展。③

我国学者的研究也逐渐趋向于认同此类观点，即把人的发展理论建立在主体与客体相互作用的活动基础上，而不是过去所理解的外部教育影响的结果。鲁洁教授早在 20 世纪 80 年代初期就指出过："受教育者的最大特点就是他是作为一个主体而存在的。任何教育要求都必须通过受教育者的主体活动，同化为他自身的要求，才能促使他们的发展。"④ 后来她又提出，"人是在作为主体的自我与作为客体的诸种事物与现象的交互作用中获得发展的"⑤，"思想品德形成是在活动与交往中，在教育与自我教育过程中实现的"⑥。类似的观点还有："环境和教育的影响，只有通过学生身心的活动才起作用。……在同样的环境和教育条件下，每个学生发展的特点和成就，主要取决于他自身的态度，决定于他在学习、劳动和科研活动中所付出的精力。所以，学生个体的主观能动性是其身心发展的动力"，"人的主观能动性是通过人的活动表现出来的。离开人的活动，遗传素质、环境和教育所赋予的一切发展条件，都不可能成为人的发展的现实。人们只有通过这些活动，才能得到发展，离开这些活动，就谈不上任何发展。所以，从个体发展的各种可能变为现实这一意义上来说，个体的

---

① 第斯多惠：《德国教师培养指南》，人民教育出版社 1990 年版，第 78 页。
② 皮亚杰：《发生认识论原理》，商务印书馆 1985 年版，第 21—22 页。
③ 参见张凡琪：《苏联"活动理论"蠡测》，《哲学研究》1987 年第 2 期。
④ 南京师范大学教育系编：《教育学》，人民教育出版社 1984 年版，第 34 页。
⑤ 陈佑清：《教育活动论》，江苏教育出版社 2000 年版，"序"第 1 页。
⑥ 鲁洁等主编：《德育新论》，江苏教育出版社 2000 年版，第 356 页。

活动是个体发展的决定性因素"。① 还有学者指出："个体发展从潜在的多种可能状态向现实发展的转化，个体与环境两种不同性质的因素真实发生相互作用，人对外界存在的摄取吸收（无论是精神性的，还是物质性的），都要通过发展个体的不同性质、不同水平的生命活动来实现"，认为活动是使个体的发展得以实现的"现实性因素"②；"从活动的角度来探讨人的发展，活动是人的自我生成的根本机制"③。现代教育学、心理学有关活动的这些研究成果，为我们探究思想政治教育和人的思想品德发展的关系问题提供了新的分析模式，为消解作为社会子系统的思想政治教育与作为主体的人之间矛盾和对立提供了方法论上的可能性基础，并为我们重新思考和审视思想政治教育这种社会现象提供了一个契机和新的视角。1886 年恩格斯在《资本论》英文版"序言"中写道："一门科学提出的每一种新见解都包含着这门科学的术语的革命。"④ "术语革命"和"概念创新"对科学研究来说是十分重要的。在社会科学研究中，"术语革命"和"概念创新"不是纯粹意识的产物，而是意识对现实概括和抽象的产物。而这种概括和抽象要做到科学，就必须首先对概念所要反映的对象作出科学的定位。显然，这种科学的定位不是以概念的逻辑为背景，而应该以现实社会的逻辑为背景。由此，我们认为，"活动"理应成为思想政治教育学的一个基本范畴，成为我们认识思想政治教育现象的一个重要支点和方法论。活动的观点应是思想政治教育的一个基本理念，它应贯穿于思想政治教育理论的每个思想观点之中，它以胚芽的形式规定了思想政治教育理论的架构和演进图景。

　　但是，长期以来，思想政治教育学由于受到某种机械唯物论的影响，习惯于把人的思想品德发展界定为一种单向性的接受外部思想政治教育影响的过程，这实质上是离开人的主体性活动来研究思想政治教育。因而，

---

① 王道俊等主编：《教育学》，人民教育出版社 1989 年版，第 53—55 页。
② 叶澜：《教育概论》，人民教育出版社 1991 年版，第 226 页。
③ 冯建军等：《现代教育原理》，南京师范大学出版社 2001 年版，第 89 页。
④ 《马克思恩格斯文集》第 5 卷，人民出版社 2009 年版，第 32 页。

人的活动在思想政治教育学中没能取得它应有的位置，它的意义与价值，它在思想政治教育中促进人的思想品德发展的内在机制等都没有得到全面、系统的阐明与揭示。由于理论的贫乏，人们对活动的理解还是流于表层与形式。在以往的研究中，活动最初只被看做思想政治教育过程的展现方式，或者只被认为是思想政治教育的载体，总是局限于它作为操作方法的意义，而很少讨论它作为思想政治教育研究方法论的意义。当然，也有学者从活动的视角探讨人的思想品德形成发展的过程，但还没有从活动的视角对思想政治教育进行整体性反思，这就降低了活动本身的理论品味和重大意义。正是这种理论上的空白和思想政治教育实践中人的活动意识的缺失，思想政治教育往往成为简单的灌输。这实际上是把思想政治教育中人的思想品德发展完全看做一个受动的过程，是由不受主体的活动、意识和心理等内部、外部条件控制的过程。这种看法只揭示了人与动物发展的共同特征——受动性，而没有揭示出人的发展的特殊性——能动性。那么，我们从活动的视角进行研究，就不再是局限于仅仅承认教育对象的活动这个原点上，而是把人的活动作为我们研究由之出发的事实。

把活动的概念引入思想政治教育学领域，从人的活动的视角揭示人与思想政治教育的关系，可以给思想政治教育研究展现一个新的视角，开拓一个新的领域。列宁曾经深刻地指出："全部历史本来由个人活动构成，而社会科学的任务在于解释这些活动。"① 德国哲学家恩斯特·卡西尔也认为，"我们寻求的不是结果的统一性而是活动的统一性；不是产品的统一性而是创造过程的统一性"，"真正讲来，哲学所要研究的既不是抽象的文化，也不是抽象的人，而是要研究具体的、能动的创造活动"。② 我们正是要从个人与社会的辩证关系出发，具体地说，是要从人的活动出发来认识和研究思想政治教育现象。而把活动范畴引入思想政治教育学领域，并以之为元点建立一套完整的思想政治教育基本理论的体系，也是基

① 《列宁全集》第 1 卷，人民出版社 1984 年版，第 360 页。
② 恩斯特·卡西尔：《人论》，上海译文出版社 1985 年版，第 7 页。

于对活动之独特的思想品德发展功能的认同与肯定。恩格斯在晚年曾经检讨过："我们都把重点首先放在从作为基础的经济事实中探索出政治观念、法权观念和其他思想观念以及由这些观念所制约的行动，而当时是应当这样做的。但是我们这样做的时候为了内容而忽略了形式方面，即这些观念是由什么样的方式和方法产生的"①，"经济……决定着现有思想材料的改变和进一步发展的方式，而且多半也是间接决定的"②。现在我们重温这一教导，可以帮助我们认识到，人的思想和观念，人的思想品德的形成和发展，从归根结底的意义上来说，虽然最终取决于一定社会的经济基础状况，以及在这个基础上的实践活动，正如恩格斯所指出的，"人们自觉地或不自觉地，归根到底总是从他们阶级地位所依据的实际关系中——从他们进行生产和交换的经济关系中，获得自己的伦理观念"③；但是，它们也有着自己的特殊的相对独立的过程和机制。因此，我们就要探讨，在一定的社会经济条件下，在一定的社会环境中，人的思想品德，尤其是一定社会中的个人的思想品德，是何以能够、又是如何通过思想政治教育而获得发展的。

既然"从人的活动"、"从主体方面去理解"，那就不能仅仅从客体的方面理解思想政治教育，把思想政治教育看做是外在于人的一种社会的客观现象。根据唯物史观的"从人的活动"、"从主体方面去理解"的方法论，我们首先必须把思想政治教育看做是人的一种活动，一种与人的生存与发展相联系的主体性活动。从人的活动的视角来看，思想政治教育不仅为人提供了一种生活环境，而且还是人的生活中的一个特殊的领域，还是人的一种生存和活动方式。思想政治教育之所以能够使人获得思想品德发展，就是因为思想政治教育是人的一种活动方式，是人的思想品德获得发展的方式，是人通过这种独特的活动方式来获得自己的价值理想的目的性

---

① 《马克思恩格斯全集》第39卷，人民出版社1974年版，第94页。
② 《马克思恩格斯选集》第4卷，人民出版社1995年版，第704页。
③ 《马克思恩格斯文集》第9卷，人民出版社2009年版，第99页。

活动。思想政治教育对人的思想品德发展的影响也只有通过人的主体活动才能实现。我们把活动范畴引入思想政治教育学领域，是因为思想政治教育是人类众多活动中具有特定性质和目的的活动，是一种将活动指向主体本身的"人本化"活动，是人类存在与发展的一种特有方式。在这种活动中，更加鲜明地表现出人的独特本质，在思想政治教育中蕴涵着人的全面发展和思想品德发展的一切可能性和现实性因素。因此，思想政治教育研究的首要任务就是要从现实的人和人的现实的活动出发，把思想政治教育问题还原为人的现实生活中的问题，使思想政治教育成为现实的人的活生生的活动，从而借以拨开思想政治教育理论研究中的种种迷雾和神秘色彩。

相反，我们若不以"人的活动"来总揽思想政治教育，仍把思想政治教育看做社会对个人思想品德的培养，看做"上所施下所效"，那么，无论把思想政治教育过程描述得多么复杂曲折，也只能把思路局限在"从外物到人"这一条线上，也只是认为人在接受思想政治教育影响的范围内和方向上发挥作用。这样来考虑人的思想品德形成发展，就只能是被动地接受，人的思想品德发展就失去了向外物索取的意义，失去了创造的成分，体现不出人的根本上的主动外求性。传统的思想政治教育研究就是过于注重外在力量对人的改变，而对主体的自我创造过程，对人的自觉活动在思想政治教育中的作用关注不够。引入活动范畴以后，从人的活动的视角研究思想政治教育，就形成了一种全面的动态的研究格局，不仅从客观的方面来理解，强调客观是人的思想品德的起源，而且也从主体的方面来看待，强调活动主体主动、能动的特点。这样，研究思路中就增加了"从人到外物"这一条线，人在思想政治教育中根据自身的条件、按自己的需要、在一切层次上对外物（社会思想文化）进行改造和创造，就不可避免了。这样，人就由对外部思想文化的被动接受者变成主动作用和改变外部思想文化的能动探索者，人的能动性成了人的思想品德发展和思想政治教育的必要前提，贯穿于整个思想政治教育过程中并在活动结果中得到体现，人在思想政治教育中的知与行、受动性与主动性、社会性与个体性就可以得到辩证的统一。

三、从活动视角研究思想政治教育的重大意义

从人的活动的视角研究思想政治教育，把思想政治教育置于广阔的社会历史背景条件下，把它看做是人的存在与活动的一个内在环节，我们可以梳理并追问其背后的历史动因及其本质；对历史规律下人的主体性活动对于社会历史发展的自觉参与进行解读，为思想政治教育在社会发展进程序列中找到一个客观性基础；探寻思想政治教育作为人类重要的社会实践的得失成败和历史经验，为现阶段思想政治教育发展提供某些理论参考。

（一）从理论方面看，有利于扩展思想政治教育研究的广度和深度，进一步完善思想政治教育科学理论体系的构建

推进思想政治教育学基础理论研究的不断创新，是思想政治教育科学发展的必然要求。从人的活动的视角研究思想政治教育，有利于扩展思想政治教育研究的广度和深度，进一步完善思想政治教育科学理论体系的构建。

第一，借助这一理论，有可能正确理解和处理思想政治教育理论中的一些基本关系，澄清以往许多有争议的问题。例如，在关于"思想政治教育的主体和客体"这个问题上，由于现实中的思想政治教育者和教育对象都是活生生的、具有主体性的人，研究者在这个问题上的分歧尤为突出，主要表现为"教育者主体说"、"教育对象主体说"、"双主体说"、"互为主客体说"之间旷日持久的论争。在这个问题上，各种观点既相互论争，又相互渗透、相互促进，可问题似乎永远无法解决。其实，如果不从人的活动的视角进行审视，则无论是对问题的提问还是对问题的回答，都显得未免太唐突、太抽象。一般来说，人们思想交流必须具备一定的平台，这个平台包括对概念和命题含义相同或大致相同的理解，认知模式和

思维方式的基本一致，所交流思想的可表达性和可理解性，价值取向和信念的互知互识，等等。在这个问题上，争论者双方在研究问题的视界和方法论方面还没有达成共识，沟通的语境和平台尚未形成。如果从人的活动的角度对这些争论加以分析，就可以发现，思想政治教育者与教育对象虽然都在从事着活动，虽然二者的活动有密切的关系，但他们从事的是不同性质、不同过程的活动，因而是不同活动的主体。至于二者的关系，则不是简单的主体与客体的关系。总之，一旦对思想政治教育研究做了方法论上的区分，则许多有争议的问题都有可能得到合理的解释。

第二，这种研究更逼近对思想政治教育的"本真"的认识，而不仅仅是为了构建一种新的理论体系。以往思想政治教育理论与实践都把思想政治教育仅仅看做是一种社会现象和社会过程，主要研究作为社会活动的思想政治教育如何有效运行，作为个体的人（思想政治教育对象）的活动仅仅被看做这种研究视野下的一个研究内容，而不被看做思想政治教育学研究的一个重要视角和研究方法。如果我们仍从原有的方法论来研究问题，就很难做到理论上的进一步深化和突破。而从人的活动的视角研究思想政治教育，就有可能把一些似乎不相容的矛盾对立面，辩证地而不是机械地拼凑或折中调和地统一起来，并有可能克服历史上和现实中诸多思想政治教育理论的各种片面认识，而同时又吸收它们的各种合理因素。例如，有可能克服传统思想政治教育理论片面强调外部灌输等缺点，又有可能吸收其坚持外部世界影响、重视人类历史经验等优点。总之，研究方法论的转换则预示着我们将会获得对思想政治教育"本真"的认识。从人的活动的视角研究思想政治教育，不是企图一概否定原有的思想政治教育学理论，而是试图从一个新的角度来深化思想政治教育研究，期望能探索出一条使我国的思想政治教育学更科学、更具实践性的路子。

第三，从现实的个人的活动出发进行研究，能使思想政治教育的研究具有现实性和具体性。思想政治教育的对象是人，思想政治教育中的问题也可以说是"人"的问题。但是，人的种种问题主要是通过个人问题表现出来的。舍去个人，人的问题就会陷入空洞和抽象。从人中区分出个人，可以促使人的问题的研究走向深处，并有可能深入研究人的微观问题。因为无论如何，群体和人类只涉及人的宏观领域，不涉及人的内心深处和微观领域。从人中区分出个人，可为提高人的积极性找到一条现实的、具体的途径。因为把人看做群体和人类，注重的是从社会方面来提高人的积极性，而把人看做个人，就必须注重从个性和心理方面提高。因此，我们从现实的个人的活动出发进行研究，能够使思想政治教育的研究更具体而现实，更加具有实践性。

第四，人的活动研究视野的提出，也是对思想政治教育学基本理论研究的丰富和发展。具体地说，尤其是丰富了对人的思想品德形成发展规律这个基本理论的探讨。在思想政治教育学科研究中，一般认为，人的思想品德是在实践中形成和发展的。这个论断揭示了人的思想品德形成发展的唯物主义根源，是对思想品德"天赋论"、"神启说"以及遗传决定论和环境决定论的否定和批判。但对于进一步认识人的思想品德发展问题，还是存在宏观和抽象之嫌。可以说，这种观点只是正确地把握了人的思想品德形成发展的一般规律，却不足以说明各个细节。正如有学者指出："马克思主义中的实践范畴，不论其表现为生产斗争、阶级斗争还是表现为科学实验，都主要是指社会、群体或类的实践，不能正确地反映教育、道德教育过程内部特殊的矛盾关系。"① 恩格斯在谈到世界的本质时这样说："当我们通过思维来考察自然界或人类历史或我们自己的精神活动的时候，首先呈现在我们眼前的，是一幅由种种联系和相互作用无穷无尽地交织起来的画面，其中没有任何东西是不动的和不变的，而是一切都在运动、变化、生成和消逝。"② 他接着又说："但是，这种观点虽然正确地把握了现象的总画面的一般性质，却不足以说明构成这幅总画面的各个细节；而我们要是不知道这些细节，就看不清总画面。为了认识这些细节，我们不得不把它们从自然的或历史的联系中抽出来，从它们的特性、它们

_____

① 戚万学：《活动道德教育论》，南京师范大学博士论文（1994 年），第 66 页。
② 《马克思恩格斯文集》第 3 卷，人民出版社 2009 年版，第 538 页。

的特殊的原因和结果等等方面来分别地加以研究。"① 这段话对于思想政治教育研究有很大的启发。由于受传统观念影响和制约，思想政治教育学原有体系中研究宏观方面多、研究微观方面少，研究教育传导多、研究接受机理少的缺陷，已经引起专家学者的重视。因此一些专家学者呼吁，条件成熟时，完全可以建立一门分支学科来专门研究人的思想品德形成发展规律，这也是基础理论研究发展的需要，符合学科既深度分化又高度综合的发展趋势。② 我们从人的活动这个视角进行研究，就是对专家学者们的倡导的一种回应，也可以说是对已有规律的进一步拓展和具体化。另外，本书立足于人的活动的视野，对思想政治教育的本质、价值、功能、目的等问题进行重新认识，也是对思想政治教育学基本理论研究的丰富和发展。

（二）从实践方面看，有利于增强思想政治教育的针对性和实效性，促进思想政治教育观念的革旧创新

在现实生活中，思想政治教育有效性不强，原因当然是多方面的。单从思想政治教育本身看，思想政治教育观念和思维方式的滞后就不能不说是一个重要原因。众所周知，在今天这个经济全球化、信息化、科技日新月异、社会迅速变化、民主进程加快、市场竞争加剧的时代，人的主体性得到最大限度的凸显与张扬，对人的主体性的呼唤与弘扬也已经成为这个时代的最强音，"人的主体性是现代人最重要的观念之一"③。弘扬、培植人的主体性，理应成为现代思想政治教育追求的目标。然而，思想政治教育在一定程度还不适应当今的社会发展和人的全面发展的需要，思想政治教育对时代发展要求的回应无论是在理论上还是在实践上都存在着明显的不足。我们并没有从理论上真正厘清思想政治教育与人的生存和发展之间的关系，因而在实践上也就不能按照主体性原则去发动、组织和管理思想

---

① 《马克思恩格斯文集》第3卷，人民出版社2009年版，第539页。
② 参见张耀灿等：《现代思想政治教育学》，人民出版社2006年版，第4—5页。
③ 郭湛：《主体性哲学》，云南人民出版社2002年版，第289页。

政治教育。这样，人的活动视野中的思想政治教育问题就必然作为一个重要的理论问题被提出来，因为主体、主体性问题是与活动问题分不开的。我们把研究视角投向人的活动，即是力图在思想政治教育观念和思维方式方面有所突破和创新，并为之提供一种理解和把握思想政治教育的新观念、新方式，以适应时代发展的需要。按照思想政治教育自身的逻辑和本质特点，把思想政治教育组织、管理成为人民群众自由自觉的活动，使"近者说，远者来"（《论语·子路》）；使人们在这种活动中通过最大限度地发挥自己的主体性，从而内化社会的思想文化要求，在这个基础上又使人的思想品德和社会思想文化都有所超越，实现人与社会的双向建构和共同发展，这也是思想政治教育的最高境界。

（三）从学科建设方面看，有利于扩展和深化思想政治教育学科建设的发展取向

人们在以不同的视角认识和理解自己所处的世界时，建立了各种学说和学科。思想政治教育学是一门相对比较年轻的学科，自创建以来，研究者从不同层次、不同视角切入进行研究，因而在学科建设的发展方向上表现为各种不同的取向。概括地讲，主要表现为以下五种取向，即传统取向、德育学和教育学取向、管理学取向、工程学取向和行为学取向。① 在一个学科发展成为一个成熟的学科之前，依托于别的学科的研究方法来进行学科建设，这是很正常的现象，也是一种必然的选择。但在这个学科逐渐走向成熟的过程中，还是要努力探索出具有自身特色的学科发展方向。我们认为，从人的活动出发来建构现代思想政治教育学，就不失为这种努力的一种新的尝试。正如学者们所指出的那样，"马克思主义关于人和社会的关系、人和人的关系、人的本质、人的主体性、人的需要、人的价值以及人的权利和义务、人的自由和平等、人的理想和信念等理论，为思想

---

① 参见张耀灿等：《现代思想政治教育学科论》，湖北人民出版社2003年版，第91—95页。

政治教育学科理论研究拓展了一个崭新的视野"①。现代思想政治教育学科建设方兴未艾，有许多前沿问题亟待研究和解决，活动问题就是其中之一。② 从人的活动视角研究思想政治教育，涉及哲学、社会学、心理学等多学科、多领域的众多问题，具有边缘性、交叉性的鲜明特征。我国著名学者肖前认为，"社会转型时期的特点之一，是已有的理论受到冲击，新的理论亟待建立。这是一个理论面临挑战的时期，也是理论创新的大好时期。当代学术表明，新的理论最容易在边缘交叉地带生成"③。因此，活动问题可能是思想政治教育学科发展的一个新的生长点。我们以人的活动作为研究的切入口，把思想政治教育现象作为人的活动的必然要求和客观结果，把人的活动作为思想政治教育现象中的最高存在，将能够更深刻地把握思想政治教育的本质存在。目前已经有学者指出，以社会哲学的视野揭示的是思想政治教育的工具性本质，以人学哲学的视野揭示的是思想政治教育的目的性本质，其中思想政治教育的目的性本质是最为深层、最为根本的本质。④ 我们把思想政治教育的理论建构立足于人的活动这个哲学基础，将能够建构起符合社会历史发展、人的发展以及改革开放和社会主义市场经济发展的现代思想政治教育学。

四、本书的研究理路和逻辑结构

本书旨在突破旧有研究视角和方法论的局限，以马克思主义人学的研究范式，从研究思想政治教育与人的生存和发展的关系出发，对作为主体性活动的思想政治教育的内部结构和过程进行深入细致的研究，进而对思想政治教育学的基础理论提出了新的见解。全书共六章，分为两部分。

---

① 张耀灿等：《现代思想政治教育学科论》，湖北人民出版社 2003 年版，第 96 页。
② 参见上书，第 387 页。
③ 鲁鹏：《制度与发展关系研究》，人民出版社 2002 年版，"序言"第 2 页。
④ 参见张澍军：《德育哲学引论》，人民出版社 2002 年版，第 89 页。

第一部分（第一章至第五章），探讨了作为人的主体性活动的思想政治教育的内在逻辑。首先，第一章阐述了唯物史观视野中的活动理论。其次，第二章至第四章，从思想政治教育对象和思想政治教育者这两个维度，分别阐述了思想政治教育对象的思想品德建构活动和思想政治教育者的价值引导活动。最后，在此基础上，第五章对思想政治教育活动的过程提出了自己的见解，认为思想政治教育是教育者与教育对象共同参与的交互主体性活动。

第二部分（第六章），则在前五章的基础上，对思想政治教育学的基础理论——思想政治教育的本质、价值、功能、目的——进行了新的思考。指出思想政治教育的本质是调节个人与社会的思想政治关系，促进个人价值取向与社会价值导向同质发展，以实现个人与社会良性互动的活动；思想政治教育的功能在于促进个人思想品德和社会思想文化的发展；思想政治教育的价值是人本价值，即实现人对社会思想文化的适应与超越；思想政治教育的目的是培养思想品德建构活动和社会生活的主体，以实现"教是为了不教"（叶圣陶语）。

五、本书的主要研究方法

任何理论都有与之相应的方法，方法决定理论的深度与可靠程度，通过理论又体现出方法的合理性程度。马克思说："不仅探讨的结果应当是合乎真理的，而且得出结果的途径也应当是合乎真理的。"[①] 黑格尔也认为，"当精神一走上思想的道路，不陷入虚浮，而能保持着追求真理的意志和勇气时，它可以立即发现，只有（正确的）方法才能够规范思想，指导思想去把握实质，并保持于实质中。"[②] 我们需要运用正确、科学的

---

① 《马克思恩格斯全集》第1卷，人民出版社1995年版，第112页。
② 黑格尔：《小逻辑》，商务印书馆1980年版，第5页。

研究方法，绝不能从一望而即的直接表象或主观认定的先验原则出发，必须借助于理论思维的显微镜。一项科学研究需要在不同层次上采拟多种研究方法。一般来说，社会科学的研究方法可以从三个层次来理解，这就是世界观、哲学方法论和思维方式意义上的研究方法，作为研究工作基本思路和研究路径层次的研究方法，作为具体研究工作的技术手段层次的研究方法。

（一）方法论层次的研究方法

马克思主义历史唯物论和历史辩证法的思想方法、思维方式，以其坚实的辩证唯物主义理论基础，深邃的历史感和人文关怀，宏大的思维和分析构架，至今依然保持着旺盛的生命力。① 正如列宁所说："自从《资本论》问世以来，唯物主义历史观已经不是假设，而是科学地证明了的原理。在我们还没有看见另一种科学地解释某种社会形态（正是社会形态，而不是什么国家或民族甚至阶级等等的生活方式）的活动和发展的尝试以前，没有看见另一种像唯物主义那样能把'有关事实'整理得井然有序，能对某一社会形态作出严格的科学解释并给以生动描绘的尝试以前，唯物主义历史观始终是社会科学的同义词。唯物主义并不像米海洛夫斯基先生所想的那样，'多半是科学的历史观'，而是唯一科学的历史观。"② 本书从人的活动视野对思想政治教育进行研究，从整体上说，是运用马克思主义历史唯物主义理论和方法分析一系列深层次的思想政治教育基本理论问题。

第一，强调社会存在对社会意识以及经济基础对上层建筑的决定作用。马克思主义认为，社会的思想文化和人们的思想品德状况都是社会存在的产物和表现，特别是人的物质生活条件的反映，"观念的东西不外是

---

① 参见朱光磊等：《政治学基础》，首都经济贸易大学出版社 2007 年版，第 14 页。
② 《列宁选集》第 1 卷，人民出版社 1995 年版，第 10 页。

移入人的头脑并在人的头脑中改造过的物质的东西而已"①，"不是人们的意识决定人们的存在，相反，是人们的社会存在决定人们的意识"②，"人们的观念、观点和概念，一句话，人们的意识，随着人们的生活条件、人们的社会关系、人们的社会存在的改变而改变"③。任何思想现象都有其经济根源和客观依据，"在这些现实关系中，经济关系不管受到其他关系——政治的和意识形态的——多大影响，归根到底还是具有决定意义的，它构成一条贯穿始终的、唯一有助于理解的红线"④。因此，对思想现象的研究都要从这里入手，这就消除了裹在人类思想现象和观念心理身上的神秘外衣。这是马克思主义在研究方法上的唯物主义特色。

第二，在肯定社会存在和经济基础的决定作用的同时，强调社会意识和人的思想品德具有相对独立性，反对庸俗唯物主义和机械唯物主义。人们的思想品德和社会思想文化对社会存在并不是消极、被动地依赖，而是积极能动地反映，并按照自身独特的发展规律对社会存在起反作用。因此，在从社会存在和人的物质生活条件入手进行分析的同时，特别强调社会意识和人的思想品德是社会生活多方面发展的结果，高度重视社会意识和人的思想品德本身的相对独立性，反对那种从复杂的社会生活和社会联系中抽取个别因素而加以绝对化的做法。这是马克思主义方法论的辩证法特点。

第三，强调思想政治教育活动是有规律的，而这种规律是完全可以被认识的。马克思主义认为，思想政治教育现象的产生和发展，以及人的思想品德的发展与变化，都与生产力发展到一定阶段相联系，都有一定的规律可循，各种因素对人的思想品德发展的影响和制约，包括思想政治教育活动的影响和制约，都有它们的内在机制可以被认识。这是马克思主义在研究方法上的认识论方面的特点。

---

① 《马克思恩格斯文集》第 5 卷，人民出版社 2009 年版，第 22 页。
② 《马克思恩格斯文集》第 2 卷，人民出版社 2009 年版，第 597 页。
③ 同上书，第 50 页。
④ 《马克思恩格斯选集》第 4 卷，人民出版社 1995 年版，第 732 页。

第四，强调思想政治教育现象的阶级性。阶级观点和阶级分析方法，是马克思主义的重要原理和思想方法。思想政治教育虽然是阶级社会中人类共有的活动，但是由于活动主体处于不同性质的社会关系和阶级关系之中，因而具有不同内容的思想政治教育和不同性质的思想品德。阶级分析方法是马克思主义分析社会历史现象，特别是分析思想文化现象和人的思想品德状况的主要方法之一。这是马克思主义在研究方法上的阶级特点。

（二）路径层次的研究方法

本书运用马克思主义唯物史观的活动理论来观照思想政治教育现象，并选择主体的研究视角。本书遵从马克思在《关于费尔巴哈的提纲》中所倡导的"主体性理解"，从"人的活动"、"主体"这一社会"元点"上展开研究；把思想政治教育看做是人（思想政治教育者与教育对象）的主体性活动，反对用客体和物质还原的方式对人作机械的解释，而主张把人的思想品德发展和思想政治教育活动看做主体的"体验"和"理解"。另外，本书以人的思想品德发展作为价值取向，探讨了思想政治教育促进人的思想品德发展的独特性。

第一，强调个人与社会的辩证统一。马克思主义认为，任何现实的具体的个人都是社会存在物，都从属于一定的社会总体或社会集团；他的生活和活动即使采取个别的、分散的形式，但都是社会的生活和活动。在《德意志意识形态》中马克思指出，唯物史观的前提是"一些现实的个人，是他们的活动和他们的物质生活条件，包括他们已有的和由他们自己的活动创造出来的物质生活条件"[①]。马克思强调唯物史观所说的"现实的个人"与费尔巴哈所说的"现实的人"不同。费尔巴哈所谓"现实的人"不过是纯粹的自然实体，是单纯的自然人，实际上仍然是抽象的、生物学系意义上的人，是至多能够从事理论活动的人。马克思所说的"现实的个人"是从事实践活动的人，而人的实践活动都是在一定的自然

---

① 《马克思恩格斯文集》第 1 卷，人民出版社 2009 年版，第 517 页。

条件和社会条件下进行的，即人的实践活动必须在人们结成的人与自然的关系和人与社会的关系中才能进行，脱离了自然关系和社会关系就不可能有人的实践活动，因而也就不可能有马克思所说的现实的人。因此，唯物史观所说的现实的人，就是个人与社会相统一的人。割裂了两者的统一，既不可能有现实的个人，也不可能有现实的社会。人类社会发展的过程就是个人与社会的统一逐步完善、不断发展的过程，就是朝着马克思所说的"自由人的联合体"的理想状态前进的过程。为此，思想政治教育的本质就是调节个人与社会的思想政治关系，促使个人思想品德适应一定阶级、政治集团意识形态的要求和一定阶级、政治集团的意识形态要求转化为个体思想行为，从而在思想政治领域中不断实现个体的社会化和社会的个体化。这是贯穿本书逻辑思维框架的一条主线。为此，我们既反对重社会价值轻个人价值的机械唯物主义，也反对脱离社会结构制约来抽象谈论个人主体性发挥的人本主义逻辑。

第二，强调历史与逻辑的辩证统一。恩格斯指出："逻辑的方式是唯一适用的方式。但是，实际上这种方式无非是历史的方式，不过摆脱了历史的形式以及起扰乱作用的偶然性而已。历史从哪里开始，思想进程也应当从哪里开始，而思想进程的进一步发展不过是历史过程在抽象的、理论上前后一贯的形式上的反映。"① 也就是说，理论之概念体系的逻辑顺序必定与客观历史发展顺序和认识发展顺序相一致。思想政治教育是人类自有阶级以来就普遍存在的一种社会现象，而并非中国的"专利"。因此，本书研究立足于思想政治教育存在的"古今中外、概莫能外"的普遍性事实，探求具有"元意义"的思想政治教育的"元理论"，以体现思想政治教育活动的普遍性意义。

第三，强调事实与价值的统一。人的本体中的价值因素和科学因素的统一，决定我们对人的问题既要采取价值认识的方法，又要采取科学认识的方法。二者的统一是人的问题研究中的一个重要方法论原则。科学因素

---

① 《马克思恩格斯文集》第 2 卷，人民出版社 2009 年版，第 603 页。

反映和体现着人的一切活动的客观制约性、被规定性、现实性的一般性质和受动地位，价值因素表明人的应当性和外部现实世界对人的服从和符合，它是主客体关系中主体性因素的体现。因此，我们既要立足于思想政治教育的普遍性事实，研究思想政治教育的"实然"，又要揭示和阐明当前我国思想政治教育的"应然"，并结合时代精神的发展，提出现时代人的思想政治教育发展的可能方向，尽可能地把客观存在的事实、逻辑上可能存在的事态、应有的事态（价值取向）与可行的选择这样四个层面分清，又同时兼顾这四个层面。

（三）技术手段层次的研究方法

第一，科学抽象的方法。科学抽象的方法是一个有续发展的理论研究过程，它对思想教育现象现象的研究是从感性具体出发，经过对"完整的表象"、"生动的具体"的分析，上升到"抽象的规定"；然后在抽象的基础上，经过综合，形成理性具体，即在思维行程中导致具体的再现，从而使"材料的生命""观念地反映出来"。①

第二，系统研究方法。现代系统论是本书研究一个重要的理论背景，也是一种基本的研究方法。我们将活动视为一个完整的关系系统，从系统内部结构及其转换的角度，探讨人的思想品德发展在思想政治教育活动中的实现。在这一探讨中，从对活动系统构成要素的静态分析入手，以之为基础，揭示活动诸要素的相互联系、相互作用的运行机制，分析其对活动系统整体功能实现的影响和作用，并探讨整个活动系统与外部环境的有机关联性及其实现形式。

第三，心理学分析法。人的活动是个体的心理与外界环境相互作用的产物。因此，研究思想政治教育中的各种活动，必须研究人的心理，将心理学概念诸如需要、认知、情感、意志、体验等引入研究之中。

---

① 参见李秀林等主编：《辩证唯物主义和历史唯物主义原理》，中国人民大学出版社1995年版，第342—344页。

　　第四，其他方法。就写作和论证过程而言，需要多种方法的综合利用。另外，本书主要采用了文献资料的分析方法、调查研究的方法、访谈分析的方法等。

第一章　唯物史观活动理论：思想政治教育研究的理论基石

　　虽然从人类产生那天起，人们就在从事着各种活动，但是人们对活动的系统认识和理解，却是在人类登上历史舞台的许多年之后。最早使用"活动"概念的是亚里士多德。亚里士多德认为，人的"灵魂"并非如柏拉图所认为的那样，是脱离活的人体而存在的；灵魂不是脱离有机体的实质，而是有机体的具有不同形式或水平的活动。① 19 世纪末 20 世纪初，美国教育哲学家杜威在其庞杂的实用主义教育学体系中，约略涉及活动理论。20 世纪 40 年代，苏联心理学家维果茨基开始对活动范畴进行研究。他们在寻求突破长期统治心理学的"刺激—反应"公式的同时，在活动范畴中找到了解释人的心理结构的钥匙，从而揭示了人的心理在人的活动中形成的规律。这被认为是真正意义上的活动研究。② 此后，活动成了苏联心理学界研究人的能动性的重要范畴。后经加里培林、列昂节夫等人的进一步拓展，活动在心理学中的地位得到更广泛的认同。"活动观点是研究人的个性、意识发展规律性的基本观点，近年来这个观点获得了国际上的承认。"③ 活动问题在哲学、社会学领域虽起步较晚，但在 20 世纪 60 年代末 70 年代初一俟提出，即引起人们的广泛关注，并就活动结构、活

① 参见车文博主编：《心理学原理》，黑龙江人民出版社 1986 年版，第 209 页。
② 参见修毅编著：《人的活动的哲学》，中国大百科全书出版社 1994 年版，第 23—24 页。
③ 涅日诺娃整理：《苏联当今的活动观点》，《心理发展与教育》1989 年第 3 期。

动与能动性、创造性与实践的关系、活动与社会发展、活动结构与社会生产结构等问题展开了系统而深入的探讨。"活动的哲学问题"一度成为苏联马克思主义哲学家的热门话题，20 世纪七八十年代，苏联哲学界更是出现了研究人的活动的热潮。

活动作为人类生活的普遍现象，在表观层面，是现实的活生生的人在做各种各样的事情，如工作、吃饭、交谈等。人们常常把活动理解得相当狭窄，认为活动就是"行动"，就是去"做事"。从生活经验来看，凡是与人的行动有关的事情都可以称之为"活动"，它已经成为一种统称。因此，活动是一个被日常生活泛化、普遍化的范畴。这实际上是一种狭隘的、庸俗的、直观的活动观。实际上，活动首先是一个科学概念，唯物史观视野中的活动理论讨论的就不是其日常生活中的含义，而是一个学术术语，一个科学研究的范畴。对于科学来说，生活常识是必要的，但又不是充分的，不能用常识取代科学的分析、规范的术语和严格的论证。

在古代，哲学家们有的把活动看做是灵魂或其他非人力量作用的结果，是与人无关的过程，正如恩格斯所说："在远古时代，人们还完全不知道自己身体的构造，并且受梦中景象的影响，于是就产生一种观念：他们的思维和感觉不是他们身体的活动，而是一种独特的、寓于这个身体之中而在人死亡时就离开身体的灵魂的活动"①；马克思也指出："在宗教中，人的幻想、人的头脑和人的心灵的自主活动对个人发生作用不取决于他个人，也就是说，是作为某种异己的活动，神灵的或魔鬼的活动发生作用。"② 有的思想家则把活动等同于自然界的运动或自然现象，甚至主张"物活论"。他们都没有把活动同人紧密联系起来，准确地说都没有把人看成是活动的唯一主体。

近代哲学在近代自然科学基础上，以高扬人的理性为特点，在重新理解人、人同世界的关系的同时，对活动的理解也有了巨大进步。一方面，

---

① 《马克思恩格斯文集》第 4 卷，人民出版社 2009 年版，第 277 页。
② 《马克思恩格斯文集》第 1 卷，人民出版社 2009 年版，第 159 页。

近代哲学进一步区分了活动的不同环节和形式，特别是揭示了主体活动应当遵循的客观规律；另一方面，又注意并研究了人在活动中的能动性和创造性，强化了人同活动的必然联系。① 但是，近代哲学在对活动的理解上同样存在着比较典型的两种缺陷。一种缺陷是不适当地强调活动同一般物质运动之间的联系，忽视二者的本质区别，将人的存在还原为自然存在，把人的活动还原为物质的机械运动，这在近代形而上学唯物主义哲学家那里最突出。例如，近代哲学家们以机械力学的原理考察人、社会和自然的一切，把人视为一架按照力学法则精确运转的思维机器，强调人的自然属性，并将整个社会和国家视为一部大机器，认为人是大机器上的一个零件。18 世纪法国唯物主义哲学家拉·梅特里就强调，"人是一架机器"②，"人的身体是一架钟表，不过这是一部巨大的、极其精细、极其巧妙的钟表"③，"思想和有机物质决不是不可调和的，而且看来和电、运动的能力、不可入性、广袤等等一样，是有机物质的一种特性"④。拉·梅特里"人是机器"的命题就是要把人还原为完全的自然事物，这样自然与人都被机械化了，一切都受机械必然规律的决定。近代哲学在对活动的理解上的另一种缺陷，是过分夸大人特别是人的精神的能动性，甚至把活动看做精神或意识的纯粹的自我运动，这在德国古典唯心主义哲学家黑格尔那里最为突出。黑格尔认为，"人之所以为人，全凭他的思维在起作用"⑤；人"作为一个有自我意识的存在，区别于外部的自然界"⑥。马克思在批判黑格尔时指出："人的本质，人，在黑格尔看来＝自我意识"⑦，"人仅仅表现为自我意识"⑧。马克思把这种无人身的自我意识的活动称之为"想象

---

① 参见崔新建：《主体活动论纲》，《求索》1992 年第 1 期。
② 拉·梅特里：《人是机器》，商务印书馆 1959 年版，第 67 页。
③ 同上书，第 65 页。
④ 同上书，第 67 页。
⑤ 黑格尔：《小逻辑》，商务印书馆 1980 年版，第 38 页。
⑥ 同上书，第 92 页。
⑦ 《马克思恩格斯文集》第 1 卷，人民出版社 2009 年版，第 207 页。
⑧ 同上书，第 204 页。

的主体的想象活动"①，认为"黑格尔唯一知道并承认的劳动是抽象的精神的劳动"②。按照黑格尔的观点，在社会历史中活动的主体就成了无人身的自我意识。19世纪30至40年代，德国哲学家费尔巴哈把人当做他的新哲学的最高原则，并把其新哲学称为人本学。费尔巴哈的人本学力图用唯物主义的自然观来解释人，强调人是自然界的产物，"人在世界上之最初的出现，……只归功于感性的自然界"③，"完全与动植物一样，人也是一个自然本质"④。费尔巴哈把人理解为感性的存在，认为人之所以存在，首先是依靠其肉体；同时，人的感性存在还表现在精神方面，如感情、感觉、同情心和爱情等，精神是依靠肉体而存在的。但是，费尔巴哈仅仅把人的活动看做肉体的活动，是一种头脑的工作，把人的活动局限在人的认识活动领域。正如马克思所说，费尔巴哈"仅仅把理论的活动看做是真正人的活动"，"没有把人的活动本身理解为对象性的活动"。⑤

马克思的唯物史观批判地继承了前人关于人的活动理论的合理成分，既强调活动是人的能动活动，它首先是人的感性物质活动特别是实践活动，同时又强调活动作为人的基本存在方式，概括了人的一切物质活动、精神活动、心理活动等。

一、活动的含义

（一）人的活动的规定性

活动作为哲学范畴，特指人的活动。就是说，只有人才是哲学上所讲的活动的主体，哲学中人的活动是不同于物质运动和动物的活动的。我们

---

① 《马克思恩格斯文集》第1卷，人民出版社2009年版，第526页。
② 同上书，第205页。
③ 《费尔巴哈哲学著作选集》上卷，商务印书馆1984年版，第214页。
④ 同上书，第312页。
⑤ 《马克思恩格斯文集》第1卷，人民出版社2009年版，第499页。

在研究人的活动时，首先面临的问题就是要明确其哲学规定性，这是系统深入地研究人的活动的必要前提。

1. 活动是物质运动的高级形态和特殊形式

我们所生活于其中的客观物质世界，处在不断地运动、变化和发展之中。运动是一切物质的根本属性，正如恩格斯所说："运动是物质的存在方式"①，运动就"最一般的意义来说，涵盖宇宙中发生的一切变化和过程"②。因此，自然界和人类社会中的一切现象和过程，都是物质运动的具体形态和组成部分。物质运动的形式是多种多样的，既有机械运动、物理运动和化学运动，又有生物运动和社会运动。其中，社会运动是物质运动的最高形式。它虽然以其他运动形式为基础并包含其他运动形式，但又与其他运动形式有本质的不同。在物质运动诸多形式中，只有社会运动产生哲学所要研究的活动。由于社会是由人构成的，所以社会运动实质上就是人的活动。③ 迄今为止，人类历史上的一切社会运动都属于活动范畴，所有的人都是特定活动的主体。人是物质世界长期发展特别是生物进化的最高产物，人的活动显然也渊源于自然界发展和进化阶梯上普通而又简单的物质运动。物质及其运动是人类活动的前提和基础，人类活动是物质运动的必然产物。感性物质活动是这样，意识、思维活动也无法摆脱其物质基础，它必须与生理活动相伴随。活动与物质运动的这种内在联系，为我们科学地解释活动的起源奠定了基础，也揭示了活动的最初级本质。因此，有学者指出，物质和运动的一般关系也体现在特殊的、具体的人和活动的关系之中，人的活动不过是一般物质运动的特殊的、具体的和高级的表现。④

不仅人有活动，动物也有活动。在通常意义上，人们也把动物的本能

① 《马克思恩格斯文集》第 9 卷，人民出版社 2009 年版，第 347 页。
② 同上书，第 513 页。
③ 参见齐振海等主编：《哲学中的主体和客体问题》，中国人民大学出版社 1992 年版，第 168 页。
④ 参见郭湛：《人活动的效率》，人民出版社 1990 年版，第 5 页。

反应看做活动。人是物质世界长期发展特别是动物进化的最高产物，因而人的活动渊源于动物的活动，是从动物活动发展而来的，二者有着内在的联系，存在着一些共同点。其共同点主要表现在以下几个方面：其一，都是生命有机体的活动。无论是人的活动还是动物的活动，都必须以有生命力、有活力的机体的存在作为前提，是各种生理器官、生理肢体发挥作用的过程，离开了有生命力、有活力的机体，人的活动和动物的活动都不可能发生。其二，都要同外界进行物质和能量的交换。从根本上讲，无论是人的活动还是动物的活动，都是满足自己需要的一种手段。需要体现为一种匮乏状态，满足需要的对象不存在于自身，而存在于外界。因此，无论是人还是动物，都必须通过自己的活动同外界进行物质和能量的交换，从而满足自己生存的需要。其三，都要受到客观规律和客观条件的制约。无论是人的活动还是动物的活动，都必须遵循一定的客观规律，否则都要受到客观规律的惩罚。并且，人的活动和动物的活动都需要一定的客观条件，是在一定客观条件许可范围内的活动。不过，动物的活动只是动物生存的一种本能反应，还不是真正的活动，正如马克思所说："动物只是在直接的肉体需要的支配下生产，而人甚至不受肉体需要的影响也进行生产，并且只有不受这种需要的影响才进行真正的生产。"[1] 动物的本能反应同其生命运动是直接同一的，动物对自然界的作用是本能的、无意识的，并没有超出自然界内部相互作用的范围，仍然属于生物运动这一运动形式。

2. 活动是人的基本存在方式

活动作为一般物质运动的高级形态和特殊形式，是人的基本存在方式。有学者认为，在某种意义上可以断言，存在是最高的哲学范畴，它所揭示的是一切事物的最一般的规定性。所谓"人的存在"，就是人之为人的最一般的规定性。思想史上关于人的存在有各种不同的理解，其中最有

---

[1] 《马克思恩格斯文集》第 1 卷，人民出版社 2009 年版，第 162 页。

影响的界定有：理性的存在、自然的存在、自为的存在、文化的存在①，等等。在马克思看来，活动是人的存在的基本方式。马克思批判费尔巴哈仅仅把人看做自然的存在，指出费尔巴哈承认人也是"感性对象"是他"很大的优点"；"但是，他把人只看做是'感性对象'，而不是'感性活动'"，"他还从来没有看到现实存在着的、活动的人，而是停留于抽象的'人'"，"他从来没有把感性世界理解为构成这一世界的个人的全部活生生的感性活动"。②恩格斯则进一步强调："要从费尔巴哈的抽象的人转到现实的、活生生的人，就必须把这些人作为在历史中行动的人去考察。"③在《德意志意识形态》中，马克思明确提出唯物史观的出发点是"现实的个人"，并以"活动"来规定"现实的个人"的基本存在。马克思指出："我们开始要谈的前提不是任意提出的，不是教条，而是一些只有在臆想中才能撇开的现实前提。这是一些现实的个人，是他们的活动和他们的物质生活条件，包括他们已有的和由他们自己的活动创造出来的物质生活条件"④，"任何历史记载都应当从这些自然基础以及它们在历史进程中由于人们的活动而发生的变更出发"⑤。马克思在谈到工人的异化劳动时也指出："人（工人）只有在运用自己的动物机能——吃、喝、生殖，至多还有居住、修饰等等——的时候，才觉得自己在自由活动，而在运用人的机能时，觉得自己只不过是动物。动物的东西成为人的东西，而人的东西成为动物的东西"⑥，"在资产阶级社会里，资本具有独立性和个性，而活动着的个人却没有独立性和个性"⑦。马克思还多次指出："人们的存在就是他们的现实生活过程"⑧，"我本身的存在就是社会的活动"⑨。在马

---

① 参见衣俊卿：《论人的存在》，《学习与探索》1999年第3期。
② 《马克思恩格斯文集》第1卷，人民出版社2009年版，第530页。
③ 《马克思恩格斯文集》第4卷，人民出版社2009年版，第294页。
④ 《马克思恩格斯文集》第1卷，人民出版社2009年版，第516页。
⑤ 同上书，第519页。
⑥ 同上书，第160页。
⑦ 《马克思恩格斯文集》第2卷，人民出版社2009年版，第46页。
⑧ 《马克思恩格斯文集》第1卷，人民出版社2009年版，第525页。
⑨ 同上书，第188页。

克思看来，人们只有通过活动，才能满足自己生存和发展的多样性需要。人们"积极地活动，通过活动来取得一定的外界物，从而满足自己的需要"①；而"已经得到满足的第一个需要本身、满足需要的活动和已经获得的为满足需要而用的工具又引起新的需要"②，新的需要又引起新的活动。人正是通过活动作用于一定的外部环境和对象物，引起一定的合目的的变化，从而实现人对于一定需要的满足。具体言之，人在活动中发动自己的体能和智慧，协调自己的肢体以至整个机体，根据一定的目的去有序地从事一定程序化的行为，造成对象的合目的性改变，满足自己的需要。这样就创造着人的越来越丰富多彩的实际生活，并推动着人类历史的发展和进步。一部人类的历史就是人有意识地通过自己有目的的对象性活动创造的历史。"'历史'并不是把人当做达到自己目的的工具来利用的某种特殊的人格。历史不过是追求着自己目的的人的活动而已。"③ 可见，人的活动是形成、创造人之一切特性和本质力量的方式，是人之自身存在和发展的根源。唯物史观把活动看做是人的存在的基本方式，就揭示了活动与物质运动、动物的本能反应之间的根本区别。

　　活动既是人存在的基本方式，也是人发展的方式。活动作为人的基本存在方式，现实地决定着人的发展状况。人的活动不断积累，发展着多种多样的活动方式，使人能够继续不断地进行自我创造，不断地形成新的规定性，从而不断改变着人的存在。马克思认为，个人"是什么样的，这同他们的生产是一致的——既和他们生产什么一致，又和他们怎样生产一致"④。在人的活动过程中，人不仅能够认识和改造客观世界，同时也能够认识和改造自身。环境和教育固然对人的发展具有重要影响，但环境和教育的影响归根结底只有通过人的活动才能发生作用。如果把人仅仅看做是消极地适应环境、接受教育的对象，而忽视人的活动对人的生存与发展

---

① 《马克思恩格斯全集》第19卷，人民出版社1963年版，第405页。
② 《马克思恩格斯文集》第1卷，人民出版社2009年版，第538页。
③ 《马克思恩格斯全集》第2卷，人民出版社1957年版，第118—119页。
④ 《马克思恩格斯文集》第1卷，人民出版社2009年版，第520页。

的意义，就不可能正确地理解和解决人的发展问题。马克思曾明确指出："环境的改变和人的活动或自我改变的一致，只能被看做是并合理地理解为革命的实践。"① 这就告诉我们，离开人的活动特别是社会实践活动，不仅不能正确理解人的发展问题，而且势必不能将唯物主义贯彻到底，而滑向历史唯心主义的泥坑。正如高清海教授所说："人的本质既非神灵给予的也非自然前定，而且还不是一经确定便永不改变的，这一切都要看人怎样去创造，怎样去实现，即决定于人自己的选择性活动。"②

3. 活动是作为主体的人与客体相互作用的具体方式

物质运动的根本原因在于物质之间的相互作用，这是现代科学一再证明了的客观事实，也是马克思主义哲学的一般原理。恩格斯指出，物质世界的物体是"相互作用着的，而它们的相互作用就是运动"③，"相互作用是事物的真正的终极原因"④。活动作为人的基本存在方式，就是人面对客观世界处理与客观世界之间关系、与客观世界相互作用的具体方式。人的存在与生成就是在人与客观世界相互作用的活动过程中实现的。人以活动的方式作用于客观世界来满足自己生存和发展的需要，表明人是活动的发动者、控制者和享用者。也就是说，人在活动中总是处于主体地位，人是活动的主体。人之作为主体恰恰在于他是活动的主体；离开了具体的活动，任何人都无法获得自己的主体地位。正如高清海教授所说："主体和人是就不同方面而言的，前者主要是从活动方面，后者主要是从存在方面，分别反映人的不同性质，因而在使用中并不能随意地代换。"⑤ 任何活动也总是作为主体的人的活动，总是反映或体现着特定主体的需要、愿望和目的。因此，必须从整个人类活动的发展中确立人的主体地位。

相对于活动的主体即人，人的活动作用的对象就是客体。这种客体是

---

① 《马克思恩格斯文集》第1卷，人民出版社2009年版，第500页。
② 高清海：《高清海哲学文存》第2卷，吉林人民出版社1997年版，第91页。
③ 《马克思恩格斯文集》第9卷，人民出版社2009年版，第514页。
④ 同上书，第482页。
⑤ 高清海：《主体呼唤的历史根据和时代的内涵》，《中国社会科学》1994年第4期。

进入人的活动范围，并与主体发生功能性关系，或为主体活动所指向的客观事物。① 哪些客观事物和现象能够成为活动的客体，不仅取决于这些客观事物的自在本性，同时也取决于活动主体的特征。正如马克思所说："对象如何对他来说成为他的对象，这取决于对象的性质以及与之相适应的本质力量的性质"，"只有音乐才激起人的音乐感；对于没有音乐感的耳朵来说，最美的音乐也毫无意义，不是对象，因为我的对象只能是我的一种本质力量的确证，就是说，它只能像我的本质力量作为一种主体能力自为地存在着那样才对我而存在，因为任何一个对象对我的意义（它只是对那个与它相适应的感觉来说才有意义）恰好都以我的感觉所及的程度为限"。② 主体和客体就是以人的活动的发出和指向为尺度来区分的，"从人的活动中去考察人与对象世界的关系，就出现了主体和客体这两个哲学范畴"③。在这个意义上的主体是活动着的人，客体则是人的活动所指向的对象。人的活动的产生，就是以主体与客体的分化为前提的，是建立在人同外部世界及自身的对象性关系上的。只有在与一定客体的关系中通过自己的活动而获得对客体的主动态势，发挥出能动的积极作用并取得支配地位的人，才会成为主体。在活动中，人把自身之外的一切存在都变成了自己活动的对象，变成自己的客体，与此同时，也就使自己成为主体的存在。因此任何活动本质上都是主客体的相互作用，是主体能动地作用于客体的具体方式。正是通过活动，主体与客体才相互规定并相互转化。人一旦脱离了这种活动，脱离了与由其自身所规定和建构的活动中的主客体关系，那么人就不能被看做为一个主体，最多只能被看做为一个潜在的主体。也就是说，自然界内部的相互作用产生了机械运动、物理运动、化学运动和生物运动，而主体和客体的相互作用导致了活动的产生。可见，

---

① 参见李秀林等主编：《辩证唯物主义和历史唯物主义原理》，中国人民大学出版社2004年版，第74页。

② 《马克思恩格斯文集》第1卷，人民出版社2009年版，第191页。

③ 李秀林等主编：《辩证唯物主义和历史唯物主义原理》，中国人民大学出版社2004年版，第73页。

从主客体相互作用的角度来把握活动，是科学地说明活动过程的前提。由此看来，活动既不是纯物质的运动，也不是纯精神的自我思辨；既不能把它归结为主体有机体的自我代谢，也不能归结为客体的自我变化。活动只能是以主体和客体相互作用为基础的崭新运动形式，是在人与外部世界对立两极之间，实现着主体和客体相互转化的过程中体现出来的。活动不是在一般意义上连接主体和客体，而是不断地在发展人的过程中变换主体与客体的关系。从这个意义上说，活动体现了人的发展的内在趋向。

在人的一切活动中，主体和客体构成了既相互联系和依赖，又相互作用和制约的两极。活动主体和客体相关联，表现为两者之间的相互作用、相互转化。这种相关联不是一种简单的、直接的二项式关联，而是借助于并通过一定的中介系统来实现的。从主体方面来说，人具有自己天然的界限，客体的绝大部分信息无法为主体所直接加工。从客体方面来说，它既有显露于外的表层结构和属性，也有隐匿于内的深层本质和结构。这一切表明，主客体之间的信息变换过程不是直接的，而是有中介的过程。中介系统是主体和客体之间实现物质的、能量的和信息的变换与转移的中间环节或转换器，是活动主体和活动客体之间实现信息变换与转换的中间环节，是主体作用于客体的工具和通道，也是二者之间的信息传递方式。借助于中介，主体使自己的本质力量在指向客体的活动以及相互对象化中，与客体发生相互作用的相关联的关系；同时，又以不同的形式使客体转变成为自己物质的和精神的生活与活动的一部分，纳入自己的生活和活动的系统。通过中介系统，活动主体与客体之间相互联结、相互贯通，从而搭起主体客体化和客体主体化双向运动的桥梁。列宁曾指出："要真正地认识事物，就必须把握住、研究清楚它的一切方面、一切联系和'中介'"①，"仅仅'相互作用'＝空洞无物，需要有中介（联系）"②。只有凭借中介系统这个桥梁，才能使活动取得客观现实的形态。中介系统不仅

① 《列宁选集》第4卷，人民出版社1995年版，第419页。
② 《列宁全集》第55卷，人民出版社1990年版，第137页。

反映着在一定历史条件下活动主体与活动客体相关联的领域与水平，而且反映着在历史中主体和客体相关联扩展与进化的轨迹。活动的中介是活动的关键性环节，通过这个环节与因素的多方面的生长性变化，人的活动的功能圈越来越多维度、多层次地拓展和延伸。正如马克思所说："需要是同满足需要的手段一同发展的，并且是依靠这些手段发展的。"① 因而，活动中介是人的活动能力、活动水平发展程度的客观标志，它决定着不同时代和个体发展的不同阶段人们活动的不同方式。

人的活动从结构上来看，就是活动的人（主体）与活动的对象（客体）动态地相关联的关系结构，而中介则是在活动的关系结构中把活动的人与活动的对象联系起来的必要的中间环节，也是在活动的人与活动的对象之间实现物质的、能量的、信息的转移与变换的转换器。② 因此，对于人类活动来说，主体、客体和中介是人类一切活动的基本要素，活动的主体、客体和中介三个要素，可以看做是内在地规定人的活动状态的三个纬度。③

4. 活动是主体与客体之间双向对象化的过程

活动作为主体对客体的作用过程，其结果是主客体之间的相互作用和相互转化，实现了主体与客体之间的双向对象化。所谓对象化，是指活动的主体和客体在发生对象性关系和对象性活动中的相互规定、相互依赖、相互转化和相互实现的关系。④ 人类的任何一种对象化活动，都是主体和客体之间的一种具体的相互作用，必然发生主体客体化和客体主体化的双向转化，结果就形成了人类的社会文化世界；而文化的享用和消化又使人的本质力量得到进一步强化和提高。⑤

综上所述，在唯物史观视野中，活动是表征人的存在方式和存在状态

---

① 《马克思恩格斯文集》第 5 卷，人民出版社年 2009 年版，第 585 页。
② 参见陈志尚主编：《人学原理》，北京出版社 2005 年版，第 133 页。
③ 参见郭湛：《人活动的效率》，人民出版社 1990 年版，第 68 页。
④ 参见王永昌：《论实践的本质》，《中国社会科学》1991 年第 4 期。
⑤ 参见陈志尚主编：《人学原理》，北京出版社 2005 年版，第 151—152 页。

的哲学范畴，是人所特有的对周围世界的关系的形式，是作为主体的人按照自己的目的，在自身需要的推动下以一定的方式能动地与客体发生相互作用，并实现与客体双向对象化的过程。

（二）人的活动的基本特征

1. 为我性

人的活动可以说都是为了处理人自身同外部世界的关系。对于人来说，"各个人过去和现在始终是从自己出发的"①，"凡是有某种关系存在的地方，这种关系都是为我而存在的"②，人"是自为地存在着的存在物"③。人的活动的为我性决定了人的任何活动都是有目的的。我们通常所说的"目的"，是指人对动因的自我意识或对活动结果的预先设想。人的活动是人有目的、有意识地作用于对象的过程，是一个合目的的过程。为了达到一定的目的，人们才借助于一定的手段从事某种活动。在所有存在物中，只有人才能根据自己的需要和所掌握的现实手段自觉地提出一定的目的或目标，并为达到这一目的而进行活动。动物是一种无意识的存在物，它不可能自觉意识到自己需要什么以及怎样满足自己的需要，不可能对自己活动的结果作出预先的设想，不可能设定活动的目的。因此，动物的活动是本能的、盲目的和被动的，因而也是片面的和简单重复的，它本身只是自然界的必然之网的一部分。而人的活动则不同，人是有自觉意识的主体。人既有自我意识也有对象意识；正是在意识的指导下，人形成自己活动的目的，从而使人的活动成为"我的普遍意识的活动"④。一切目的，都是人之目的，在宇宙万物中只有人具有目的意识，只有人才为自己确立目的，人在自己的活动中可以将自然界和自身当做认识和改造的对象。动物行为没有自觉能动的目的倾向性。每一个动物都重复其整个物种

---

① 《马克思恩格斯文集》第1卷，人民出版社2009年版，第587页。
② 同上书，第533页。
③ 同上书，第211页。
④ 同上书，第188页。

的行为，因此动物的行为遵循"因果律"。而人的活动则不同，它没有固定的路线，人的先天本能并不能决定他一定要做什么或者不做什么，人的活动相比于动物行为来说具有自觉的目的倾向性。有无目的性，构成了人的活动与动物活动相区别的重要标志。因此，马克思指出："动物和自己的生命活动是直接同一的。动物不把自己同自己的生命活动区别开来。它就是自己的生命活动。人则使自己的生命活动本身变成自己意志的和自己意识的对象。他具有有意识的生命活动。……有意识的生命活动把人同动物的生命活动直接区别开来。"① 恩格斯也认为，动物影响环境"是无意的，而且对于这些动物本身来说是某种偶然的事情"②，而人作为主体则是有意识的。人比动物高明的地方就在于，在实际活动开始之前，活动的结果已经以观念的形式存在于人的头脑之中了。马克思曾经以生动的譬喻揭示了人的自觉活动与动物的本能活动之间的区别："蜘蛛的活动与织工的活动相似，蜜蜂建筑蜂房的本领使人间的许多建筑师感到惭愧。但是，最蹩脚的建筑师从一开始就比最灵巧的蜜蜂高明的地方，是他在用蜂蜡建筑蜂房以前，已经在自己的头脑中把它建成了。劳动过程结束时得到的结果，在这个过程开始时就已经在劳动者的表象中存在着，即已经观念地存在着。他不仅使自然物发生形式变化，同时他还在自然物中实现自己的目的，这个目的是他所知道的，是作为规律决定着他的活动的方式和方法的，他必须使他的意志服从这个目的。"③ 这就是说，在活动的发生、展开过程及活动结果中，都凝结着主体的目的或意图，包含着主体的能动意志。人能自觉意识到自己的需要和满足需要的对象之间的关系，从而对通过自己的活动作用于什么、怎样作用以及使外界物发生什么样的变化作出预先的设想，即预先设定自己的活动的目的，并使自己的活动服从于这样的目的，通过自觉主动的活动来实现这样的目的。正是通过活动，个人实

---

① 《马克思恩格斯文集》第 1 卷，人民出版社 2009 年版，第 162 页。
② 《马克思恩格斯文集》第 9 卷，人民出版社 2009 年版，第 559 页。
③ 《马克思恩格斯文集》第 5 卷，人民出版社 2009 年版，第 208 页。

现了自己的愿望和需求。可以说,人在自己的活动开始之前,对活动的目的、步骤、过程、手段、结果等进行认识或者符号建构,并据此指导活动,是"人的活动"所特有的。

人的活动的目的性和为我性,使人作为人的存在及其特性和本质能够扬弃和超越自然的生物学状态和自然的生物学规定,使社会发展呈现出与自然史完全不同的特点。恩格斯曾指出:"社会发展史却有一点是和自然发展史根本不相同的。在社会历史领域内进行活动的,是具有意识的、经过思虑或凭激情行动的、追求某种目的的人;任何事情的发生都不是没有自觉的意图,没有预期的目的的。"① 在自然界中,全是不自觉的、盲目的力量在起作用,而在社会历史领域内进行活动的,全是具有意识的、经过思索或凭激情行动的、追求某种目的的人,"人离开动物愈远,他们对自然界的作用就愈带有经过思考的、有计划的、向着一定的和事先知道的目标前进的特征。"② 人类越进步,社会越发展,人的活动的目的性就越强。而且,人的活动的目的从根本上说就在人本身。正如马克思所说:"人不仅仅是自然存在物,而且是人的自然存在物,就是说,是自为地存在着的存在物,因而是类存在物。"③ 人的活动的具体目的可能是某种对象或状态,但在特定的客体结果中总是折射着主体的愿望和要求,归根结底乃是人活动的内在目的。

2. 对象性

人通过活动处理自己同外部世界的关系,表现为人对外部世界的依赖与创造。一方面,人必须依赖自身之外的对象世界来表现、实现和充实自我的存在,与对象世界进行不间断的物质、能量与信息的交换才能存在。作为具有复杂的肉体组织的生命有机体,从外部环境中摄入物质、能量和信息,是其得以生存、延续的基本条件。正是在这个意义上,马克思说人

① 《马克思恩格斯文集》第 4 卷,人民出版社 2009 年版,第 301 页。
② 《马克思恩格斯全集》第 20 卷,人民出版社 1971 年版,第 517 页。
③ 《马克思恩格斯文集》第 1 卷,人民出版社年 2009 年版,第 211 页。

"是受动的、受制约的和受限制的存在物"①。人们无论在哪一个领域或者以哪一种形式从事能满足不同需要的活动，都必须依赖于外部对象世界，"这个对象存在于我的身体之外，是使我的身体得以充实并使本质得以表现所不可缺少的"②。人的活动就是以不同的方式对外部对象进行加工改造，以便在适合于人的不同需要的形式上掌握和占有它们。因此，有学者指出，活动就是人的内在本质力量在一定环境条件下对一定对象的施展和运用，是人的能力的一种有方向、按程序、有节制的输出与发挥。③ 现实的个人总是生活在既定的、现成的世界中，正如马克思所说："没有自然界，没有感性的外部世界，工人什么也不能创造。"④ "一个存在物如果在自身之外没有对象，就不是对象性的存在物。"⑤ 但是，另一方面，人不同于动物，并不是消极地安于这种受动，而是能意识到自己的受动性，并且积极地去追求和掌握外部世界，以追求和创造能够满足人的各种需要的对象世界。"人作为对象性的、感性的存在物，是一个受动的存在物；因为它感到自己是受动的，所以是一个有激情的存在物。激情、热情是人强烈追求自己的对象的本质力量。"⑥

3. 创造性

"劳动是积极的、创造性的活动。"⑦ 一切属人的活动，本质上都具有积极的否定性即扬弃性。活动从本义上说，就是生命有机体由自身力量引起、受自身控制的机体运动。人总是通过自己的活动不断积极地否定即扬弃现存的周围生活条件，生产和创造新的周围生活条件，从而不断积极地否定即扬弃自己的现有存在状况和现有的特性与本质，生产和创造自己新的存在状况和新的特性与本质。人能通过自己的活动改变客体的运动方

---

① 《马克思恩格斯文集》第1卷，人民出版社年2009年版，第209页。
② 同上书，第210页。
③ 参见欧阳康：《哲学认识方法论》，武汉大学出版社1998年版，第506—507页。
④ 《马克思恩格斯文集》第1卷，人民出版社2009年版，第158页。
⑤ 同上书，第210页。
⑥ 同上书，第211页。
⑦ 《马克思恩格斯文集》第8卷，人民出版社2009年版，第177页。

式、过程，从而干预、改变自然和社会乃至人本身变化、发展的进程。人能通过自己的活动复制、再现某些已经消逝的事物、现象、过程。人能依据自然界存在的原型，用自然界不存在的方式加以修正、组合，制造出自然界本来不存在也不会自行产生的事物、现象、过程。人类社会迄今为止所有的创造、发明，都是人的活动的创造性的表征，甚至人类社会和人本身，都可以说是人的创造性活动的见证、产品。

活动的创造性把人的活动和单纯的生命活动区别开来。动物只依靠自身的器官从自然界取得现成的东西维持生存，只能作为类的个体消极地适应环境。弗洛姆就对动物活动做过这样的评价："动物适应其环境的模式是一成不变的；如果动物的本能平衡不能有效地应付变化着的环境，这类动物就会绝种。动物能通过在自体中改变自己来顺应变化着的环境条件，而不是去全面地改变环境条件。靠这种方式，动物和谐地生活着。这并不是说动物界没有斗争，而是说，动物的遗传性平衡使它成为它的世界的一个固定不变的组成部分。动物要么顺应环境，要么就绝种。"① 这正如恩格斯所说的："动物仅仅利用外部自然界，简单地通过自身的存在在自然界中引起变化；而人则通过他所作出的改变来使自然界为自己的目的服务，来支配自然界。"② 人的活动的创造性可以分为观念的创造性和现实的创造性。所谓观念的创造性，是指人根据自己的需要，在正确认识和反映外部世界现有事物的存在形式、本质和规律的基础上，创造性地建构起超越既定环境、符合人的需要而外部世界所没有的对象的观念模型。所谓现实的创造性，是指人通过现实感性的创造性改造使以上观念模型变为现实，创造出符合人的需要的人化对象物。在现实中，这两种创造相互影响、相互制约，共存于人的活动过程中。

4. 社会历史性

现实世界中的人，总是生存于特定的时间和空间之中，生存于特定的

---

① 马斯洛等：《人的潜能和价值》，华夏出版社 1987 年版，第 103 页。
② 《马克思恩格斯文集》第 9 卷，人民出版社 2009 年版，第 559 页。

社会历史条件之中。人生来就处在社会关系中,成为一个自在的存在,既定的生命体的自然属性和历史所积淀下来的社会文化、规范所赋予人的社会属性,都会在人的身上得到体现,构成人自身的现实存在。人作为社会的人,任何时候都无法越出历史条件所提供的真实舞台。按照马克思的理解,"人天生就是社会的生物……只有在社会中才能发展自己的真正的天性,而对于他的天性的力量的判断,也不应当以单个个人的力量为准绳,而应当以整个社会的力量为准绳"①,"不管个人在主观上怎样超脱各种关系,他在社会意义上总是这些关系的产物"②。人就其现实性来说,乃是社会关系的总和,"人的本质是人的真正的社会联系,所以人在积极实现自己本质的过程中创造、生产人的社会联系、社会本质"③。

人是在社会关系中实现自己的本质的,活动在本质上就是互动的。人作为活动的主体,不单纯是肉体的自然性主体,在本质上他是社会性主体。马克思说过:"活动和享受,无论就其内容或就其存在方式来说,都是社会的活动和社会的享受。"④ 在唯物史观看来,人改造外部客观物质世界的活动是在特定的社会关系中进行的,人与人之间要结成一定的生产关系才能致力于客观物质世界的改造;人改造内部的主观精神世界的活动,同样也要在特定的关系中进行,也要在交往中才能实现自我建构、自我提升、自我超越。马克思通过对劳动过程的考察,提出存在两类关系:一方面是人对自然的作用,另一方面是人对人的作用。前者是具有一定技能和技术的劳动者同一定的劳动资料的结合,取决于劳动过程中的技术结合;后者是劳动者之间的社会联系,取决于劳动过程的社会结合。"人们在生产中不仅仅同自然界发生关系。他们如果不以一定方式结合起来共同活动和互相交换其活动,便不能进行生产。"⑤ 所以,"生命的生产,无论

---

① 《马克思恩格斯全集》第 2 卷,人民出版社版 1957 年版,第 167 页。
② 《马克思恩格斯文集》第 5 卷,人民出版社 2009 年版,第 10 页。
③ 《马克思恩格斯全集》第 42 卷,人民出版社 1979 年版,第 24 页。
④ 《马克思恩格斯文集》第 1 卷,人民出版社 2009 年版,第 187 页。
⑤ 《马克思恩格斯全集》第 6 卷,人民出版社 1961 年版,第 486 页。

是通过劳动而生产自己的生命，还是通过生育而生产他人的生命，就立即表现为双重关系：一方面是自然关系，另一方面是社会关系；社会关系的含义在这里是指许多个人的共同活动"①。马克思早就指出："甚至当我从事科学之类的活动，即从事一种我只在很少情况下才能同别人进行直接联系的活动的时候，我也是社会的，因为我是作为人活动的。不仅我的活动所需的材料——甚至思想家用来进行活动的语言——是作为社会的产品给予我的，而且我本身的存在就是社会的活动。"②

任何活动都是在一定的社会历史背景下，由处在一定社会历史阶段和社会关系中的人所从事的特定的具体活动。人们的每一次活动都要受到社会环境的制约，包含着特定的社会内容。正如马克思所说，人一方面"在完全改变了的环境下继续从事所继承的活动，另一方面又通过完全改变了的活动来变更旧的环境"③。作为活动主体的人不是以纯粹自然的和刻板单一的形式出现在活动中，他要在接受社会的塑造和训练中，在参与社会的各种对象性关系中，获取和占有社会所提供的各种资料和手段，如经验、知识、技能、工具、方法等等，使人的天赋的潜能和素质，发展为多种多样的本质力量，能够从事多种多样的活动；作为活动主体的人也因此而获得了多种多样的社会性和现实性。人的活动的社会历史性决定了人的发展不可能超越现实的社会生活条件，如果要改变人的发展状况，就必须通过人的活动去改变现存的社会生活条件，并在这一过程中改变人自身。

5. 有效性

人的活动是追求活动效率的活动。这源于每个人的生命都是有限的，而人的需要都是无限的，人们总是希望在可能的条件下延长自己的生存时间，尽可能地实现更多、更高的目的。为了有效地满足人的多方面的、日

① 《马克思恩格斯文集》第 1 卷，人民出版社 2009 年版，第 532 页。
② 同上书，第 188 页。
③ 同上书，第 540 页。

益增长的需要，人们必然要求自己活动本身的有效性，追求更高的活动效率。社会历史的发展始终贯穿着人类对于自己活动效率的追求。人类文明的盛衰，除了外部自然界非人力所能改变的因素的制约以外，就人自身而言，无疑取决于人的活动，取决于这种活动的方式、过程和结果，也取决于其中所体现出来的人的活动的效率。①

人的活动的结果是产生符合人的目的、能满足人的一定需要的效果，这表明人们所进行的有目的的对象性活动，是一种能产生效果、具有效用、可以衡量其效率的活动，人凭借自觉活动的结果来满足自己的需要。对于人自身来说，人的活动可能有两种完全不同的效应。主体活动的结果适合主体自身和整个人类生存与发展的需要，能够为主体合理地占有和享用，因而对确立和提高人的主体地位有积极意义，这就是主体性的效应；反之，则是反主体性的效应。造成这两种不同的效应，主要取决于主体活动的社会条件。社会关系制约着人的活动，也制约着人的活动的效应。②另外，在活动的主体性效应方面，还存在着不同程度的活动效应，即高效率的活动和低效率的活动。在高效率的活动中，活动本身成为主体的目的，因而活动能够成为主体自身发展的重要动力源泉。而在低效率的活动中，活动本身不是目的，它不过是达到某种外在目的的手段，其意义或价值仅在于服从权威，与代表权威利益的规范、准则相一致。正如有学者指出："由于活动的目的游离于活动本身之外，因而活动也定然不会对主体自身的发展有所助益，活动只是为实现另一种目的不得不做的形式化运动，这种目的、手段分离的最大弊害就是遏制了主体主动实践的愿望，从根本上排除了人活动的积极能动性，并因而取消了个人对行为的责任。"③

---

① 参见郭湛：《人的活动与效率》，《哲学研究》1989 年第 6 期。
② 参见李秀林等主编：《辩证唯物主义和历史唯物主义原理》，中国人民大学出版社 1995 年版，第 434 页。
③ 戚万学：《活动道德教育论》，南京师范大学博士论文（1994 年），第 102 页。

二、人在活动中的主体性特征与功能

活动是人按照自己的需要和目的，运用自己的本质力量通过中介作用于客体的过程。人在活动中充分显示了人的地位和力量，即人的主体性特征和相应的功能。

（一）人在活动中的主体性特征

活动是作为主体的人的活动，主体要根据活动系统的运行规律不断地提出活动目的、发展自己的活动能力、控制与客体之间的相互作用等。而在活动的每一个阶段和环节上，主体都表现为活动的发出者、执行者、调控者和完成者。所谓人的主体性，即是指人在对象性活动中作为主体所表现出来的特性。确切地说，是人在对象性活动中从自己的主体地位出发以不同方式掌握客体所表现出来的功能特性。[①] 活动是人的主体性存在和发挥作用的现实形式，脱离人的各种活动，人的主体性就会成为仅仅是理论抽象的东西；而没有主体性，活动则与本能的"反射"、"反应"等并无二致。人在活动中的主体性主要表现在自觉的能动性、自主性和超越性三个方面。

1. 自觉的能动性

从普遍性来说，物质的运动就是物质能动性的表现。能动性是物质的自我运动、自我发展，为生命系统所特有，是生命活动的特征。人的活动所具有的能动性是物质性的一种特殊表现形式和最高发展形式。人的能动性不同于其他存在物的地方，就在于它是一种自觉的能动性。[②] 这是作为

---

① 参见陈志尚主编：《人学原理》，北京出版社 2005 年版，第 143 页。
② 参见高清海主编：《马克思主义哲学基础》（下），人民出版社 1987 年版，第 49—50 页。

主体的人与物的最基本的区别。人的生命有机体并不是被动地对刺激作出反应，而是一个在本质上能自觉活动的系统。自觉的能动性，是指为自我所意识到或者在自我意识控制、支配下的自我运动、自我发展。正如毛泽东所说："做就必须先有人根据客观事实，引出思想、道理、意见，提出计划、方针、政策、战略、战术，方能做得好。思想等等是主观的东西，做或行动是主观见之于客观的东西，都是人类特殊的能动性。这种能动性，我们名之曰'自觉的能动性'，是人之所以区别于物的特点。"① 正是这种自觉的能动性，全面生产出主体、客体和主客体关系。它不仅把人从自然界中提升出来，使自然界对象化，把人与自然的关系变成主客体关系，而且在能动的劳动和交往中生产着人与他人的关系、把他人对象化，分出自我和非我，产生人与人之间的主体关系。此外，通过能动性活动，人把自己对象化，分出主我和客我，产生人与自身的主客体关系。人的自觉的能动性的本质，就是人在活动中对活动目标、计划以及活动方式的自觉选择。② 马克思指出："这个主体不是以单纯自然的，自然形成的形式出现在生产过程中，而是作为支配一切自然力的活动出现在生产过程中。"③ 人通过自己的活动创造了自己的生活，把人以外的存在物变成了自己的对象，使它们从属于自己的目的。这样，在人的生活范围内，人便成为自己生活的创造者，其他存在物则成为人的活动所利用的条件。人在活动中的自觉的能动性既是对一般物质的能动性的扬弃，也是对人的受动性的扬弃，正如马克思所说："人作为对象性的、感性的存在物，是一个受动的存在物；因为它感到自己是受动的，所以是一个有激情的存在物。"④ 人在活动中的能动性表现为对人的受动性的调节、控制和超越，使人的受动性成为表现人的能动性的一个方面和必要环节，表明了人在活

---

① 《毛泽东选集》第二卷，人民出版社 1991 年版，第 477 页。
② 参见袁贵仁等：《论人性、人的本质和人的主体性的相互关系》，《求索》1988 年第 4 期。
③ 《马克思恩格斯文集》第 8 卷，人民出版社 2009 年版，第 174 页。
④ 《马克思恩格斯文集》第 1 卷，人民出版社 2009 年版，第 211 页。

动中的主动性存在态势。

2. 自主性

人在活动中的自主性，是指人在活动中按照自己的需要，依靠自己的力量，自己掌握和支配着活动，人是自己活动的支配者。科恩认为，自主"有两个尺度。第一个尺度描述个体的客观状况、生活环境，是指相对于外部强迫和外部控制的独立、自由，自觉和自己支配生活的权利和可能。第二个尺度是对主观现实而言，是指能够合理利用自己的选择权利，有明确目标，坚忍不拔和有进取心。自主的人能够认识并且善于确定自己的目标，不仅能够成功地控制外部环境，而且能够控制自己的冲动"①。人的活动的自主性，表明活动主体对于活动的主客观条件、对于活动及其成果具有独立、自为、自决的权利。它把自然生存条件、社会生存条件以及自我的生理、心理潜能、自我的情感和意志置于自己的控制之下，成为自然界的主人、社会的主人和自己的主人。② 人把自己的活动作为意识和意志的对象，打破了人与自身活动的同一性，是对人的依赖性的扬弃。人的活动中的自主性，表明了人在活动中自为的存在态势。

3. 超越性

在人的活动过程中，人一方面根据客观的现实条件，遵循作为活动对象的事物的客观尺度；另一方面又按照自己的需要和满足需要的现实力量，运用自己的内在尺度。也就是说，人在活动中按照两种尺度的统一进行创造，所以马克思说："动物只是按照它所属于的那个种的尺度和需要来构造，人却懂得按照任何一个种的尺度来进行生产，并且懂得处处都把固有的尺度运用于对象；因此，也按照美的规律来构造。"③ 即是说，人把自己的理想和价值追求融进人的活动，在对象物中也融入了人的尺度。这样，人作为主体通过自己的创造性活动，创造出理想的对象和对象世

---

① 科恩：《自我论》，生活·读书·新知三联书店 1986 年版，第 407 页。
② 参见袁贵仁等：《论人性、人的本质和人的主体性的相互关系》，《求索》1988 年第 4 期。
③ 《马克思恩格斯文集》第 1 卷，人民出版社 2009 年版，第 163 页。

界。这体现了人在活动中对价值的追求和选择。人的实践本质，是一种超越现实追求理想的超越性本质。① 人与其他存在物不同，人不是一种由外部条件盲目支配和随意支配的存在，也不是消极地依赖自然和社会所提供的现成条件来维持自己的生存，而是通过运用自己的力量和活动去改变和创造对象世界的属人方式来维持自己的生存和发展。人的本质要求不断地超越有机体、生物心理和客观环境强加于自身的限制。人不会停留在某一种已有的存在状况，也不会满足于某种已有的规定性，而是力求创造自己新的存在状况，力求生产自己新的规定性，人始终具有一种基于现实又超越现实的指向性。这正如德国哲学家马克斯·舍勒所言：人"与包围着他的现实永不休战，永远在想方设法打破他的此时——此地——以此方式的存在和他的周围世界的樊篱，其中也包括他自己当时的自身现实"②。人总是不断扬弃对象和自身的自在规定性，从而在超越自在的客观实在的同时，既不断地重构人的世界，也不断地重构自己的本质。在人与自身的关系中，人的自由表现为自我否定、自我超越。人否定和超越"既成的我"，而生成"新的我"，这是一个没有终极的矛盾运动过程。人就是一种可能性，他生活在希望和未来之中。

人通过活动不仅创造了一个外部的物质世界，而且创造了一个主体内在的精神世界即自我。人们无可否认，现实生活中的每一个人都胸怀理想，各有追求，都希望得到发展，都力图改变自己的当下处境和状况，都表现出对自我现实状况的不满。他们在现实生活中所做的种种努力和抗争，都是力图实现自我、提升自我、超越自我。从"类"的角度对个体进行抽象，这就是：人都在追求成"人"，都在努力把理想的自我转化为现实的自我，这就是人的发展的本性。人是一种不断追求理想、不断超越自我、不断提升和完善自我的存在。人若缺乏自我批判和自我超越，他就

① 参见高清海：《价值选择的实质是对人的本质之选择》，《吉林师范大学学报》（人文社会科学版）2005 年第 3 期。
② 马克斯·舍勒：《人在宇宙中的地位》，贵州人民出版社 1989 年版，第 42 页。

失去了价值理想，从而束缚于现实规定性之中，也就中断了发展的"链条"。人通过自己的活动获得自己的特性和本质的过程是永远不会完结的，因为"人的未完成蕴涵着可塑性和创造性，因而他总是处在不断地自我塑造和自我创造之中"①。现实生活中的每一个人，都是凝结了现实生活特性的具体存在，在他的身上表现出种种社会规定性。人与人的不同，在某种程度上是其社会规定性的不同，人有不同的生活角色便是人之不同社会规定性的反映。在这种意义上，是社会在创造人。但是，人却不是一种被动的存在物，而是一种活动存在。他要改变现存的生活，改变自己的种种规定性。人作为一种能动的存在，处于特定的社会环境中，他必然要取得这种现实规定性，但人并不是无选择地取得现实规定性，而且取得种种现实规定性并不是他的最终目的。他是为了超越现实规定性，成为新的创造主体。现实生活中的人，其理想追求的境界高低以及超越能力的大小是相对的，但力图提升自我、超越自我的特性却是绝对的。他当下现实的种种规定性，历史地看、发展地看，本身就是超越的结果。个体具有生物特性，这是个体生存与活动的自然基础。但是人却不仅仅按照生物特性所划定的轨道在生存，而是按照"类"的特性在生活。人从降生到成长为人的过程，实质上就是一个远离其自然特性，不为自然特性所控制，提升和超越其自然特性的过程。马斯洛所提出的人的"需要层次说"表明，人的需要是一个由其生物性需要逐步递进到文化性需要的过程，是一个逐步扬弃和超越其生物性的过程。人的价值追求是无止境的，因而人的活动也是无止境的。在活动中，人不断超越被给定性，不断地向未来开辟可能性空间，不断地超越自身、提升自身，从而走向自我实现、自我创造之路。人通过活动去追求和实现价值，体现了人在活动中对无限与永恒的超越性追求。

但是，我们也应该看到，当人意识到自己的主体地位，并通过活动表现出强烈的主体性时，不一定都能得到有益于社会、群体和个人的结果。

---

① 夏甄陶：《人是什么》，商务印书馆 2000 年版，第 9 页。

在历史和现实中，人们常常看到某些人由于过分膨胀和指向不当的主体性带来的副作用，给社会、群体和个人造成了严重的危害。对于这种危害社会、群体和个人的主体性，有学者称之为"破坏性的主体性"，而把导致客体的完善、主客体关系的和谐以及主体自身的发展的主体性称为"建设性的主体性"。① 从总的历史发展进程来看，由于人的主体性总是在与客体的对立统一中不断发展的，人的活动虽然主要是从其自身的主体性尺度出发的，但这种主体性尺度只有在与客体的尺度相统一的情况下主体的目的才能真正得到实现，因而主体在其历史活动过程中，总的来说会使其主体性越来越趋向合理，越来越趋向合目的性与合规律性的统一。可见，防止人的主体性带来的副作用，不在于对主体实行种种人为的限制，而在于尽量使主体确立起尽可能遵守客体尺度、力求达到主体尺度与客体尺度相统一的观念与行为方式。

（二）人在活动中的主体性功能

从现代系统论的观点来看，人的活动是一个自我组织的系统。系统是由若干相互联系、相互作用的若干要素经特定关系组成，并与环境发生关系的具有整体功能的有机整体。如前所述，人的活动作为一个系统，是由主体、客体和中介三个结构性要素构成的动态的发展系统，这些要素之间相互联系、相互作用，并表现为特定的功能，从而使活动成为一个动态的系统。正如马克思所说："不同要素之间存在着相互作用。每一个有机整体都是这样。"② 人在活动中的主体性就是人在对象性活动中从自己的主体地位出发，以不同方式掌握客体所表现出来的功能特性。这些功能体现了活动的实体性要素之间的内在有机联系，构成了活动系统的功能性要素。具体来说，人在活动中的主体性功能主要体现为动力功能、导向功能与调控功能。人的活动就是作为主体的人按照自己的目的，在自身需要的

---

① 参见郭湛：《主体性哲学》，云南人民出版社 2002 年版，第 173—178 页。
② 《马克思恩格斯文集》第 8 卷，人民出版社 2009 年版，第 23 页。

推动下，并在人的对象意识和自我意识调控下展开的过程。同时，在这个过程中，人的活动又对这些主体性功能产生着发展效应。

1. 动力功能

人在活动中的动力功能主要表现在为活动提供动力。人的活动的动力源于人的需要，需要构成人活动的出发点和归宿，"人的活动的辩证法则是按人的需要而展开的'应然'运动"①。现实的个人都是具有现实需要的人，人的一切活动都是在自身需要的驱动下进行的，都是为了满足自己的需要。可以说，人类活动的全部目的，不外乎是满足自身生存的诸种需要。马克思认为人们的"需要即他们的本性"②，"整个历史也无非是人类本性的不断改变而已"③，"任何人如果不同时为了自己的某种需要和为了这种需要的器官而做事，他就什么也不能做"④。"人以其需要的无限性和广泛性区别于其他一切动物"⑤，这种需要的无限性和广泛性不仅使它成为活动动力之源的原因和根据，而且还保证了它作为活动动力具有不可遏制的向前发展的趋势，"一旦满足了某一范围的需要，又会游离出、创造出新的需要"⑥。人的需要不仅促成一定的社会联系和活动，构成的观念上的内在动机，而且渗透在人的活动的目的、对象、手段、结果等要素之中。

在人的需要与人的活动的关系中，不仅包含着需要对人的活动的作用，而且还包含着人的活动对人的发展的效应。首先，活动的结果对人的需要的发展起着强化或减弱的作用。当人在某种需要推动下从事活动取得成功，必然会产生相应的积极的情感体验。这种积极的情感体验会强化人的这种需要。反之，当人按照某种需要从事活动并未取得成功，则会使人

---

① 李秀林等主编：《辩证唯物主义和历史唯物主义原理》，中国人民大学出版社 1995 年版，第 146 页。
② 马克思恩格斯：《德意志意识形态》（节选本），人民出版社 2003 年版，第 98 页。
③ 《马克思恩格斯文集》第 1 卷，人民出版社 2009 年版，第 632 页。
④ 《马克思恩格斯全集》第 3 卷，人民出版社 1960 年版，第 286 页。
⑤ 《马克思恩格斯全集》第 49 卷，人民出版社 1982 年版，第 130 页。
⑥ 《马克思恩格斯全集》第 32 卷，人民出版社 1998 年版，第 223 页。

产生不愉快甚至痛苦的情感体验，这种消极的情感体验就会减弱人对这种需要的追求，甚至使该需要在人的需要结构中消失。其次，在活动中，人必然会发现客体对象、活动工具以及活动环境等的新的属性，并由此认识到它们对主体所产生的新的效用，这些新的效用就会引起人的需要范围的扩大或层次的加深，从而发展人的需要。正如马克思所说："已经得到满足的第一个需要本身、满足需要的活动和已经获得的为满足需要而用的工具，又引起新的需要。"① 列昂节夫也指出："需要最初只是表现为活动的条件、前提，但是只要活动主体一开始行动，它立刻就发生转化，不再是潜藏于'自身之中'的那种东西了。活动越发展，它的这种前提就越充分地转变为它的结果。"②

2. 导向功能

人的活动的导向功能，指的是活动是基于人的目的、围绕着特定的目标而进行的。活动的导向功能规定着活动的方向。人的各种活动形式之间的差异，主要是由于活动目标不同造成的。人在活动的开始，依据自身的需要和现有客观条件的可能，确立活动的目标，然后以此为方向和指针来展开活动过程，才有可能满足自己的需要。正如恩格斯所说："就单个人来说，他的行动的一切动力，都一定要通过他的头脑，一定要转变为他的意志的动机，才能使他行动起来。"③ 自觉的目的倾向性是人的活动的首要的、中心的特性，它不仅是人的活动的起始性条件，而且也是人的整个活动进行的归宿。人的活动的具体过程决定于、服务于人的活动的目的倾向。由活动目的而产生的具体活动目标始终统摄着整个活动过程，从根本上决定着整个活动过程的有效展开和顺利进行。目标为人的活动确立了理想的发展状态，是人自己的一种应然性追求。

在人的活动的目标导向与人的活动关系中，人的活动对人的发展的效

---

① 《马克思恩格斯文集》第1卷，人民出版社2009年版，第531页。
② 列昂节夫：《活动　意识　个性》，上海译文出版社1980年版，第140页。
③ 《马克思恩格斯文集》第4卷，人民出版社2009年版，第306页。

应，主要体现在活动能够调整或改造人的已有的价值观和目标水准，增强人的自信心。在人的活动中发挥导向功能的目标，是在一定的价值观基础上建立起来的。活动的结果能够促使人去调整或改造活动目标背后的价值观念，提高人的认识能力、判断能力和选择能力，促使人不断树立新的更高的目标，从而提高人的活动的自觉性。

3. 调控功能

活动是在主体的意识调节控制下展开的自觉的过程。人的意识作用不仅表现为在活动的开始对活动目的的构想上，而且还表现为在活动的过程中对活动进行的程序、方式、方法的设计，以及在活动的实际展开过程中对活动过程的调节控制。人的活动是自觉的，人不仅直接享用自然物质，还能改造外部世界以满足自己的需要。由于人的"意识代替了他的本能，或者说他的本能是被意识到了的本能"①，因而能够"使自己的生命活动本身变成自己意志的和自己意识的对象"②。在具体的活动之前，对活动的目的、步骤、过程、手段、结果等进行认识或符号建构，并据此指导活动，是人的活动所特有的。人不仅对对象有意识，对自己的活动有意识，而且对自我有意识，能把对象、对象性活动与自我区别开来。当意识把自我当做对象时，人就可以把自己从与外物的相互作用中提升出来，多角度、多层次地反思自己与对象、自己与活动的关系，通过不断试探和修正错误，达到自己与对象、与活动的一致。这样，人与环境之间的相互作用，也就不再是由自然规律自发地起作用，其中必然渗透着人的目的与愿望。人通过自己的自觉思考，运用规律并创造条件，把活动引向自己所期望的方向，并使活动成为高效率的活动，这从而巧妙地"通过他所作出的改变来使自然界为自己的目的服务，来支配自然界"③，使对象成为自己本质力量的体现者。

---

① 《马克思恩格斯文集》第1卷，人民出版社2009年版，第534页。
② 同上书，第162页。
③ 《马克思恩格斯文集》第9卷，人民出版社2009年版，第559页。

　　在人的意识与人的活动的关系中，活动对人的意识的发展效应，主要体现在对人的情感体验方式和意志调节力量的改造、丰富和发展。在活动过程中，主体对自身与客体关系的调节控制并不只是直接地、简单地将自身现有的情感体验方式和意志调节力量表现出去或对象化到自身与客体的作用过程之中，而且更重要的是包含着调整或改造自身已有的情感体验方式和意志调节力量，以实现预期的活动目的，其结果就是人的意识和自我意识的进一步发展。

　　总之，由于现实的个人作为主体所具有的本质力量具有历史的局限性，因而人的主体性的现实表现也具有局限性。但是，也正是由于人的主体性存在，人类才不断追求和创造包括不断满足主体现实的需要，并通过人的活动来提高主体的活动能力，在历史活动中不断丰富和增强人的主体性。

三、人的活动的基本类型

　　活动的对象世界所具有的复杂性以及主体需要的多样性要求，共同造就了人类活动方式的多样性和丰富性。在现实生活中，人的活动丰富而复杂，既存在着活动的不同层次，又存在着活动的不同类型，构成了多种活动方式交错而成的活动"网络"。由于活动是人的存在和发展的基本方式，所以从归根结底的意义上说，人类的一切活动都是旨在达到自身发展和完善。这些不同层次、不同类型的活动满足了主体多层次、多方面的需要，但这些发展和完善人的活动的类型和手段又互有区别。人的活动既不能简单地归结为内在精神的心理活动，也不能单纯地归结为外在的物质活动。人的活动实际上是一个多层次、多要素的复杂开放系统，各种要素之间既相互区别又相互渗透和依赖。正如有学者认为，"活动既包括物质的、实践的，又包括智力的、精神的操作；既包括外部的，也包括内部的过程；与手的工作一样，思维工作也是活动；与人的行为一样，认识过程也是活动"①。现代文化哲学学者成中英从人类活动的对象出发，认为"人类的智慧表现在许多方面，一般来说，可表现在对自然环境的征服和利用，也可表现在人类社会的建立，没有社会就没有真正的文化，社会就是人和人的协调，以达到分工合作的目标。最后可表现在人性自身的净化和提升，以及人类潜在创造力之发挥。从这个角度来看，人类的历史与文化显然有三个方面的活动，即物质生活的活动、社会生活的活动和精神生活的活动"②。

在唯物史观视野中，人类活动大体上可以分为两大类：物质活动和精神活动。马克思指出："分工不仅使精神活动和物质活动、享受和劳动、生产和消费由不同的个人来分担这种情况不仅成为可能，而且成为现实。"③ 这种分类法侧重于人类活动的内容和结果，即把具有物质性的内容和结果的活动划为一大类，把具有精神性的内容和结果的活动划为另一大类。而活动的内容和结果，相对来说是人类活动中稳定的、静态的方面。物质和精神的二分法，是人们早已形成习惯而又确实方便可行的思维方法，在很多场合下都是必要的、有效的。但由于这种分类侧重于人类活动中稳定的、静态的方面，不能突出人类活动中多变的、动态的方面，而人类活动的本质特征恰恰在于其多变性和动态性，由此唯物史观也把人的活动分为生产和交往两大类。从分类标准来看，这是侧重于人类活动的形式和过程方面，即把具有生产性的形式和过程的活动划为一大类，把具有交往性的形式和过程的活动划为另一大类。活动的形式和过程相对来说则是人类活动多变的、动态的方面。相比而言，生产和交往的二分法更能揭示人类活动的多变和动态的特点，并能将生产和交往作为两个客观过程相对区别开来。在唯物史观中，无论是物质活动和精神活动，还是生产和交往活动，这两大类活动中的每一类又可以分为两种活动：物质生产活动和精神生产活动。

---

① 转引自宋宁娜：《活动教学论》，江苏教育出版社 1996 年版，第 71 页。
② 成中英：《文化·伦理与管理——中国现代化的哲学省思》，贵州人民出版社 1991 年版，第 24 页。
③ 《马克思恩格斯文集》第 1 卷，人民出版社 2009 年版，第 535 页。

在唯物史观的视野中，人类活动也被划分为实践活动和认识活动两大类。人类从其产生起就要解决主体和客体、人与外在世界的矛盾，在不断解决这一矛盾的过程中产生出实践与认识两种基本的活动方式。① 认识活动和实践活动是人的两种活动形式，被称为主观活动和客观活动、精神活动和物质活动、理论活动和实践活动。② 这主要是从人的活动的目的是在观念上认识客体还是实际改造、变革客体去区分活动的类型。事实上，人的每一种具体形态的活动，其目的既可能是对客体的反映、认识，也可能是对客体的改造和变革。也就是说，实践活动与认识活动渗透于人类的生产和交往两大类活动之中，很难做具体的区分。同时，物质生产和物质交往与精神生产和精神交往也是密切相关的。在现代社会中，由于科学技术已经成为第一生产力，知识经济、信息经济的时代已经到来，这两大类活动的关系更加密切，甚至在一些领域里开始合为一体，即生产既是物质的又是精神的，交往同样既是物质的又是精神的。所以这一切，都为人类的生产和交往的未来发展展现了广阔的前景，也为生产和交往之间更好地协调乃至结合创造了条件。

在唯物史观的视野中，以社会为坐标，人的活动也可以概括为经济活动、政治活动和思想活动三种类型。活动之所以划分为这三种类型，其依据是社会中现实存在的三种关系：物质关系、政治关系和思想关系。这三种关系相互联系，形成了社会的基本结构，又各有其区别于他种关系的特征，所以根据这些关系所进行的活动彼此区别相对独立。③

四、活动范畴与实践范畴之辨析

除了对活动本身的外延进行框定外，确定活动范畴使用范围的另一个

---

① 参见李秀林等主编：《辩证唯物主义和历史唯物主义原理》，中国人民大学出版社2004年版，第244页。

② 参见郭湛：《人活动的效率》，人民出版社1990年版，第3页。

③ 参见姚新中：《道德活动论》，中国人民大学出版社1990年版，第20页。

必要方法就是把活动同其他相似或相近的概念加以对照，以便进一步凸显该范畴的具体特征。一提到活动，人们立刻会拿它与实践概念相比较，提出二者异同何在的问题。诚如有的学者所说："在深入研究活动范畴时，重要的是避免把它绝对化，避免用这个范畴取代其他一些近义的概念和范畴。只有考察了'活动'范畴同诸如实践、能动性、创造性等范畴和概念的关系，才能更深刻地揭示该范畴的内涵。这里，最重要的问题是分析活动与实践的关系。"[①] 已有学者注意到对"活动"范畴的研究，努力不把它等同于人能动地改造外部"自然"和"社会"的"劳动"或"实践"，并且已经形成了一些近似的看法。例如，有的学者认为，活动与实践在马克思主义理论中是两个紧密相连并具有某种逻辑关系的概念，但不是一个层次的概念。活动或人的活动是表征人的存在状态的最一般性的概念，认识和实践是人的两种活动形式，二者是"一般—特殊"的关系。活动范畴是整个马克思主义理论叙述由抽象上升到具体的逻辑起点，实践范畴则是在逻辑进程中对活动范畴的具体化和超越。[②] 也有学者把二者的关系表述为：活动是实践的上位概念，实践是活动的一个特殊类型，活动的规定是从实践的规定中引申出来的。[③] 还有学者认为，实践范畴的确立仅是研究人类各种活动的起点和基点，而不是问题的全部。[④] 以上诸种观点，分别从不同角度对活动与实践的关系做了考察，其中不乏联系和交叉，但侧重点各有不同，因此其价值和意义当然有别。然而，指出其共同点和合理性则是十分必要的，这就是，它们都把活动看做是一种包括社会主体之间种种关系在内的且不局限于实践活动的普遍的社会关系，认为活动是人的基本存在方式。

在唯物史观视野中，"活动"是表征人的存在状态的概念。人是要依靠人的活动特别是物质生产活动才能生存和发展的社会存在物，马克思认

---

① B. C. 谢缅诺夫：《用现代观点看活动问题》，《哲学译丛》1986 年第 1 期。
② 参见郭湛：《人活动的效率》，人民出版社 1990 年版，第 3—4 页。
③ 参见陈佑清：《教育活动论》，江苏教育出版社 2000 年版，第 38—40 页。
④ 参见高文武：《认识活动论》，人民出版社 1991 年版，第 70 页。

为物质生产活动是人类社会产生和发展的基础，但他也认为活动既有物质的活动，又有精神的活动。正如马克思所说，人类活动的"基本形式当然是物质活动，它决定其他一切的活动，如脑力活动、政治活动、宗教活动等"①。物质生产劳动是活动的最初形式，是人作为有生命的肉体组织的主体存在的基本方式和形式。由于这种存在的基本方式和形式，把人和动物区别开来，正如马克思所说："可以根据意识、宗教或随便别的什么来区别人和动物。一旦人开始生产自己的生活资料，即迈出由他们的肉体组织所决定的这一步的时候，人本身就开始把自己与动物区别开来。"②人作为有生命的肉体组织的主体所进行的物质生产劳动及其对象化，还构成人类社会历史的现实基础。总之，活动是个一般性的概念，包括人有目的地认识和改造世界以适应自己需要的全部过程，包括了人的一切不同活动形式。

在唯物史观视野中，"实践"是表征人与客观物质世界关系的范畴。实践是人所特有的对象性活动，正是在人类的实践过程中，世界被二重化了，成为主观世界和客观世界、自在世界和人类世界的统一，实践因此具有世界观意义。③ 实践范畴是马克思主义哲学中的一个核心范畴，马克思把科学的实践观视为把握对象世界的坚实的理论基石，标志着一种革命性的新世界观的创立。马克思主义哲学用实践的框架来理解人类世界中的自然，把自然同实践活动、社会生活和历史进程联系起来考察，通过人类实践活动来反观世界，建构了一种"新世界观"，从而消除了精神的历史与物质的自然的对立。这是哲学世界观的深刻变革。"人的实践才是人类世界得以存在和发展的源泉、根据和基础，实践是人类世界的本体。"④ 在这个基础上，马克思主义哲学用实践范畴来揭示人的本质，揭示社会存在

---

① 《马克思恩格斯全集》第3卷，人民出版社1960年版，第80页。
② 《马克思恩格斯文集》第1卷，人民出版社2009年版，第519页。
③ 参见李秀林等主编：《辩证唯物主义和历史唯物主义原理》，中国人民大学出版社2004年版，第63页。
④ 肖前等主编：《实践唯物主义研究》，中国人民大学出版社1996年版，第210页。

的物质基础和发展的动力。毫无疑问，只有实践才能确定人的本质，其他任何范畴都不可能具有揭示人的本质、规定社会历史起源和发展的作用。另外，实践是客观的物质的活动，构成实践的诸要素和前提，即实践的主体（人）、实践的对象（外在世界）和实践的手段（工具等），都是可感知的客观实在；实践的结果即通常所说的"事实"，也是外在于人们的意识而客观存在的；实践的广度、深度和发展过程都受到客观条件的制约和客观规律的支配。实践作为客观活动，其特点在于，它是以感性实体（人）同感性实体（物）发生关系，并以感性的方式作用于感性对象。①可以说，"实践"概念主要强调的是感性的、物质性、现实性的活动。列宁在谈到人的理论活动和实践活动的本质区别时，就曾指出："实践高于（理论的）认识，因为它不仅具有普遍性的品格，而且还具有直接现实性的品格。"② 列宁在《唯物主义和经验批判主义》中谈到马克思的《关于费尔巴哈的提纲》时，又引证了莱维的话："当阿·莱维说马克思认为同人类的'现象的活动'相符合的是'物的活动'，即人类的实践不仅具有（休谟主义和康德主义所谓的）现象的意义而且还具有客观实在的意义的时候，他的话在本质上是正确的。"③

从实践的观点来看，世界不再是什么超自然的神秘力量的创造物，也不再是外在于人的仅仅直观的对象；人在世界的面前既不再是消极无为的承受者，也不再仅仅是被动的解释者。对于新哲学来说，人所生活的这个世界是人参与其生成、在人的实践活动中不断被改造和创新的对象，人在这里是有着主体功能、有着无限作用、积极主动的能动存在。实践观点为我们理解人、理解世界以及理解全部哲学问题提供了一个全新的立足点、观察视角和思维模式。从实践观点去理解人，意味着不能再从什么前定本性、永恒原则、概念规定出发去理解人，不把前定的本质、永恒的原则、

---

① 参见李秀林等主编：《辩证唯物主义和历史唯物主义原理》，中国人民大学出版社2004年版，第67—68页。
② 《列宁全集》第55卷，人民出版社1990年版，第183页。
③ 《列宁选集》第2卷，人民出版社1995年版，第81页。

外在的权威等作为立论的前提，而是要面向人生活于其中的现实世界，从人之为人的自身根源去把握人，从人的生存的基本活动去理解人的本性，从人的历史地生成变化中去把握人的存在状态，从肯定与否定双重性质中去理解人对世界的关系中，从人的超越性活动中去把握人的多重属性。很明显，随着关于人的观点的改变，有关人对世界的关系的各种观点也都不能不发生根本性的变革。

　　作为人的存在方式，人类活动是一个由许多支系统组成的复杂系统，这些支系统之间相互交叉，部分重叠。在这个系统中，实践活动处于支配地位。实践活动是人类第一的和基本的活动形式，是其他一切活动的根据和产生发展的动力，实践对于其他一切活动而言具有基础性和决定性的意义。人类的其他活动都要在实践活动这里汇合，受其制约，对其有所贡献，实践是连接一切人类活动的纽带。但同时实践活动又只是一个支系统，而不是说一切人类活动都可以简单地归结为实践活动。马克思说"全部社会生活在本质上是实践的"①，除了强调实践的重要性之外，这实际上也是说，在社会生活中还有其他人类活动，只不过它们不能决定人的本质和社会的本质。实践活动有自己的主要任务，其他人类活动也都有自己的主要任务，它们受实践活动制约但又相对独立。它们虽然离不开实践，不能单独揭开人的本质和社会历史的起源，但是所要完成的任务也不是实践活动所能代替的。实践乃至劳动，是人类活动的核心，不以实践、劳动为核心的活动是抽象的；但如果把一切活动都归结为实践，用"唯实践"来涵盖一切，也是错误的。我国哲学界就曾流行过粗陋的实践主义，把在实践基础上形成的其他人类活动，简单地归为实践活动的一部分。这种不适当地扩大实践的外延，反而不利于贯彻实践原则。

　　综上所述，可以说，实践和活动既是相通的、又是有区别的两个范畴。活动范畴要比实践范畴宽泛得多。从一般意义上讲，活动概念，无论属于社会物质生活还是社会精神生活，其外延都要大于实践概念。

————————

　　① 《马克思恩格斯文集》第1卷，人民出版社2009年版，第501页。

五、唯物史观活动理论是思想
政治教育研究的理论基石

　　活动这一范畴，在解决主体与客体的两极对立，认识与实践的统一和相互转化，人的基本存在及人的发展等方面，具有其优越性。正是在人的活动中，人的内在世界与外在世界得以沟通，人与客观世界之间的物质、能量和信息变换得以进行，人发挥和发掘自身的内在潜能，实现并确证自己的主体性。可以说，活动造成了主体与客体、思维与存在、意识与对象、物质与精神等关乎人的存在的重要范畴的区分。因此，研究人离不开活动这个范畴。人是世间最活跃、最具有能动性、组织程度最高、分化最充分的物质系统。活动范畴可以揭示人参与相互作用的主体性、条件性、过程性和普遍多样性。人的社会性、能动性、创造性以及人的认知、情感、意志和能力，都在活动中汇合并得到表现，都可以由活动范畴加以刻画。简单地说，人的社会性主要是在物质生产活动中形成的，是人与人相互关系的产物；人的能动性就是活动的自觉性和自我调节性；人的创造性可以通过自己活动的产物表现出来；人的认知可以由人改造外物获取信息以及头脑对获取的信息进行加工制作来说明；认知不但是活动的结果，它在活动中还要依赖并转变成人的能力；人的情感和意志是活动的动力，它们都可以由需要引起的活动目的来说明。"所以，从根本上讲，人是在活动中并通过活动揭示自己的内部属性，使自己成为异于物的人，异于他人的个性、造就自己的真实存在和本质的。人实在就是他自己创造的产物、他自己活动的产物。人正是在活动中获得对自己的肯定和确证。"① 总之，人的活动是人的潜能的展现，是发展人的能力的唯一手段。人的发展之所以能摆脱对进化的依赖，就在于他用自己特有的活动方式为自己开辟了发

---

① 戚万学：《活动道德教育论》，南京师范大学博士论文（1994 年），第 82 页。

展的无限可能性。由此可见，活动把人与社会、生活与历史连在一起，活动范畴能够比较合理地解决人的发展状况和人是如何发展的。

　　活动的类型有个人活动、群体活动和社会活动等，我们在这里把活动限定为现实的个人活动，即个人在思想政治教育过程中的活动。我们把活动范畴引入思想政治教育学领域，是因为思想政治教育是人类活动中的一个"单项"，是人类众多活动中具有特定性质和目的的活动，是一种将活动指向主体本身的"人本化"活动，是人类存在与发展的一种特有方式。具体来说，思想政治教育是一种教育者与教育对象共同参与的交互主体性活动，是教育对象在一定社会价值引导下自主建构其思想品德的过程。在这种活动中，蕴涵着人的生存和发展的一切可能性和现实性因素，更加鲜明地表现出人的独特本质。思想政治教育作为一种普遍的社会现象存在的根本原因，就在于它是满足人的思想品德发展需要的一种主体性活动，表现的是人与思想政治教育的价值关系，反映的是人的生存方式、生活态度和理想追求以及人的自主创造精神等。在思想政治教育领域使用活动范畴，主要用来作为联系个体与外部思想文化的中介，作为沟通主体观念与行动的桥梁。

第二章 促进人的思想品德发展：
思想政治教育的存在之基

从思想政治教育的现象来看，思想政治教育的直接结果就是人的思想品德的改变。这种改变体现着人对社会倡导的某种理想和价值的践行与追求，因而在本质上是人的思想品德的发展。因此，我们首先就要探讨思想政治教育何以能够导致人的思想品德发展。而要解决这个问题，就要厘清作为人的发展的重要方面，人的思想品德究竟是如何发展的，即思想品德发展的机制是什么。如前所述，活动是人的存在方式，人的生存与发展都是通过人的活动来实现的。思想品德作为人的存在的重要方面，其发展也是通过活动而实现的。那么，人的思想品德何以能够、又是如何通过活动而获得发展的呢？只有解决了这些问题，才能真正厘清活动与人的思想品德发展之间的关系，继而才能进一步探讨人的思想品德发展与思想政治教育活动的关系。

一、"思想品德"范畴界说

毋庸讳言，任何学科都有自己特定的范畴。正如列宁所说："范畴是区分过程中的梯级，即认识世界的过程中的梯级，是帮助我们认识和掌握自然现象之网的网上纽结。"[1] 范畴既是一门学科得以确立的标志，也是

---

[1] 《列宁全集》第 55 卷，人民出版社 1990 年版，第 78 页。

学科学理体系构建的基础。从思想政治教育现象来看，思想政治教育的直接结果是人的思想品德发展，"思想品德"应当成为思想政治教育学科的基本范畴，在思想政治教育学的逻辑体系中处于起始范畴的位置。事实上，在已有的研究中，"思想品德"的确被看做是思想政治教育学科的基本范畴。但是，由于每个人对于这一概念具体化的指向不同，见仁见智，因而据以作出的判断和取舍就会大相径庭。为了摆脱由此而来的歧义，我们应当将具体性引入概念本身。概念的具体性意味着更明确的限定，使之具有较明确的所指。这样有助于避免因理解的随意和模糊而造成的争执，把问题的探讨集中到更为实质性的内容上来。一般来说，范畴一旦进入某个学科成为一个具体概念后，就会有一系列的继发问题，如概念与学科体系的适应情况，概念可能引起歧义，概念的误用可能影响整个学科建设的走向等。因此，我们首先必须对这一基本范畴进行科学的界定。

（一）思想品德的含义

在我国，思想品德是多个学科共同关注的对象和使用的范畴，但不同学科对之有不同的理解和界定。"思想品德"这个范畴大致相当于教育学德育论和心理学的"品德"范畴，以及伦理学中的"品质"或"道德品质"范畴。在传统的思想政治工作学中，则直接称之为"思想"。在思想政治教育学科中，人们大多称之为"思想品德"，还有的称之为"思想政治品德"。本书则沿袭了"思想品德"这个在本学科中已经被大多数研究者公认的称谓。各个学科虽然对"思想品德"有不同的称谓，但是其关注和研究的事实领域还是有相通之处的，那就是它们主要都是关注人的世界观、政治观念和道德品质。但是，它们关注和解决的特殊矛盾和问题又是不一样的，由此形成了各自不同的学科。正如毛泽东曾指出的："科学研究的区分，就是根据科学对象所具有的特殊的矛盾性。因此，对于某一现象的领域所特有的某一种矛盾的研究，就构成某一门科学的对象。"①

————————

① 《毛泽东选集》第一卷，人民出版社1991年版，第309页。

本书使用"思想品德"这一称谓，固然是为了与教育学德育论、心理学、伦理学等学科相区别，体现思想政治教育的学科性质，但更重要的还是要反映出思想政治教育学科研究对象的特点和学科发展的必然性。因此，我们必须从思想政治教育学研究对象的特殊性来探讨思想品德这一范畴的基本内涵。

思想政治教育学以"思想政治教育"这一人类的普遍活动和现象作为研究对象，这是不言而喻的。思想政治教育是社会和社会群体用一定的思想观念、政治观点、道德规范，对其成员施加有目的、有计划、有组织的影响，使他们形成符合一定社会或一定阶级所需要的思想品德的社会实践活动。① 因此，学界一般认为，思想政治教育学研究领域的特殊矛盾，是一定社会、一定阶级对人的思想品德要求与人们实际的思想品德水准之间的矛盾。思想政治教育学就是研究思想政治教育如何解决这个矛盾的科学。② 从思想政治教育实践来看，思想政治教育用以影响社会成员的世界观、政治观、道德观等，是一定社会的意识形态的主要内容。在马克思主义理论视域中，意识形态是对一定社会经济形态和政治制度的自觉反映，是社会的观念上层建筑。③ 意识形态主要包括哲学、政治法律思想、道德、艺术、宗教等。基于思想政治教育学研究对象的特殊矛盾以及思想政治教育所承担的特定的社会职能，我们可以说，所谓"思想品德"，就是指一定社会的以世界观、政治观和道德观为主要内容的意识形态在个体的人的意识和行为中体现出来的稳定特征和倾向。

思想政治教育学研究领域的特殊矛盾，决定了思想政治教育学视野中的"人"是"普遍的人"，是一个社会中"所有的人"，而非教育学德育论中的中小学生这个特殊人群。心理学、伦理学中对道德教育的研究虽然

---

① 参见邱伟光等主编：《思想政治教育学原理》，高等教育出版社 1999 年版，第4页。

② 参见张耀灿等：《现代思想政治教育学》，人民出版社 2006 年版，第6页。

③ 参见李秀林等主编：《辩证唯物主义和历史唯物主义》，中国人民大学出版社 2004年版，第115页。

也涉及"普遍的人"，但伦理学探讨的主要还是人的"道德品质"和"道德教育"问题，而非人的整个思想观念领域的问题。心理学虽然探讨的是普遍的人的品德，但主要还是把品德看做人的心理现象和反应形式，看做个体的人经常地、稳定地表现出来的具有道德价值的个性心理特点和心理倾向。因此，思想政治教育学科中的"思想品德"这一范畴与德育学和心理学中的"品德"和伦理学中的"道德品质"都有着各自不同的含义。

（二）思想品德的主要构成要素

具体的现实的个人的思想品德状况，可以称之为"思想品德素质"。这里之所以用"素质"概念来指称人的思想品德的具体构成因子，是因为思想品德是一定社会的意识形态在个体的人的意识和行为中的具体体现，是个体性的品质。而"素质"这一概念则能够比较恰当地反映思想品德的个体性存在特征。一般认为，素质指的是人以先天的禀赋为基础，在环境和教育影响下形成和发展起来的各种特性、品质与能力的总和。[①]另外，使用"素质"这一概念更能够体现思想政治教育学科的实践性特征，是对现代社会普遍重视提高人的素质的一种回应，即思想政治教育学不仅是从学理方面探讨人之为人的思想品德方面，而是更加注重培养满足人的生存和发展需要的具体的素质。[②] 因此，在本书中，我们也用"思想品德素质"这一范畴来指称具体的、现实的个人的思想品德状况。

从思想品德的构成要素来说，人的思想品德主要是由思想素质、政治素质和道德素质构成的。所谓思想素质，指的是个体的人基于一定的世界观而形成的思想认识路线和基本方法，认识人与客观世界的关系的意识和

---

① 参见郭文安等：《国民素质建构与基础教育改革》，人民教育出版社 2000 年版，第 3 页。

② 例如，在中央文献中，经常提到"科学文化素质"、"思想道德素质"等。江泽民就曾指出："思想政治素质是最重要的素质"，见中共中央文献研究室编：《十五大以来重要文献选编》（中），人民出版社 2001 年版，第 879 页。

能力的总和。从人类认识发展史来看，人们的认识方法主要表现为两种对立的形态。一种是从观念出发来解释实践，即用意识或观念去解释历史和说明社会的唯心史观，另一种是从人们的物质实践出发来解释观念的唯物史观。基于不同的世界观，会形成不同的甚至完全相反的认识方法和认识能力。所谓政治素质，指的是一定社会的政治思想体系在个体的人的意识和行为中体现出来的稳定特征和倾向，反映着社会成员对一定政治体系合法性的认同状况。所谓道德素质，指的是一定社会的道德观念和道德规范体系在个体的人的意识和行为中体现出来的稳定特征和倾向。

在思想品德的构成要素中，我们没有涉及人的心理素质。这是因为，心理素质与思想素质、政治素质以及道德素质不是同一个层次上的概念，心理素质主要是从功能的角度体现着思想品德的动态构成，属于思想品德的功能要素，而这里探讨的是思想品德的内容要素。实际上，任何一种内容要素的形成与发展都要涉及思想品德心理素质方面。

二、"思想品德发展"范畴界说

与"思想品德"范畴一样，"思想品德发展"也是多学科共同使用的范畴。伦理学视野中的品德发展，指的是社会成员个人的道德品质发展。伦理学研究品德发展，目的是为社会成员确立道德理想，完善道德品质，提高道德境界。心理学视野中的品德发展，指的是个体的人从出生到成熟再到衰老过程中品德发生、发展的变化过程，特别是指个体的人从出生到成熟时期品德的发生、发展的变化过程。德育学中的品德发展，主要是指个体的人，特别是青少年，从出生后到成年时期品德发生、发展的变化过程。在思想政治教育学视野中，品德发展有着自身特有的含义。

（一）思想品德发展的含义
在唯物辩证法中，运动、变化和发展是属于同一序列的概念和范畴。

发展是在运动、变化的基础上进一步揭示物质世界运动的整体趋势和方向性的范畴，是指事物前进的变化或进化，反映着事物由一种质态向另一种质态的飞跃，或从一种运动形式中产生另一种运动形式的过程。① 发展是一种连续不断地由低级到高级、由简单到复杂、由量变到质变、由旧质到新质的运动变化过程，发展的动力在于事物内部的矛盾。发展是自然、社会和人类自身的共同属性。

人的发展是多学科共同关注的重要问题。在教育学中，人的发展是指作为个体的人从出生到生命终止在生理和心理结构两方面有规律进行的量变和质变的过程。② 简而言之，就是人的身心的发展。在心理学中，人的发展是指人的各种心理机能以及作为其基础的生理机能的成熟和成长。例如，美国心理学家 R. M. 利伯特就曾指出，人的发展"指的是成长和才能在时间上变化的过程，这是成熟和同环境的相互作用这两者的函数"③。社会学认为人的发展和人的社会化是同义语。所谓人的社会化，就是指"个人学习知识、技能和规范，取得社会生活资格，发展自己的社会性的过程"④。个人的社会化过程，同时也是他通过学习社会知识和技能，发展和形成自己个性的过程。

马克思主义主要是立足于整体的人和人的存在的历史性来探讨人的发展问题，关注人的发展的历史形态。在马克思主义视野中，人的发展就是指人的全面协调发展，是指人对自身原有状态的不断超越，是人的潜能的充分发挥，表现为人的各方面素质的发展。人的全面发展是人的发展的最高追求，也是社会发展的必然要求和最终体现。在对人的发展问题的理解上，马克思主义认为，"个人的全面性不是想象的或设想的全面性，而是

---

① 参见李秀林等主编：《辩证唯物主义和历史唯物主义》，中国人民大学出版社2004年版，第156—157页。
② 参见叶澜：《论影响人发展的诸因素及其与发展主体的动态关系》，《中国社会科学》1986年第3期。
③ R. M. 利伯特：《发展心理学》，人民教育出版社1983年版，第8页。
④ 费孝通：《社会学概论》，天津人民出版社1984年版，第54页。

他的现实联系和观念联系的全面性"①，"任何解放都是使人的世界即各种关系回归于人自身"②。也就是说，人的发展表现为对社会关系的不断占有，人的全面发展就是现实的人在社会发展中实现自己的社会关系发展的过程。人向全面性方向的发展，是通过创造全面的社会关系达到的。所谓人对自己本质的全面占有，是人通过活动创造全面的社会关系来全面地创造自己的本质。人类活动的历史积累使人生活在由人创造的社会环境中。社会环境是人的活动创造的产物，反过来又塑造人，使人结成特定的社会关系，获得特定的社会规定性。社会环境、社会关系是既定的，又是人的活动所改变的。人类在物质生产活动的基础上发生着越来越多样化和扩大化的交往活动，从而形成越来越丰富的社会关系。人的社会关系越广泛，可供选择的机会就越多，就越是一个社会的人，人就变得越自由和自主。社会联系越广泛，可供人们发展个性的余地也就越大。在日益丰富的社会关系中，人会获得多方面的社会规定性，成为越来越具有全面性的人。正如恩格斯早年在批判托马斯·卡莱尔的宗教神学时曾经说到的："人只须认识自身，使自己成为衡量一切生活关系的尺度，按照自己的本质去评价这些关系，根据人的本性的要求，真正依照人的方式来安排世界。"③

任何发展都有其发展的可能性基础。人的发展尤其是离开母体以后就开始的发展是直接以人的先天的生理结构为其基础的，人先天的生理构造的特性直接影响着他后天发展的特性。但是，作为活动主体的人不是先天确定的，而是在历史的过程中形成的。生物进化史和生物人类学研究证明，人的机体结构、功能和行为结构、活动模式，主要不是大自然馈赠的现成"礼品"，而是人类祖先在自己的行为活动中逐渐进化的结晶。④ 人作为活动的存在物，与其他动物相比，人的自然生命是非完成性的、非自足性的、非确定性的。每一个动物个体只是按照遗传特性所规定的路线，

---

① 《马克思恩格斯文集》第8卷，人民出版社2009年版，第172页。
② 《马克思恩格斯文集》第1卷，人民出版社2009年版，第46页。
③ 《马克思恩格斯全集》第3卷，人民出版社2002年版，第521页。
④ 参见王永昌：《实践活动论》，中国人民大学出版社1992年版，第53—54页。

不断地重复其"先辈"所走的路，因此动物的生存虽有"进化"却鲜有"发展"意义。而人则不会停留在某种已经变成的东西上，不会满足于某种已经存在的规定性。人总是通过自己的活动再生产、再创造新的存在状况和新的特性与本质。人在历史中的行动，人的历史的变化发展的活动，就是人不断积极地实现自我否定、自我扬弃，不断积极地追求新的对象、追求新的自我规定的再生产、再创造的活动过程。对此，马克思恩格斯说："人不是在某一种规定性上再生产自己，而是生产出他的全面性；不是力求停留在某种已经变成的东西上，而是处在变易的绝对运动之中。"[①]哲学人类学家兰德曼也认为，"人不是生而匮乏，而是生而完全不同于动物。人的非特定化不一定是原因，它可能正好只是一种结果：只因为人是按完全不同的原理设计的，他才能够而且的确是必须缺乏特定化……不应首先宣布人是一个被剥夺了的存在，然后用他的优点去抵消其缺点；必须把人理解为一个特殊的、自我包容的类型，在这个类型中，一切都由结构的法则同时使之协调"[②]。这就是说，人只有缺乏特定化，才符合他的"本性"。这是人作为自然存在与动物这种自然存在的根本区别，"就人与动物的区别来讲，人是一种没有先在本质的存在，是一种自我创生自己本质的存在，是一种本质尚未完成的存在"[③]，是在活动中自我创造的，而不是先赋的、不可变更的存在，"人的本质既非神灵给予的也非自然前定，而且还不是一经确定便永不改变的，这一切都要看人怎样去创造，怎样去实现，即决定于人自己的选择性活动"[④]。因此，人之自然生长也较之动物的自然生长具有完全不同的路向和特点，"人的存在之谜不在于他现在是什么，而在于他能够成为什么"[⑤]。人的生理结构和躯体器官的未

---

① 《马克思恩格斯文集》第 8 卷，人民出版社 2009 年版，第 137 页。
② M. 兰德曼：《哲学人类学》，贵州人民出版社 1988 年版，第 199 页。
③ 高清海：《价值选择的实质是对人的本质之选择》，《吉林师范大学学报》（人文社会科学版）2005 年第 3 期。
④ 高清海：《高清海哲学文存》第 2 卷，吉林人民出版社 1997 年版，第 91 页。
⑤ 赫舍尔：《人是谁》，贵州人民出版社 1994 年版，第 209 页。

特定化带来了人的发展的无限多样的可能性，人的生成的存在和未确定性、未完成性，激发着他不断塑造自己，实现自己的理想，依靠自己的创造性去努力地完成他自己，由此人类逐渐形成与生存于其中的社会相适应的，并反映人自身能动选择的具有特定形式和内容的各种素质。人总是通过自己的活动不断积极地否定，扬弃现存的生活条件，生产和创造新的生活条件，从而也不断扬弃自己现有的存在状况，生产和创造出自己新的存在状况和新的特性与本质。

作为人的存在的重要方面，人的思想品德既具有个体性，又具有社会性和历史性，是不断发展变化的。在思想政治教育学科视野中，思想品德发展指的是人在现实生活中，其思想品德中的各种素质遵循着一定的规律而发生和发展的运动变化过程，是人对现实的社会关系的反映活动不断适应与超越的过程。思想品德发展是人的发展的重要方面。思想品德发展的结果，是使个人成为社会机体的有效组成部分，使社会成为由有效组成部分构成的有机整体，以实现个人与社会的良性互动。因此，从本质上说，思想品德发展是个体为寻找自我和他人的社会结合方式，在与一定社会的以政治观为核心的意识形态互动中不断获得新的品质的过程，是个体思想品德与社会意识形态保持同质而非异质的过程和状态。

（二）人的思想品德发展的形态

人的发展既指人类的种系发展，也指人类的个体发展。因此，人的思想品德发展既表现为一定的历史形态，也表现为一定的个体形态。在不同时代、不同国家和社会发展的不同阶段，作为整体的人和个体的人的思想品德都是不同的。

1. 人的思想品德发展的历史形态

人的思想品德发展的历史样态取决于人的发展的历史形态。根据社会关系的历史发展和人的发展的内在联系，马克思把人的发展过程概括为三个基本的历史阶段，即人的依赖性、人的独立性和人的自由个性。这是人的发展由低级向高级演进的三种历史形态。第一个历史阶段，是人的依赖关系占统治地位的阶段。在这一阶段中，人们生活在自然共同体中，个人没有独立性，直接依附于一定的共同体，从其自然的种群特性中获得人的性质和力量。马克思指出："我们越往前追溯历史，个人，从而也是进行生产的个人，就越表现为不独立，从属于一个更大的整体：最初还是十分自然地在家庭和扩大成为氏族的家庭中；后来是在由氏族间的冲突和融合而产生的各种形式的公社中"①，再到后来，遂有阶级的形成和国家的出现。人们之间的社会联系只限于共同体内部，只是在孤立的地点和狭窄的范围内发生的地方性联系，"人的一生从生到死都是纤悉无遗规定好的。人几乎从不离开自己的出生地。当时大部分人的生命世界（生活天地）被局限于公社和阶层身份的范围以内"②。在这种原始的社会关系中，"无论个人还是社会，都不能想象会有自由而充分的发展，因为这样的发展是同原始关系相矛盾的"③。这样的个人既无独立的人格，又缺乏自主活动的能力，所以马克思说这只是"一定的狭隘人群的附属物"④。这是人的发展的第一个历史形态。第二个历史阶段，是以物的依赖关系为基础的人的独立性的阶段。在这一阶段中，人摆脱了对自然共同体的依赖，成为独立的人，人的潜能达到了比较充分的发挥，创造了大量的社会财富。但是，人的这种独立性是以对物的依赖性为前提的。人的价值表现为物的价值，人的需要表现为对物的需要，人的力量表现为物的力量，人的个性表现为物的个性，人只有通过物才能得到表现和确证。正如马克思所说："把他们连接起来的唯一纽带是自然的必然性，是需要和私人利益，是对他们的财产和他们的利己的人身的保护。"⑤ 由于社会关系以异己的物的关系的形式同个人相对立，人的发展依然受到社会关系的束缚和压抑，甚至把人变成了单纯的生产手段和工具。然而，它"在产生出个人同自己

---

① 《马克思恩格斯文集》第8卷，人民出版社2009年版，第6页。
② 科恩：《自我论》，生活·读书·新知三联书店1986年版，第127页。
③ 《马克思恩格斯文集》第8卷，人民出版社2009年版，第136页。
④ 同上书，第5页。
⑤ 《马克思恩格斯文集》第1卷，人民出版社2009年版，第42页。

和同别人相异化的普遍性的同时，也产生出个人关系和个人能力的普遍性和全面性"①，从而为更高历史阶段的到来创造着条件。第三个历史阶段，是"建立在个人全面发展和他们共同的、社会的生产能力成为从属于他们的社会财富这一基础上的自由个性"②的阶段。在这一阶段中，人彻底摆脱了对物的依赖，社会关系不再作为异己的力量支配人，而是置于人们的共同控制之下。人们将在自觉调节的丰富而又全面的社会关系中获得自由、全面的发展，成为具有自由个性的人，"在那里，每个人的自由发展是一切人的自由发展的条件"③。人的发展的基本历史进程表明，人的发展经历着与社会关系紧密相关的由低向高的进步过程。如今，人的依赖关系占统治地位的时代已经成为过去，当代社会在总体上处于人的发展的第二个历史形态，即以物的依赖关系为基础的人的独立性的形态。这一历史形态的充分发展，孕育着人的发展的新的历史形态——"自由人联合体"中的自由个性阶段的到来。在人类不同的历史阶段和不同的社会关系中，在不同的具体条件和历史进程中，人的思想品德也呈现出不同的发展形态。这种不同既表现为人的思想品德内容的丰富深化和水平的提高，同样也表现为不同形态之间的从低到高的过渡。

历史向我们表明，在人的发展的第一个阶段，在人类发展的漫长阶段中，包括奴隶制和封建制时期在内，人都是没有独立性的，而是直接依附于一定的共同体，其间的人们生活于"人的依赖关系"状态之中，"部落、氏族及其制度，都是神圣而不可侵犯的，都是自然所赋予的最高权力，个人在感情、思想和行动上始终是无条件服从的"④。人以群体形态存在，通过血缘或地缘的自然纽带结合于某种形式的人群共同体中。他们不但只能从群体中获得自己的力量和性质，甚至也只在归属于群体的意义上才被称做人。这正像古希腊哲学家亚里士多德所说的那样，个人并不属

① 《马克思恩格斯文集》第8卷，人民出版社2009年版，第56页。
② 同上书，第52页。
③ 《马克思恩格斯文集》第2卷，人民出版社2009年版，第53页。
④ 《马克思恩格斯文集》第4卷，人民出版社2009年版，第112页。

于他自己，个人是城邦的组成部分，自然生成的城邦先于个人。① 个体没有独立的人格和价值，只有族群的人格；在改造自然的过程中，人以群体的方式发挥着他们的主体性。不仅如此，个人还从属于神权权威或皇权权威。在中世纪神权的统治下，在上帝的最高意志下，人只是属神的存在者。在中国的封建社会，个体人格完全被淹没在宗法伦理之中。这一时期的人的根本缺陷在于个人在社会中缺乏独立性与自主性，人的思想品德发展形态亦表现为一种以服从、驯服、恪守本分为特征的整体主义人格。

在人的发展的第二个历史阶段，由于人对物的占有成为人们的最高追求，人的思想品德发展在整体上表现为一种占有性个人主体性的出现。马克思一方面肯定了这种个人主体性的历史作用，另一方面又对它进行了无情的批判。事实上，西方社会的现代化历程正是以这种个人主体性为基础而起步、发展的。它在文艺复兴、宗教改革、科学革命、工业革命等一系列划时代的变革中不断发展壮大，一路凯歌，带来了丰厚的物质财富和巨大的社会生产力。但是，现代人并没有因此而能安享自己创造的物质财富，而是走进了自己用"物"经纬编织的"茧"中，为物所奴役而不得自由。正如马克思所说的，"各个人在资产阶级的统治下被设想得要比先前更自由些……事实上，他们当然更不自由，因为他们更加屈从于物的力量"②，"我们的一切发明和进步，似乎结果是使物质力量成为有智慧的生命，而人的生命则化为愚钝的物质力量"③。20 世纪以来，西方社会面临的主要问题之一，就是伴随着物质财富的巨大增长而出现精神的颓丧和道德的沦落，人已成为一种只有物质生活而无精神生活的人，人们追求的是占有性个人主体性，而不是作为"我们"群体的一员的责任、义务和整体的利益。个人与个人、个人与社会之间不断走向分裂与冲突。"每个人为另一个人服务，目的是为自己服务；每一个人都把另一个人当做自己的

---

① 参见亚里士多德：《政治学》，商务印书馆 1965 年版，第 9 页。
② 《马克思恩格斯文集》第 1 卷，人民出版社 2009 年版，第 572 页。
③ 《马克思恩格斯文集》第 2 卷，人民出版社 2009 年版，第 580 页。

手段互相利用。"①

在人的发展的第三个历史阶段，按照高清海教授的解释，人已不再是群体本位中的超越个体之上、存在于个人之外的那种"大我"，也不再是个体本位中那种彼此孤立、相互分裂为单子式的"小我"，而是分别普遍存在于每一个体之中同时又把他们统一为一体的类我的存在。在"类"中，每个人既是独立的人，也是普遍的人，即都是小我与大我的统一体。② 因此，此阶段的人的思想品德首先表现为一种具有独立人格、独立价值和独立意义的人，是具有鲜明的个人主体性的人。同时，这种个人主体性又能自觉地把个人存在纳入他人本质，也把他人存在纳入自己的本质。也就是说，个人与社会、与他人之间实现了真正的内在统一；他们共同创造的社会关系，"也是服从于他们自己的共同的控制的"③。在这个阶段，个人的全面、和谐、自由的发展和社会的需求将完全统一起来。

2. 人的思想品德发展的个体形态

人的思想品德发展的个体形态，是一种由思想品德他律到思想品德自律，再到思想品德自由的阶段。

他律（Heteronomy）一词，最早源于古希腊语 Heteros（其他的）和 Nomos（规律），意为之外的规律。④ 人的思想品德发展的他律阶段，是指人的赖以行动的思想品德标准或动机受制于外力，受外在的根据支配和节制，对外在的社会规范有极强的依赖感。在个体思想品德发展的这个阶段上，客观的社会规范对于人来说，是一种外在的必然性的存在，具有限制和约束力。也就是说，此时社会规范对人所产生的力量还不是来自于人自身，不是人自身对社会规范的主动认同、内心敬畏和自由服从，而是来自于一种超乎个人之上的社会的压力，个体的行为仅仅是对社会舆论的粗浅呼应。其行为的动机，与其说是对社会规范的真诚信念，毋宁说是出于

---

① 《马克思恩格斯全集》第 30 卷，人民出版社 1995 年版，第 198 页。
② 参见高清海：《高清海哲学文存》第 2 卷，吉林人民出版社 1997 年版，第 132 页。
③ 《马克思恩格斯文集》第 8 卷，人民出版社 2009 年版，第 56 页。
④ 参见罗国杰主编：《伦理学》，人民出版社 1989 年版，第 187 页。

畏惧社会舆论的谴责。思想品德停留在这个阶段上的人，无论怎样尽职地去遵守社会规范，社会规范对他来说都是一种外在的"异己"力量。这个时期，从发生学上来看，大致相当于人类发展的原始人时期以及个体人的婴幼儿时期。

人的思想品德发展的自律阶段，指的是个体认识到遵从社会规范的重要性和必然性，而且社会规范已经成为其精神的需要，形成深刻的责任感。也就是说，社会规范对他来说已成为"为我"的存在。正如皮亚杰所说，"当心灵认为必须要有不受外部压力左右的观念的时候，道德的自律便出现了。"① 思想品德他律转换为自律的最重要的特征，表现为人自身的行为动因由原来的外在约束，转换为内在约束，转换为主体自己的信念约束。正如康德所说："有两种东西，我们愈经常愈持久地加以思索，它们就愈使心灵充满日新月异、有加无已的景仰和敬畏：在我之上的星空和居我心中的道德法则。"② 罗素也认为，"正确的约束并非产生于外部的强制。而是产生于人们自觉自然去做有益事情的习惯"③。

思想品德发展的自由阶段，指的是人的思想品德得以完善的阶段，是人的思想品德发展的最高阶段。在这个阶段，不仅外在的社会规范变成了人的内在的要求，而且已经由单纯被动地遵循社会规范变成了根据自己的意愿主动地去践行社会规范。此时，社会规范已经由一种"必然之则"转化为人自身的"当然之则"，达到了孔子所说的"从心所欲不逾矩"（《论语·为政》）的境界。自由阶段的思想品德标志着人的思想品德发展的真正完成。

总之，从思想品德发展的历史形态和个体形态来看，人的思想品德发展过程实际上是人的思想品德素质和功能在先天具有的无限多样的发展潜能和可能性的基础上，沿着社会所许可和期望的方向逐步现实化的过程。

---

① 皮亚杰：《儿童的道德判断》，山东人民出版社 1984 年版，第 233 页。
② 康德：《实践理性批判》，商务印书馆 1999 年版，第 177 页。
③ 罗素：《教育论》，东方出版社 1990 年版，第 87 页。

这个过程的结果就是在人的思想品德方面逐渐形成与人生存于其中的社会相适应的，并反映人自身能动选择的具有特定形式和内容的思想品德素质。

三、人的思想品德发展的基本机制

机制又称机理，本为机械学的概念，指机器的内部构造、运转过程中各零部件之间的相互关系及工作原理。① 所谓思想品德发展机制，就是指思想品德发展过程中各要素之间的相互关系及其工作的基本原理。人的思想品德发展机制反映着人的思想品德发展的基本规律，而正确认识思想品德发展规律是实现思想政治教育有效性的前提。甚至有学者认为，思想政治教育学的研究对象就是人的思想品德形成发展的规律。② 因此，任何思想政治教育理论的建构与思想政治教育实践的展开，都离不开对人的思想品德发展机制的认识这个基点。

（一）人的思想品德发展机制理论的历史考察

探讨人的思想品德发展机制是古今中外思想家们共同关注的问题。这些观点虽然内容各异，但从认识方法论来看，其认识前提都与对人本身和人的活动的理解有千丝万缕的关系。

1. 从人的活动之外探讨人的思想品德发展机制的诸种观点

从历史上看，不少思想家是通过探讨人的思想品德的起源，来认识人的思想品德形成和发展的机制。关于人的思想品德起源的论说，有过所谓天赋论、神启说、先验论、情感欲望论、遗传决定论和环境决定论等诸种

---

① 参见邱伟光等主编：《思想政治教育学原理》，高等教育出版社 1999 年版，第 205 页。
② 参见张耀灿等：《现代思想政治教育学》，人民出版社 2006 年版，第 7 页。

论说。这些思想观点虽然各异，但在认识方法论方面却有着相似之处，那就是离开人的活动去考察人的思想品德的产生与发展。

思想品德天赋论认为，道德是神秘的"天"的旨意，是通过帝王而从"天"那里承受下来的。正如西汉董仲舒所言："道之大原出于天，天不变，道亦不变"（《举贤良对策》）；"王道之三纲，可求于天"，"故仁义制度之数，尽取之于天"，"今善善恶恶，好荣憎辱，非人能自生，此天施之于人也"（《春秋繁露·基义》）。这里的"天"即是指主宰宇宙的至上神，是一个有意志性和伦理性的精神实体，是至善的化身。

思想品德神启论认为，人的思想品德是"神"或上帝的意志决定的，是神的意志的产物。古希腊苏格拉底、柏拉图都认为，道德是"神"把善的理念放在人的灵魂中去的结果；由于人的灵魂不同、等级不同，才产生了不同等级的德性；人们可以通过自我认识和回忆，挖掘出神给予的善和道德。中世纪的宗教神学认为，由于上帝的存在，人类才有知识和智慧，才有真理和美德。经院哲学家托马斯·阿奎那也认为，美德是天赋的本性，是上帝的直接启示。①

思想品德先验论把人的思想品德看做是先天就有、与生俱来的。例如，孟子所谓"仁义礼智根于心"，"孩提之童无不知爱其亲者，及其长也，无不知敬其兄也"（《孟子·尽心上》），"仁义礼智，非由外铄我也，我固有之也"（《孟子·告子上》）即是如此。德国古典哲学家康德认为，人生来就有一种"纯粹理性"，它支配着人的意志；这种受"纯粹理性"支配的意志叫做"善良意志"。在康德看来，道德就是"善良意志"的"绝对命令"，它是先验的，是与现实生活无关的。②

思想品德情感欲望论认为人的思想品德起源于人的某种自然的情感欲望，认为人生来就有一种追求幸福的欲望，能满足这种欲望的行为使人感到快乐，是善的；不能满足这种欲望的行为使人感觉痛苦，是恶的。17

---

① 参见魏英敏主编：《新伦理学教程》，北京大学出版社 2003 年版，第 126 页。
② 参见上书，第 127 页。

世纪英国唯物主义哲学家洛克认为，事物所以有善恶之分，只是由于我们有苦乐之感，"事物所以有善恶之分，只是就其与苦、乐的关系而言"①。18世纪法国唯物主义者爱尔维修认为，"人的推动力是肉体的快乐和痛苦"②，"自然从我们幼年起就铭刻在我们心里的唯一情感，是对我们自己的爱……在任何时代，任何国家，人们过去、现在和未来都是爱自己甚于爱别人的"③。19世纪德国唯物主义哲学家费尔巴哈也认为，"没有快乐感和不快乐感的地方，也就不会有善与恶的区别。"④ 法国思想家卢梭则认为，道德源于人的社会情感和利他之心，源于对公共利益的追求。

思想品德遗传决定论认为，心理发展包括思想品德发展都是由先天的生物遗传因素决定的，儿童的智能与个性品质在生殖细胞的基因中就已经被决定了，后天环境和教育的影响只能延迟或加速那些先天遗传素质的实现，而不能改变它。美国心理学家斯坦利·霍尔就曾说过："一两的遗传胜过一吨的教育。"⑤

思想品德环境决定论认为，人的心理发展包括思想品德都是由环境决定的。其中，最具有代表性的是美国行为主义者华生，他认为人的行为除了少数简单的反射外，完全是由外界环境塑造的。他甚至公开扬言，"给我一打健全的儿童，我可以用特殊的方法任意地加以改变，或者使他们成为医生、律师……或者使他们成为乞丐、盗贼"⑥。

从马克思主义唯物辩证法的观点来看，这几种认识的缺陷都是显而易见的。那就是离开人的现实生活和活动去考察人的思想品德的产生与发展，没有看到人的思想品德是对外部现实性的要求，因而也就不能真正发现人的思想品德形成的机制。

---

① 周辅成主编：《西方伦理学名著选辑》（上），商务印书馆1964年版，第752页。
② 北京大学哲学系外国哲学史教研室编译：《十八世纪法国哲学》，商务印书馆1963年版，第496页。
③ 同上书，第501页。
④ 《费尔巴哈哲学著作选集》（上），商务印书馆1984年版，第589页。
⑤ 转引自潘菽：《教育心理学》，人民教育出版社2001年版，第32页。
⑥ 同上。

2. 从人的活动出发探讨人的思想品德发展机制的诸种观点

中国古代思想家们对这个问题的思考和探讨，主要体现在作为认识论之根本问题的"知行"学说中，强调作为人的活动的"行"对成就德性的重要意义。作为先秦时期儒学的集大成者，荀子非常重视人的活动对"成德"的作用。首先，他指出："不闻不若闻之，闻之不若见之，见之不若知之，知之不若行之，学至于行之而止矣。"（《荀子·儒效》）显然，他强调"行"比"知"更重要。其次，他提出："君子博学而日参省乎己，则知明而行无过矣"（《荀子·劝学》）；"行之明也，明之为圣人。圣人也者，本仁义，当是非，齐言行，不失毫厘；无它道焉，已乎行之矣"（《荀子·儒效》）。在这里，荀子重视"知"对"行"的指导作用，重视知行统一，而且统一的根本是"行"，"知明"只有通过"行之"才能确证，知行统一是成为"圣人"的条件。北宋时期唯物主义哲学家张载非常重视人的活动对成就德性的意义。他说："人之事在行，不行则无诚，不诚则无物，故须行实事。"（《张子语录》中）他本人以身作则，"其治家接物，大要正己以感人，人未之信，反躬自治，不以语人，虽有未喻，安行而无悔"，"其家童子，必使洒扫应对，给侍长者；女子之未嫁者，必使亲祭祀，纳酒浆，皆所以养孙弟，就成德"（吕大临：《横渠先生行状》）。南宋朱熹也认识到了人的活动对道德存在的意义，他说："知与行工夫须着并到，知之愈明，则行之愈笃；行之愈笃，则知之愈明。二者皆不可偏废，如人两足相先后行，便会渐渐行得到，若一边软了，变一步也进不得"（《朱子语类》卷十四），"为学之实，固在践履，苟徒知而不行，诚与不学无异，然欲行而未明于理，则其践履者又未知其果为何事?"（《朱文公文集》卷五十九《答曹元可》）总之，朱熹的知行观是道德教育可行性的理论基础，因而在中国道德教育史上产生了很大影响。明朝中叶，王阳明继承和发展了程朱理学的知行观，提出了"知行合一"的思想。他认为"知是行之始，行是知之成"（《传习录》上），从而对人在道德教育中的活动有了更加深刻的认识。明朝中叶，思想家王夫之注重人性形成中后天因素的作用，以"性日生日成"来概括人性的形成过程，并将人性可变革的原因归之于人的自觉能动性，认为人"已生以后，人既有权也，能自取而自用也。自取自用，则因乎习之所贯，为其情所歆"（《尚书引义·太甲二》）。王夫之还强调人的活动对道德教育可行性的意义，主张知行相互为用，认为"行而后知有道，道犹路也。得而后见德，德犹得也"（《思问录·内篇》）。总之，这些思想家大都从人的道德规定性和道德需要的角度，探讨了人的活动对成就德性的重要意义，体现对人本身和人的活动的尊重。但是，他们尚没有看到人的道德需要产生的真正根源，因而也就不能正确地认识活动成为人的道德主体性活动的根本动力。

在西方，从19世纪末开始，尤其是到了20世纪，许多思想家都把目光投向人的活动，发掘活动对于思想政治教育的意义。美国教育哲学家杜威在其庞杂的实用主义教育学体系中，就涉及活动与人的思想品德形成发展的关系问题。杜威的活动理论主要体现在他对儿童思想道德发展机制的探讨中。杜威从分析"发展"不能传递、灌输的特征开始，探讨儿童的生长机制。他认为，人的信仰、抱负、态度等素质不能像物质的东西那样可以在空间搬动、转运，成年人不可能用传播或灌输的方法将这些素质教给年轻人，"事实上，除了利用自然环境作为中介以外，不存在一个人对另一个人的直接影响这样的东西"①。杜威认为，由于语言对于获取知识起着主要作用，所以人们通常认为知识可以直接从一个人传递给另一个人，"好像要把一个观念传递给另一个人的头脑，我们必须做的就是把声音传给他的耳朵。因而传授知识变得和纯粹物理的过程相似"②。杜威通过研究语言工作的过程发现，儿童对语言的意义的获得是在与他人一起共同从事某种活动，从而对活动中所涉及的事物产生了认识，因此"使用语言传递和获得观念，是事物通过在共同的经验或联合的行动中使用而获

---

① 杜威：《民主主义与教育》，人民教育出版社1990年版，第31页。
② 同上书，第16页。

得意义的原则的扩大和提纯；它决不违反那个原则"①。所以，他认为，以语言为工具的传递、灌输不是儿童观念、态度、信仰等品质形成的机制。杜威还对历史上出现的主要的发展生长观如内展说、形式训练说、外塑说进行了评析，并在此基础上提出了活动是儿童生长、发展机制的观点。杜威认为，"青少年在连续的和进步的社会生活中所必须具有的态度和倾向的发展，不能通过信念、情感和知识的直接传授发生，它要通过环境的中介发生"②，"他们在这个环境中行动，因而也在这个环境中思考和感觉"③，"社会环境能通过个体的种种活动塑造个人行为的智力的和情感的倾向"④。杜威此处所说的"环境"，不仅指个体周围的事物，而且指与个体活动有关联的各种事物。所谓"社会环境"即是一个人的活动和他人的活动联合起来构成的"共同活动"。⑤ 在联合活动中，一个人的活动与他人的活动相互影响、相互参照、相互学习："个人参与某种共同活动到什么程度，社会环境就有多少真正的教育效果。"⑥ 总的来看，杜威在其活动理论中所突出的是，在成人指导之下，儿童能动的、有理智参与的、对事物的实际活动是儿童生长发展的基本力量和机制。因此，杜威强调道德教育应在社会性的情境中进行，而不能停留在口头说教上，"一切教育都能塑造智力的和道德的品质，但是这种塑造工作在于选择和调节青年天赋的活动，使它们能利用社会环境的教材。而且，这种塑造工作不只是先天活动的塑造，而是要通过活动进行塑造。这是一个改造和改组的过程"⑦。他认为学校生活、教材、教法皆应渗透着社会精神，"威胁着学校工作的巨大危险，是缺乏养成渗透一切的社会精神的条件；这是有效的道

① 杜威：《民主主义与教育》，人民教育出版社 1990 年版，第 18 页。
② 同上书，第 24 页。
③ 同上书，第 21 页。
④ 同上书，第 18 页。
⑤ 同上书，第 14 页。
⑥ 同上书，第 24 页。
⑦ 同上书，第 76 页。

德训练的大敌"①。

瑞士著名心理学家皮亚杰具体深入地研究了人的活动与认识的关系，其中心问题是追溯人类认识的起源和认识的成长，提出了发生认识论。发生认识论得以建立的关键范畴就是活动。皮亚杰从发生认识论的角度研究了儿童心理尤其是认知心理的发生发展过程，提出了一整套关于儿童发展的理论。发生认识论的主要任务是探讨个体认知发生发展的过程，其主要成就就是对认知发生发展的机制进行揭示。皮亚杰认为，认识是在活动基础上主体图式同化与顺应的建构，是主体自觉活动的结果，而不是简单的被动的对客体的应答过程。② 皮亚杰认为，儿童规则意识的形成完全基于儿童在具体的游戏活动中与他人的共同协作。③ 一般认为，皮亚杰的心理学仍然是生物学的，他所发现的儿童的思维发展只是儿童"先天"所具备的，是对可预测的、先天的认识方式的揭示。和皮亚杰同时代的苏联心理学家维果茨基对他的理论有深入的分析："任何人也不会怀疑，我们所面对的是纯生物学的构想，它试图从儿童天性的生物学特性中获得儿童思维的独特性"④，"皮亚杰没有足够地注意到社会环境的意义，儿童的言语更多的是自我中心性的还是社会性的，这不仅取决于年龄，而且也取决于他所处的环境条件"⑤。我国学者也认为，皮亚杰的理论"建立在生物学、逻辑学以及心理学基础上，强调认识发生的生物学根源，强调生物适应而不强调革命实践的反映论，从而导致忽视教育和环境在儿童认识发展中的重要作用。在解释认识发生时，他忽视了社会传递同儿童智力结构形成的本质联系，不能更科学地揭示认知结构形成的社会机制以及主体活动的社会的本质特征"⑥。但是，这也说明了皮亚杰对活动之于儿童发展意义的

---

① 杜威：《民主主义与教育》，人民教育出版社 1990 年版，第 375 页。
② 参见皮亚杰：《发生认识论原理》，商务印书馆 1985 年版，第 22 页。
③ 参见皮亚杰：《儿童的道德判断》，山东教育出版社 1984 年版，第 390—391 页。
④ 余震球选译：《维果茨基教育论著选》，人民教育出版社 1994 年版，第 63 页。
⑤ 张焕庭主编：《西方资产阶级教育论著选》，人民教育出版社 1979 年版，第 302 页。
⑥ 裴娣娜：《皮亚杰理论对教学认识论研究的启示》，《教育研究》1986 年第 5 期。

高度重视。

苏联心理学家列昂节夫用人的主动活动说明了社会历史文化是如何内化为儿童个体的精神财富的，认为"人的心理是同具体的个人的活动打交道的。这种活动或是在公开的集体条件下（在周围的人们中间，与他们协同地和相互作用地）进行的，或是在面对周围的对象世界的情况下（在陶工辘轳面前或在写字桌旁）进行的。但是，人的活动无论在什么条件和形式下进行，无论它具有什么样的结构，都不能把它看做是脱离社会关系和社会生活的。个人的活动尽管有它自己的一切特点，但总是一个包括在社会关系系统中的系统工程。在这些关系之外，人的活动是根本不存在的。"①

总的来看，尽管杜威、皮亚杰和列昂节夫等人对活动与思想品德发展的关系提出了不同的看法，但他们对这个问题的认识也有高度一致的地方，这主要表现在：他们都承认人的思想品德发展的机制在于人自身的能动活动，认为人自身的能动活动是造成人的思想品德发展的基本原因。

3. 思想政治教育学科视野下人的思想品德发展机制的理论演进

在思想政治教育学领域，中国共产党在长期的思想政治教育实践中，积累了大量关于人的思想品德发展规律的丰富资料。这是以往党的思想政治教育工作取得成效的重要基础。但是，由于当时革命战争条件的限制，新中国成立以后，思想政治教育工作又长期以搞政治运动为中心，使得对这个问题的研究没有深入进行。新时期以来，随着思想政治教育科学化目标的提出，思想政治教育研究出现了勃勃生机，从而使关于人的思想品德发展问题的研究也受到了重视。一些研究者开始把人的思想品德形成发展规律作为思想政治教育的基本规律之一来进行研究。但是，从研究的情况来看，人们对这个问题的研究一度停留在外在层面上，即较多的是从社会存在对人的思想意识的决定作用这种关系中来论述人的思想品德发展问题，把思想品德的形成发展看做是"内化"社会意识和道德准则的结果，

---

① 列昂节夫：《活动　意识　个性》，上海译文出版社1980年版，第52页。

认为"人们的一切行动是受思想支配的，而支配行动的思想，是人们所处的社会条件、生活条件、工作条件、文化教养以及环境影响等客观条件作用于人的大脑的结果"①，而没有看到人的主动探索对思想品德发展的价值。毫无疑问，从外在层面上认识人的思想品德发展是非常必要的。根据马克思主义关于社会存在决定社会意识的基本原理，人的思想意识归根结底都是由社会存在决定的，是人们的社会存在在头脑中的反映。这是马克思主义的一个基本原则。只有奠定于社会存在决定人的思想品德的基础上，才能使这个问题的研究朝着正确方向前进。但是，这只是看到了社会存在决定社会意识的一面，却忽略了意识的能动作用这一面，因而不能说明人们的思想品德在同样外界影响下何以千差万别。

从唯物辩证法的观点来看，外部因素虽然对个体思想品德的形成和发展产生着重要影响，但人并不是消极被动地接受外部影响的个体，而是作为能动主体在与外部环境因素相互作用中接受外界影响的。任何外界影响因素都必须通过人的内因起作用。由此，人们认识到，人的思想品德是主观因素和客观因素交互作用的产物；人的思想品德形成和发展过程，是个体在社会环境的影响下，在社会实践的基础上，由社会环境对人的思想政治品德的决定作用和人对社会环境的主观能动作用所构成的双向互动过程。② 这是人们对这个问题认识的巨大飞跃，标志着人们对这个问题认识的巨大发展。但是，随着实践的发展和需要，人们又认识到，对人的思想品德发展的研究，仅仅停留在这个层面上还是很不够的。因为，既然人的思想品德既不是起因于主体的自我意识，也不是客观外在因素在个体身上的消极反映，而是主客体相互作用的结果，那么，主客体之间到底是如何相互作用的？由此，在此认识的基础上，一种崭新的观点应运而生，这就是："人的思想品德是在客观外在条件的影响与主观内部因素相互作用的

---

① 张蔚萍：《新编思想政治工作概论》，中共中央党校出版社 1996 年版，第 55 页。
② 参见邱伟光等主编：《思想政治教育学原理》，高等教育出版社 1999 年版，第 94—98 页。

积极活动中，主体接受外界的各种刺激影响，通过主体自身的作用，逐渐形成和发展的。这一过程包括两个转化：一是社会所要求的价值观念、政治观点、道德规范内化为受教育者的品德意识；二是受教育者的品德意识外化为相应的行为和行为习惯。"① 这个观点的提出实现了人的思想品德形成发展问题研究上的重大突破，因为它不仅是对原有理论在研究内容上的深化和发展，而且还是在研究方法论上的突破，即突破了传统的从影响人的思想品德发展因素入手的研究角度，而深入到从人的思想品德形成发展的具体机制的角度来研究，并把活动作为人的思想品德形成发展的基本机制。这种认识方法不仅看到了人的思想品德的起源和内容，而且关注到作为个体的人的思想品德发展的具体机制。可以说，这个结论为思想政治教育研究注入了新鲜的时代血液，实现了马克思主义活动理论与思想政治教育学研究的接轨。我们就是要立足于唯物史观的活动视野，进一步探讨人的思想品德在活动中是如何形成发展的。

（二）思想品德建构活动：人的思想品德发展的基本机制

从人的活动的视角来看，人的思想品德不是主观自生的，也不是外在的神的意志，更不能用抽象的人性论来说明，而是来自于个体所置身的社会经济、政治、文化等客观条件所形成的社会存在之中。正如恩格斯所说："人们自觉地或不自觉地，归根到底总是从他们阶级地位所依据的实际关系中——从他们进行生产和交换的经济关系中，获得自己的伦理观念。"② 因此，我们对人的思想品德的起源和发展机制就不应该从人的意识中去寻找，也不应该从社会生活之外去寻找，而只能从现实的人的活动中去探求。从根本上说，人的思想品德发展根植于人所具有的生存和发展的需要及其本质力量，并表现在为满足生存、发展需要和实现本质力量而展开的活动过程之中，人的活动是思想品德发展的现实性力量。从活动作

---

① 张耀灿等：《现代思想政治教育学》，人民出版社 2001 年版，第 290 页。
② 《马克思恩格斯文集》第 9 卷，人民出版社 2009 年版，第 99 页。

为人的基本存在方式的视角来看，人的各种活动当然都能够促进人的思想品德发展。但是，这些活动毕竟只是人的思想品德发展的不同路径，而不是思想品德发展活动本身。从马克思主义唯物史观的视野来看，人的思想品德发展是人的思想品德自主建构的过程，自主建构活动是人的思想品德发展的基本机制。

1. 现代认识论视野中的"建构"

建构（construct）一词是 20 世纪以来哲学认识论领域的普遍话语，20 世纪认识论的巨大变革无疑是对人的思维的建构性的揭示。对人的主观世界中自我建构活动的认识，应当归之于 20 世纪反映论的重大发展。在康德哲学和马克思主义哲学产生之前，是没有思维建构性这一理论问题的。人们只把思维理解为简单的二维结构，即或者用自然界来说明思想，或者用思想来说明自然界。这是一种建立在二维结构基础上的直观反映论，正如恩格斯所指出的："自然科学和哲学一样，直到今天还全然忽视人的活动对人的思维的影响；它们在一方面只知道自然界，在另一方面又只知道思想。"① 与此相反，现代认识论对人的主体性的研究，使历史上长期占统治地位的二维结构被打破了，人们对认识结构的理解跳跃到三维结构。"在认识的三维结构中，主体及其思维结构成为自在客体与观念客体之间的转换体，自在客体经过主体的转换形成观念客体，其中主体是主动的，是信息转换的加工。"② 这样就否定了人的主观世界由客观世界单向决定的观点，代之以三维结构的反映模式。现代认识论认为，认识过程不是仅仅把关于外部事物的知识"移植"到思维的过程，也不是如"照镜子"似的直观反映，而是主体通过将关于客体的信息内化和转化、概括、简缩为观念、概念，然后在思维中（或借助于语言或符号）对其进行加工、处理、变革，达到对事物间关系的认识，然后以物质的实践活动使人的"内在尺度"或"本质力量"现实化的过程。认识的建构是一个

———————

① 《马克思恩格斯文集》第 9 卷，人民出版社 2009 年版，第 483 页。
② 肖前等主编：《实践唯物主义研究》，中国人民大学出版社 1996 年版，第 272 页。

由外而内、由内而外的物质活动与观念活动相互、联系、相互作用的过程，从而构成了完整的认识活动。思维建构性这一特点表明，认识的过程是主体对客体的能动建构，而不是直观反映，认识是主体与客体借助于各种中介系统的双向运动过程。主体对客体的能动建构是指主体总是以自己的需要和价值取向作为尺度，并以"自己内化了的概念结构、思维模式来把握世界的，总是把世界纳入自己的理解和解释系统之中"①。总之，从认识发生学的角度看，建构是指人的认识结构的建立或构造的过程；从认识过程的角度看，是指主体在思维中对客体信息的建构或重构的过程。②

2. 现代心理学视野中的"建构"

建构理论同时也是心理学等其他领域的研究热点。作为心理学重要理论的建构主义是 20 世纪 80 年代以来，对西方哲学、社会学、教育学及教学思想的发展产生巨大影响的一种理论。建构主义理论源于心理学家皮亚杰的儿童与环境相互作用时的同化和顺应观点，皮亚杰也被视为建构主义的先驱者之一。皮亚杰在其创立的儿童认知发展理论中认为，儿童智慧的发展是以儿童自身的活动为中介实现的，认识是在活动基础上主体图式同化与顺应的建构，是一个主动建构的过程。③ 他认为儿童智慧是内化与外化的平行发展，在内化的方向上，儿童作为活动主体，获得认识、情感和社会关系的发展，实现自我建构；在外化方向上，活动主体对客观世界认识水平不断提高，实现主体对客体的建构；认识的发展就是内化与外化方向上双重的逐步建构。他明确指出，儿童关于现实的概念不是一种"发现"，而是一种"发明"；"概念"既不预成于内，也不预成于外，儿童必须自己去构造"概念"。④ 皮亚杰正是通过提出主体认知结构双重建构的

---

① 肖前等主编：《实践唯物主义研究》，中国人民大学出版社 1996 年版，第 275 页。
② 参见李秀林等主编：《辩证唯物主义和历史唯物主义原理》，中国人民大学出版社 2004 年版，第 265 页。
③ 参见皮亚杰：《发生认识论原理》，商务印书馆 1981 年版，第 22 页。
④ 参见上书，第 93—95 页。

理论，揭示了认识发生的内在机制。苏联杰出的心理学家维果茨基的心理发展理论认为，人的心理发展的一般机制是"内化"，而不是一个传授的过程；儿童是在摆脱日常概念合乎成人概念的"张力"中学习科学概念的，儿童是从他早已有的概念和早已介绍给他的概念中产生出自己的想法的。① 列昂节夫将维果茨基的内化思想概括为："人的心理发展的主要机制就是掌握社会的、历史上形成的各种各样的活动并把它们改造为内在的心理过程的机制。"② 为此，在西方，大多数学者视维果茨基为社会建构主义者。③

20世纪90年代在美国兴起的建构主义（Constructivism）学习观认为，学生学习知识的过程是主动地建构知识的过程，而不是被动接受外界的刺激；学生以已有的知识、经验为基础，对新的知识信息进行加工、理解，由此建构起新的知识的意义，同时原有的知识经验又因为新知识经验的进入而发生调整和改变。所以，学习过程不是对新信息的直接吸收和积累，而是新旧知识之间的相互作用。在这种作用中，包含了主体对知识客体的选择、分析和批判。④

综上所述，我们可以看出，"建构"这一范畴虽然最早在现代哲学认识论领域使用，但其使用范围已经远远超出了哲学认识论，被广泛应用在现代心理学、教育学等多个领域之中。实际上，"建构"这一范畴之所以被多种学科认同和使用，其根本原因就在于，这一范畴是对人作为活动的人的主体性的高度概括，反映了主体因素在现代社会和文化发展中的增强。

3. 建构活动：人的思想品德发展的基本机制

从活动作为人的基本存在方式的视角来看，人的思想品德发展不论是

---

① 参见高文等主编：《建构主义学习研究》，教育科学出版社2008年版，第11、39页。

② 列昂节夫等：《苏联心理科学》第1卷，科学出版社1962年版，第6页。

③ 参见高文等主编：《建构主义学习研究》，教育科学出版社2008年版，第11页。

④ 参见陈琦等：《建构主义学习观要义评析》，《华东师范大学学报》（教育科学版）1998年第1期。

自然自发的发展过程还是自觉有意识的发展过程，都是通过人的自身活动而实现的，而不是外力强塑的结果。环境和思想政治教育作为影响人的思想品德发展的重要因素，其发生作用的先决条件是要通过人自身的活动。这一活动是作为主体的人按照自己的目的，在自身需要的推动下以一定的方式能动地与社会思想文化发生相互作用，并实现自身的思想品德与社会思想文化双向发展的过程。因此，我们完全可以用"建构"这一范畴来指称人的思想品德发展的基本机制。思想品德的建构无非是要揭示这样一个事实：人的思想品德发展作为人对客观世界的反映过程，并不单纯由世界自发地给予人的，它同时也是人以主体的方式对世界的观念的、思维的乃至心理的主动追求和把握的过程。

四、思想政治教育：促进人的
思想品德自主建构的活动

由于思想品德建构活动中人的主体性的发展水平和程度是不平衡的，因而思想品德建构活动的效率和实现方式也是不同的，从而导致了人的思想品德发展的不同水平和结果。思想政治教育就是要通过影响人的思想品德建构活动，使思想品德建构活动成为高效率的自主活动，以促进人的思想品德发展。

（一）人的思想品德建构活动的两种方式

从总体上说，人的思想品德建构活动一般表现为两种方式：一种是不自觉、无意识、自发发生的思想品德建构活动，另一种是自觉的有意识的思想品德建构活动。所谓自发发生的思想品德建构活动，是指建构活动是在日常生活中、在适应社会生活的过程中无意识地进行的。这两种思想品德建构活动的区别在于，在自然自发的思想品德建构活动中，人对自身思想品德的建构活动是不自觉、无意识的，甚至主要是听凭由生命的自然力量或社会文化环境力量的驱动，他的思想品德建构活动主要是由生物的力量和社会环境的力量控制的，而不是由他自身支配的。这种自然自发的思想品德建构活动的极端表现虽然只存在于极少数人身上，或者存在于极少数地区的人身上，但其近似表现却普遍地存在于现实生活之中。例如，在社会生活中，有些人的思想品德发展还处于被动服从的阶段；当处于复杂情景中或社会道德生活剧烈变动时期，他们往往显得不知所措，往往要寻找权威，依赖权威，以权威的是非为是非。在现实生活中，这种人还有另外一种表现形式，即追赶时髦。这些人看起来似乎很新潮，实质上仍然是被社会潮流所裹挟。这是文化对人的自然模塑过程，或者说是环境对人的无意识影响，在文化人类学中称为"濡化"（Enculturation）。人在濡化过程中是无主体性的，对自己的思想品德发展是不自知的，即所谓"蓬生麻中，不扶自直；白沙在涅，与之俱黑"（《荀子·劝学》）。

在人的自觉有意识的思想品德建构活动中，人的思想品德建构活动的方向不是由无生命的自然力量或社会环境的力量支配的。相反，它是一个由人的意识根据自己对自身思想品德发展的需要和客观的社会文化环境所提供的现实可能性进行综合，从而能动地选择和控制着自身思想品德建构活动的方向和发展的过程。在人的自觉有意识的思想品德建构活动中，人的意识（包括对象意识和自我意识）起着关键的作用。通过意识作用对人类已有生存和发展经验的把握，人能理解自身生命力量所决定的人的思想品德建构活动的可能性、人的社会文化环境允许和需要人有什么样的思想品德发展空间；通过自我意识，人不断总结思想品德发展的经验和教训，理解自身与社会文化环境的关系以及这种关系对自身思想品德发展的要求，理解自己对自身思想品德发展的需要。在对无生命自然力量和社会文化环境力量所决定的发展可能性和自身思想品德发展的需要的综合理解和把握的基础上，人能确立自身思想品德发展的理想。人对自身发展理想的确立和人对自身发展过程规律的把握，使思想品德建构活动的过程成为了自觉和有意识的过程。从而，人在自身发展理想的驱动下，按照人的思想品德发展的规律，能动地实现着思想品德建构活动有目的、合规律的发展。

　　另外，在人的思想品德建构活动中，还存在着这样一种情况：虽然其思想品德建构活动是自觉的、有意识的主体性活动，但是其主体性不是建立在主体尺度与客体尺度相统一基础上的"建设性"主体性，而是与之相反的"破坏性"主体性，因而其思想品德发展的结果只能是合目的性的，而不是合规律性的。因而，思想品德的这种发展状况也不是真正意义上思想品德的自觉而有效的发展。

　　人的思想品德建构活动所具有的两种方式，造成了人的思想品德发展上存在着两种不同的水平：一种是低效的发展，另一种是高效的发展。发展的效率的基本含义是：发展过程所获得的结果与发展过程所耗时间与精力的比值。① 所谓思想品德低效的发展，并不是指没有发展，而是指这种发展方式所造成的人的思想品德的形成和进步与获得这种思想品德的过程的消耗相比较，是高耗低效的。在人的自然自发的思想品德建构活动中，由于人对自身思想品德建构活动的不自觉或无意识，经常会出现走弯路，浪费较多的时间和精力的情况。更重要的是，由于人对自身思想品德建构活动的无意识，人主要听凭自身偶然性的生活事件和活动影响着自身的思想品德建构活动，造成人的思想品德在发展上的狭隘和片面，造成发展结果的低水平。例如，在社会主义市场经济条件下，人的思想品德如果不能有意识地、自觉地适应社会主义市场经济的要求，自身则难以适应时代发展的需要。同时，这种发展方式又由于不能自觉借用人类已有的发展经验和规律，也造成发展结果的低水平。所谓高效的发展，是指人思想品德的发展取得了较全面、较高水平的结果，同时获得这种结果所经历的过程比较顺利，时间、精力未出现无意义的浪费。人对自身思想品德建构活动的过程如果能做到真正的自觉和有意识，必然导致思想品德的高效发展。当然，由于人的思想品德建构活动内容的多面性及人的思想品德建构过程的复杂性，人对自身思想品德发展规律的认识水平在个别人身上表现出极大

───────────────

　　① 参见陈佑清：《教育活动论》，江苏教育出版社 2000 年版，第 162 页。

的差异，人的思想品德发展的效率水平也因此表现出显著的不同。例如，在现实生活中，一些人直接面对和作用于社会主导思想道德文化而使自我的思想品德获得发展，但这主要是那些自我发展意识强的人。

（二）思想政治教育：促进人的思想品德自主建构的活动

如前所述，人的思想品德无论是低效率的发展，还是高效率的发展，都是通过人的思想品德建构活动实现的。人的思想品德高效率发展的关键，在于使人的思想品德建构活动成为一种主体性的自主活动。从人的活动的主体性功能来看，这种自主的建构活动要求人的思想品德建构活动在活动目标、活动动力、活动调节等方面都体现出人的主体性。人的思想品德的低效率的发展状态，关键就在于思想品德建构活动的主体性是一种非常有限的主体性，或者说是一种潜在的主体性，甚至是破坏性的主体性。这种潜在的或可能的主体性往往影响教育对象建构活动功能的发挥，使思想品德建构活动成为低效率甚至无效率的活动。思想政治教育作为促进人的思想品德发展的活动，其目的就是要引起并促进教育对象的思想道德建构活动。具体地说，主要是对思想品德建构活动的主体性功能发生影响和作用，使思想品德建构活动由自发状态转变为自觉，成为人的自主的思想品德建构活动，以实现人的思想品德高效率地发展，从而促进人的思想品德发展。

第三章 思想政治教育活动中教育
对象的思想品德建构活动

从现象来看，思想政治教育是教育者与教育对象共同参与的复合性活动，这是一个整体的活动系统和过程。但是，科学研究要求我们必须把整体的活动系统进行拆分，逐次地加以分析和讨论。正如黑格尔所指出的："思维把一个对象在实际里紧密联系着的诸环节彼此区分开来。"① 列宁对黑格尔的这个思想给予高度评价，认为"如果不把不间断的东西割断，不使活生生的东西简单化、粗陋化，不加以划分，不使之僵化，那么我们就不能想象、表达、测量、描述运动。思想对运动的描述，总是粗陋化、僵化。不仅思想是这样，而且感觉也是这样；不仅对运动是这样，而且对任何概念也都是这样"② 。这样，我们就要把整体的思想政治教育活动拆分为教育对象的活动和教育者的活动分别进行研究。如前所述，思想品德建构活动是人的思想品德发展的基本机制。教育对象在思想政治教育活动中的思想品德建构活动同样服从于思想品德建构活动的一般逻辑。因而，在思想政治教育活动中，教育对象的活动表现为思想品德建构活动，从而实现着自身思想品德的发展。由此我们就要厘清，在具体的思想政治教育中，人的思想品德建构活动是如何展开的。只有这样，才能在这个基础上进一步认识思想政治教育对人的思想品德建构活动的影响，进而认识思想

---

① 黑格尔：《哲学史讲演录》第 1 卷，商务印书馆 1959 年版，第 290 页。
② 《列宁全集》第 55 卷，人民出版社 1990 年版，第 219 页。

政治教育与人的思想品德发展的关系。

　　由于现实中人的思想品德建构活动的形态较为复杂，且人们实际的建构活动各有特点，不仅表现在水平上参差不齐，而且还可以在不同层次和层面上展开。为了掌握思想品德建构活动的一般，必须从建构活动的理想状态或最高形态着手。所谓从理想状态着手，就是指对现实中存在的思想品德建构活动完整形态进行抽象与概括。马克思认为，"对人类生活形式的思索，从而对这些形式的科学分析，总是采取同实际发展相反的道路。这种思索是从事后开始的，就是说，是从发展过程的完成的结果开始的"①。在马克思看来，社会中的各种因素和关系，只有在其充分发展、充分展现后才能被充分认识。所以，研究社会历史只能采取"从后思索"的形式，通过对历史的透视和由结果到原因的反观来把握社会运动的内在逻辑。同样，我们对思想政治教育活动中教育对象的活动的认识也是采取的"从后思索"的形式，即从成熟的理想状态的思想品德建构活动着手进行研究。

一、思想品德建构活动的构成要素

　　思想品德建构活动作为人的活动的重要方面，是一个有着由若干相互联系、相互作用的要素构成的动态的发展系统，这些要素之间相互联系、相互作用的方式构成了思想品德建构活动的结构，并表现为特定的功能，从而实现着思想品德的建构活动。思想品德建构活动作为一个由活动主体和活动客体的相互作用所形成的关系系统，是活动主体指向活动客体的对象性活动，也是由主体、客体和中介三个基本要素构成的。其中主体是建构活动的自主性和能动性的因素，客体是活动的制约性因素，中介则是把二者连接起来，使二者之间的相互作用得以实现的条件。

----

　　① 《马克思恩格斯文集》第5卷，人民出版社2009年版，第93页。

（一）思想品德建构活动的主体

思想品德建构活动的展开，首先有赖于教育对象作为活动主体的存在。这种建构活动是属于人的，是人所进行的活动。而人之所以能进行这种活动，则是以人作为活动的主体所具有的主体性以及从事主体性活动的本质力量为基础的。但是，如果仅仅从"人的主体性"的概念来看，它是抽象的。有学者指出，主体性绝不是人的某几种特性孤立发展的结果，而是人的身心发展的综合体现。① 也就是说，主体性是人的本质力量在人的对象性活动中的综合表现。因此，我们不能直接把马克思主义关于人的主体性的理论生搬过来，认为既然马克思主义强调人的主体性，就认为思想品德建构活动的展开是人的主体性起作用的结果。这的确很顺理成章，也很合理，但这并不能说明什么。因此，在具体的活动中，作为现实的、从事活动的主体，要将自身的主体性在一定的对象性活动中表现出来，就需要有多方面的从事主体性活动的身心素质。如果只局限于从人的自觉的能动性、自主性和超越性这三个方面去谈人的主体性，这样的主体性就只能是抽象的或者说是片面的主体性。

教育对象作为思想品德建构活动的主体，之所以能够通过建构活动生成其思想品德，关键在于他自身所具有的由各种素质所构成的本质力量，即思想品德素质。人的思想品德素质是在主体先行活动的基础上历史地建构起来的，但它一旦建立就成为一种相对固定的框架和模式，构成人的思想品德建构活动的一种前提张力和准备状态。正如有学者指出的："人的主体性的发展和建构是现有主体性和可能主体性相互转化和循环前进的过程。"② 主体在从事思想品德建构活动时，总是以一定的思想品德状态作为其基础或背景。人的思想品德建构活动总是表现为把原有的活动模式延伸并运用于将要开始的建构活动。因此，主体的思想品德素质是其进行建构活动的器官，它决定着主体在不同的层次和水平上进行建构活动。主体

---

① 参见王策三：《教育主体哲学刍议》，《北京师范大学学报》1994 年第 4 期。
② 黄崴：《主体性教育论》，贵州人民出版社 1997 年版，第 106—107 页。

原有的思想品德素质不同，建构活动的结果也就会出现差异。人的思想品德素质就具体的建构活动过程来说，是一种先在的既定状态；既是上一次建构活动所实现的目标和达到的结果，更是本次活动所赖以进行的基础和起点。思想品德建构活动的主观根源，就是这种先在的思想品德的状态。在人的思想品德素质中，包含了人的思想品德发展的全部可能性，成为客体信息的"信息过滤器"和"信息整形器"，制约着思想品德建构活动的方向和内容，是思想品德建构活动的主体性根源。

从人的思想品德建构活动的视角来看，思想品德素质可以细化为以下几个方面：

第一，影响思想品德建构活动动力、驱动活动进行的素质。其核心是需要、动机及其表现形式。这些素质决定了主体从事思想品德建构活动的积极性。这种驱动力具有强烈的指向性和冲动性，它能够改变或重新确定活动对象，提出和设定活动目的，从而把活动主体系统中其他要素有机地整合起来，推动活动的进行。

第二，影响思想品德建构活动目的倾向的素质。它包括兴趣、理想、信念等。这些倾向性素质决定了主体进行思想品德建构活动的方向，以及活动对主体的价值和意义。

第三，影响思想品德建构活动调节的素质。主要是指主体在对象意识和自我意识中所表现出来的情感、意志等方面的素质，以及自知、自主、自立、自信、自强、自尊、自律等自我意识方面的素质。调控性素质决定了主体在思想品德建构活动中怎样调节控制自己与外界的关系和相互作用。

第四，影响思想品德建构活动质量和效果的素质。如认知能力、创造能力、由"知"而"行"的行为能力、审美能力、评价能力等。这是主体的效果性素质。

在具体的现实的思想品德建构活动中，思想品德素质中的各种要素都要投入到活动中，综合表现为主体的整体个性、人格等，并对建构活动的过程发生功能性影响。它们共同决定了思想品德建构活动的总体状况。

（二）思想品德建构活动的客体

思想道德建构活动客体是进入主体活动的领域，并同主体发生功能性关系或为主体活动所指向的客观事物。对具体的人而言，外部世界是先在地、客观地存在着的，但人对外部世界作用的范围与程度，则取决于活动主体的结构和功能。皮亚杰就认为，"客体首先只是通过主体的活动才被认识的，因此客体本身一定是被主体建构成的。"① 因此，思想品德建构活动客体的规定依赖于活动主体对它的关系，具有同活动主体相关联的意义。也就是说，思想品德建构客体是外部世界中客观存在的并被设定为与活动主体相关联，从而被纳入活动系统、同活动主体发生了一定的功能关系的信息。人的思想品德建构活动因其目的不同而指向不同的客体存在，这种不同的指向也是由主体的需要和客体满足主体需要的属性所构成的功能关系决定的。思想品德建构活动客体是一种不以主体的主观意志为转移的客观存在，这是客体自身的客观性方面。不但客观事物在成为客体之前就具有客观性特征，而且进入活动主体和客体的关系结构以后，这种客观性特征也仍然保持着。

在思想政治教育活动中，教育对象思想品德建构活动的客体是一定社会的以世界观、政治观和道德观为主要内容的社会意识形态。一定社会的意识形态之所以能够纳入教育对象的活动领域，成为教育对象思想品德建构活动的客体，从根本上来说源于人的存在状态，根植于人的存在的二重性特征。人的存在始终具有二重性，人类产生和发展的历史表明，一方面，任何人都是一个个体的存在物，有属于自己的肉体和精神，而且各不相同，这是由每个人都是作为一个独立的自然机体而决定的；另一方面，人同时又是社会的存在物，任何人都不是纯粹的个人，人就其本质而言是一种关系性的存在。这就是说，人同时又是一定群体、社会的成员，是一定群体、社会的存在物。人把自身的个体性与社会的整体性内在于一身，

---

① 皮亚杰：《发生认识论原理》，商务印书馆 1981 年版，第 93 页。

人本质上"不是单个人所固有的抽象物"①，而是"只有在社会中才能独立的动物"②。"人是特殊的个体，并且正是人的特殊性使人成为一个个体，成为现实的、单个的社会存在物，同样，人也是总体，是观念的总体，是被思考和被感知的社会的自为的主体存在，正如人在现实中既作为对社会存在的直观和现实享受而存在，又作为人的生命表现的总体而存在一样。"③ 人类为了生存就必须进行生产，人们在生产的过程中，必然形成个人与个人、个人与社会的各种关系和矛盾。这种矛盾是复杂的、多方面的，但其中最根本的就是经济利益的矛盾。作为社会关系中的人，人的活动需要并逐渐形成了一定的秩序；在人与人尤其是个人与他人、个人与社会的关系中，也相应地产生了一定的维持社会共同体的存在和发展的要求。这些秩序和要求是人的活动的产物，也是人们自觉意识到的，正如列宁所指出的："人的实践活动必须亿万次地使人的意识去重复不同的逻辑的式，以便这些式能够获得公理的意义。"④ 黑格尔也认为，"谁要在这现实世界中行动，他就得服从现实世界的规律，并承认客观性的法。"⑤ 秩序、公理、要求相对于个人而言是一种"应当"，是维系社会生活的必要纽带。经过阶级、国家等群体有意识地加工，就形成了人类社会特有的社会规范和行为规范。规范作为确定与调整人们共同活动及其相互关系的原则，是维持社会基本秩序的文化模式，是社会生活正常运转的机制，是社会控制的手段以及民族文化心理传承的载体。⑥ "社会规范反映着各种社会、阶级、集体和团体的利益，而它们主要的、直接的任务是在社会利益居支配地位的情况下来协调各种利益。所以，统一的规范按其实质是统一的利益的另一种反映。如果没有这种统一，要使人们按所希望的方向确定

---

① 《马克思恩格斯文集》第 1 卷，人民出版社 2009 年版，第 505 页。
② 《马克思恩格斯文集》第 8 卷，人民出版社 2009 年版，第 6 页。
③ 《马克思恩格斯文集》第 1 卷，人民出版社 2009 年版，第 188 页。
④ 《列宁全集》第 55 卷，人民出版社年 1990 年版，第 160 页。
⑤ 黑格尔：《法哲学原理》，商务印书馆 1979 年版，第 134 页。
⑥ 参见袁贵仁：《价值观的理论与实践》，北京师范大学出版社 2006 年版，第 87 页。

价值目标，以及使调节人们行为的机制有效地发挥功能都是不可能的。"①
这些规范在阶级社会里主要表现为以政治观为核心的意识形态，是特定的
生活方式和行为方式，将人与人、人与社会联系在一起，保证社会生活的
正常进行。作为生存于特定环境中的人，人的社会性存在决定了社会现实
的要求必须在他身上再现出来，他必然要取得这种现实规定性。它们不是
凌驾于个人之上的外在物，而是为了使人充分发挥自身的本质力量；一切
规范体系的掌握与遵守使人据此与自然、社会和他人建立全面、和谐的关
系，不只是为维护一定的社会秩序和人际关系准则，也是为了发展人自
身。因此，人的生存与发展离不开对一定社会意识形态的认识与把握，思
想品德就是人们在实践中内化与积淀一定社会意识形态而形成的稳定的思
想观念与行为模式。马克思指出："不言而喻，人们的观念和思想是关于
自己和关于人们的各种关系的观念和思想，……关于人们生活于其中的整
个社会的意识。"② 掌握和认同一定社会的意识形态，形成与社会发展要
求相一致的思想品德，即实现个体思想品德社会化，是人的生存与发展的
一种必然性需要。正是由于人的这种必然性需要，才使社会意识形态最终
摆脱"抽象观念"的形态，成为对社会共同体起保证作用的积极因素，
具有现实感与生命力。

　　意识形态作为思想品德建构活动的客体，是关于社会规范的思想体
系，主要包括哲学、政治观和道德观。作为最抽象的意识形态，哲学是系
统化、理论化的世界观，更概括、更完整地表明人们关于社会生活的总体
认识。哲学从最一般原则的高度指导着人们的社会生活，支配着人们的思
想。因此，作为思想品德建构活动的成果的思想素质在人的思想品德构成
要素中处于基础地位，进而影响着人的思想品德的整体状况和发展方向。
政治观是关于政治制度、政治生活、国家、阶级或社会集团及其相互关系
的观点的总和。政治观是经济结构最直接、最集中的体现，它是一定阶级

---

① A. M. 奥马罗夫：《社会管理》，浙江人民出版社 1986 年版，第 291 页。
② 马克思恩格斯：《德意志意识形态》（节选本），人民出版社 2003 年版，第 82 页。

最直接的思想表现，直接为维护某种生产关系或改变某种生产关系而服务的，随经济结构的变化而变化，往往处于诸种意识形态的核心地位，并影响着意识形态中的其他内容。因此，作为思想品德建构活动的成果的政治素质在人的思想品德构成要素中处于核心地位。道德是调整人们之间以及个人和社会之间关系的行为规范的总和。道德比较直接地反映着人们在社会生活中的相互关系，并使这些关系更全面、更细致、更广泛地体现在人们的行为之中，是一定社会意识形态的主要构成部分。因此，作为思想品德建构活动的成果的道德素质是人的思想品德构成要素中的主要内容。

在阶级社会的每一种社会形态中，往往存在着三种不同的意识形态，即反映现存社会占统治地位的生产关系并为其服务的意识形态、反映已被消灭和正在被消灭的旧的生产关系的旧社会的意识形态以及反映现存社会中正在成长着的生产关系的意识形态。思想品德建够活动作为思想政治教育中教育对象的活动，其客体是反映现存社会占统治地位的生产关系并为其服务的意识形态，也可以称之为社会主导意识形态。例如，对中国而言，作为思想品德建构活动客体的社会主导意识形态就是社会主义核心价值体系。

思想品德建构活动所指向的客体是人类社会的精神现象和精神产品，即精神客体。作为思想品德建构活动客体的社会意识形态，实质上属于社会的思想文化领域。"文化"一词有广义和狭义两种含义：广义的文化概念，是指人的有目的活动的结果，即人们在物质活动和精神活动中所创造的一切，既包括物质文化，也包括精神文化以及社会的风土人情、习俗、风尚等一切"人化"的事物；狭义的文化概念，是指意识形态或观念文化，仅包括与精神生产有关的观念形态。① 这里取文化的狭义概念，仅仅包括与精神生产有关的观念形态。正如毛泽东所说："一定的文化是一定

---

① 参见李秀林主编：《辩证唯物主义和历史唯物主义原理》，中国人民大学出版社2004年版，第114页。

社会的政治和经济在观念形态上的反映。"① 作为思想品德建构活动客体的社会意识形态，我们也可以称之为社会主导思想文化。

（三）思想品德建构活动的中介

思想品德建构活动首先是发生于人的观念中的活动，是活动主体从客体中获取信息、传输信息、加工信息的过程。那么，客体信息必须取得一种适合主体需要、能为主体所把握和操作的恰当表现形式，能够为人所理解、掌握和运用，能够表达意义、传递信息、沟通思想、交流感情。这种表现形式就是思想品德建构活动的中介。思想品德建构活动的中介是活动主体获取客体信息，以及主体反馈信息的工具和手段。

在思想品德建构活动中，语言符号承载着活动客体的信息，是思想品德建构活动客体信息的载体，因而成为思想品德建构活动的中介。语言符号系统外部刺激向思想观念转化的形式交换系统，是由一系列可感符号单元组成的完整系统，是一种以价值关系为媒介反映和揭示客观意义的系统。语言符号作为按照一定的规则表达和交流思想意义的系统，是客体信息之意义的"代码"，能够以符号的形式对客体的意义作出约定俗成的共同规定，具有普遍性的意义。它的运用，使人类的交流和沟通以直接可感知、理解、让渡的形式表现出来。而且，由于语言符号系统作为信号的信号，已经脱离了原有信号所具有的直观性和具体性，从而为人们脱离感性信号而以语言符号的抽象理性的形式把握客体提供了可能。按照马克思主义的语言观，语言的本质就是建立在社会实践基础之上的一种现实的交往活动，"语言和意识具有同样长久的历史；语言是一种实践的、既为别人存在因而也为我自身而存在的、现实的意识。语言也和意识一样，只是由于需要，由于和他人交往的迫切需要才产生的。"② 语言是"思维本身的要素，思想的生命表现的要素。"③ 德国哲学家卡西尔也认为，从人类文

---

① 《毛泽东选集》第二卷，人民出版社 1991 年版，第 694 页。
② 《马克思恩格斯文集》第 1 卷，人民出版社 2009 年版，第 533 页。
③ 同上书，第 194 页。

化的角度看，符号化的思维与符号化的行为是人类生活最富有代表性的特征，可以把人定义为符号动物。[①] 美国哲学家杜威则认为，"通过语言，我们间接地参与人类过去的经验，拓宽并丰富着目前的经验，使我们能运用符号和想象去期待某种情境，语言能用无数方法把记录社会结果和预示社会前景的意义凝缩起来"[②]。

语言以感性符号的形式表达思想文化客体的意义，形成语言与语义的同一性，为主体理解和接收客体思想信息提供了"代码"。教育对象正是通过借助于人们所共同理解和接受的语言符号系统，对思想文化客体进行信息的同构或不同构的转换，实现双方在思想、情感上的沟通，协调彼此的行为，进而达到信息的交换。因此，语言符号是思想品德建构活动中介系统的基本要素。例如，在现实生活中，人们正是对"先进"、"落后"、"善"、"恶"、"崇高"、"卑下"等词语所表达的词义作出约定俗成的理解，从而和与之相关的思想信息发生相互作用，建构起自我的思想品德素质。再如，当人们看到天安门广场上象征着中国人民不屈不挠的革命精神的浮雕时，一种积极投身于社会主义现代化建设的责任感、使命感就会油然而生。这也体现了符号作为思想品德建构活动中介所起的作用。

二、思想品德建构活动的主体性功能

所谓思想品德建构活动的主体性功能，指的是思想品德建构活动作为一个动态的活动过程，其中作为主体的教育对象、作为社会主导思想文化的客体和中介等各要素之间相互联结和相互作用时所展示出来的反映教育对象的主体性特征的功能。这些功能使得人的思想品德建构活动得以发生，同时思想品德建构活动又对这些功能产生不同的效应，从而促进人的

---

① 参见卡西尔：《人论》，上海译文出版社 1985 年版，第 35 页。
② 杜威：《道德教育原理》，浙江教育出版社 2003 年版，第 61 页。

思想品德发展。

（一）思想品德建构活动的动力功能

思想品德建构活动的动力功能，主要表现在为思想品德建构活动提供动力。思想品德建构活动是一种满足人的发展需要，尤其是满足人的思想品德发展需要的主体性活动。这种建构活动产生的根源在于人对自身思想品德发展的需要。在现实生活中，在个体与外界的相互作用中，总是会发现他现有的思想品德素质水平不能满足他对外界环境的作用，在生产活动、交往活动中会意识到自己的思想品德素质与现存社会对人的思想品德要求之间的差异，会感到自己在思想品德素质方面的缺乏，因而产生发展自己这方面素质的需要。可以说，正是人的现实生活引起了人对自身思想品德素质发展的需要和追求。从根本意义上来讲，人有一种不断发展完善自身的需要，即不断追求对已有发展的超越。[1] 因而，人不是消极地顺应外部环境，而总是要通过自己的活动，不断地去创造有利于自己发展的条件。人的思想品德发展就是主体在自身需要的驱动下进行思想品德建构活动的结果，而不是简单的、被动的对外界思想文化信息客体刺激的应答过程；是一个主动摄取、积极为之的过程，而不是一个任由外部塑造、被动接受的过程。

思想品德建构活动对人的思想品德发展动力功能的效应，主要体现在建构活动的结果会使人产生新的理想自我的需要，提高人的理想自我需要层次，进而提升人的思想品德建构活动的自觉性。

（二）思想品德建构活动中的导向功能

思想品德建构活动的导向功能，指思想品德建构活动是在一定目标导向下进行的活动。思想品德建构活动的根本目的在于提升自我的思想品德素质，实现个体的理想自我。思想品德建构活动的目标就是活动主体力求

---

[1]　参见朱智贤：《儿童心理学》，人民教育出版社 1993 年版，第 90 页。

于一个具体的活动过程结束时所要达到的某种目的，所要实现的某种结果，即所要达到的某种思想品德素质状态和水平。人的思想品德建构活动中的导向功能主要是由主体已有的价值观念体系所决定的。主体的价值观念体现着他的基本价值态度，决定着他的思想品德发展追求目标和方向，是主体思想品德建构活动中的核心和灵魂。它联结着建构活动构成的各个方面，如认识活动、情感活动、实践活动、评价活动等，使活动主体的各个构成部分成为相互联结、相互贯通、相互制约的有机整体，从而保证主体的思想品德建构活动具有明确的目的性和坚定的方向性。这种观念体系一经形成，就会成为主体建构活动的依据，引导着主体去具体分析和认识各种现实的思想文化以及自己特殊的现实条件和生活境遇，确定与主体价值观相吻合的思想品德素质发展目标，从而为思想品德建构活动提供方向。

思想品德建构活动对人的思想品德发展导向功能的效应，主要体现在建构活动的结果能够提高对人的思想品德理想自我的认识能力、判断能力和选择能力，使人调整或改造已有的价值观和目标水准，并在这个基础上确立新的思想品德理想自我的价值目标，从而增强人的思想品德建构活动的自信心。

（三）思想品德建构活动的调控功能

思想品德建构活动中的调控功能，指思想品德建构活动是在主体的意识调节控制下展开的自觉的过程。思想品德建构活动中主体的意识主要包括对象意识和自我意识。主体的意识对思想品德建构活动过程的调节控制主要表现在：首先，在建构活动开始时，在思想品德发展需要的驱动下，对活动的目的和具体目标进行构想。其次，在建构活动过程中督促鼓励主体去选择和认同人类优秀的思想文化，阻止和抑制活动主体对落后、腐朽的思想文化的选择和认同，从而保证思想品德建构活动运行目标和内容始终指向主体的思想品德发展。也就是说，主体以自身已有的思想品德知识经验去建构外界的思想文化客体，对它们进行吸收、改造、加工或加以排斥，使新旧思想品德进行新的组合，从而实现主体思想品德素质的改造和建构。再次，在思想品德建构活动运行过程中，使活动按预期的目的方向进行下去。思想品德建构活动是一个复杂的动态发展过程，尽管这一过程在开始之前就已确定了建构活动目标，但在具体运行过程中，还会遇到许多不确定因素的干扰，误导、影响思想品德建构活动。例如，社会环境的恶化，社会思想文化导向的偏离，建构活动主体的认知误差、情感困扰；个人生活的重大变故等，这些干扰因素都有可能使建构活动有悖初衷、偏离方向、走入误区。这时主体的意识就会对活动进行调节控制，而不至于使思想品德建构活动偏离预定的理想自我的目标。也就是说，活动主体能够自觉调动情感、意志、信念去克服建构活动过程中的困难和阻力，并以其特有的自觉性、坚持性和自制力量维持着整个建构活动，去实现理想自我的目标。最后，体现在思想品德建构活动结束后的自我评价中，这也就是意识的反馈功能。活动反馈指主体根据活动的结果或出现的新的变化来权衡与该活动目的的契合程度，并依此判断、调整后继行为，"一个有效的行为必须通过某种反馈过程来取得信息，从而了解其目的是否已经达到"[1]。反馈系统对活动的意义就在于通过不断地调整活动方式、方向和节律，保证活动按一定目的持续地进行，直至实现。一个具体的思想品德建构活动过程结束后，活动主体要对整个活动的效率以及所产生的社会效果进行反馈检验，以便进入下一个具体的思想品德建构活动。

思想品德建构活动对人的思想品德发展调控功能的效应，主要体现在对人的情感体验方式和意志调节力量的改造、丰富和发展。在思想品德建构活动过程中，主体对活动调节控制并不只是直接地、简单地将自身现有的情感体验方式和意志调节力量表现出去或对象化到自身与客体的作用过程之中，而且更重要的是包含着调整或改造自身已有的情感体验方式和意志调节力量，以实现预期的活动目的，从而促进了人的意识和自我意识的进一步发展。

---

① N. 维纳：《人有人的用处》，商务印书馆 1978 年版，第 44 页。

可见，正是思想品德建构活动的动力功能、导向功能和调控功能表征着人作为活动主体的主体性特征：他以对发展自身的思想品德素质需要作为思想道德建构活动的动力，以成就理想自我的思想品德发展目标作为思想品德建构活动的导向，以自身的对象意识和自我意识来调节控制整个活动的过程。离开对思想品德素质发展的需要，人的思想品德建构活动就没有动力，建构活动就不可能发生。思想品德建构活动的产生，是教育对象对现实或当下的自我思想品德素质存在状态的不满所引起的，是受那个理想的自我所呼唤、所激发而引起的。或者说，是这两种因素永恒的矛盾和持久的交互作用而引起的。建构活动的目的性使整个活动成为主体的一种有意识的、能够调控的活动。而离开了理想自我目标的导向，人的建构活动就是盲目的；离开了人的对象意识和自我意识，建构活动就不可能沿着既定的目标顺利完成。正是思想品德建构活动的这三种关键性功能的存在，才使得人的思想品德素质发展的方向不是由生命的自然力量或社会思想文化环境力量支配的。相反，它是由人的意识根据自己对自身思想品德素质发展的需要和自然的生命力量以及客观的社会思想文化环境所提供的现实可能性进行综合，从而能动选择和控制着自身思想品德素质发展的方向和过程。

三、思想品德建构活动的过程

恩格斯指出："世界不是既成事物的集合体，而是过程的集合体"①；"自然界中的一切运动都可以归结为一种形式向另一种形式不断转化的过程"②。人的任何一种活动都表现为活动主体与活动客体在一定时间与空间条件下，相互联系、相互作用的运动过程和形态，这正如列

---

① 《马克思恩格斯文集》第 4 卷，人民出版社 2009 年版，第 298 页。
② 同上书，第 300 页。

宁所说："客观过程的两个形式：自然界（机械的和化学的）和人的有目的活动。"① 因此，我们对思想品德建构活动的认识不能停留在对其静态的考察上，而要对其作动态的过程的认识和把握。

（一）思想道德建构活动的阶段

过程概念具有抽象和具体两种属性。从宏观角度来看，它表示一事物在整个时空中的运行和展开，是一个整体过程，表现出无限性。从微观角度来看，它指事物在局部时空中的运行与发展，是一系列具体的过程，表现出阶段性。宏观过程与微观过程相互联系，二者构成包容与体现的关系，即整体过程包含着各个具体过程，每一具体过程的运行又使得整体过程最终得以体现。我们对思想品德建构活动过程的分析，就是要把一个整体的、连续的活动过程分成若干个阶段和环节，逐次加以分析和讨论。当然，这里对过程阶段的划分只是为了描述的方便，是忽略这一运动过程中可以忽略的细节，予以理想化、模型化之后的一种近似的概括。活动过程的展开并不表现为这些环节"依次"性展开，而是存在相互重叠。但是这种理想化、模型化的方法却又是我们对思想品德建构活动过程的分析所必需的。也就是说，活动的各个阶段和环节只有在研究的意义上才是独立的。皮亚杰虽然将儿童的道德发展划分为三个阶段进行讨论，但他同时也指出："为了陈述的方便起见，我们把儿童们区别为不同的年龄班级或阶段，但是事实上这些阶段乃是一个连续体，它是不能分割成若干段的。此外，这个连续体也不是成直线形的，而它的总方向也只有在材料已经系统化而不顾及那些使连续体中的细节复杂化的细小差别之后，才可以观察得到。"②

在思想政治教育活动中，思想品德建构活动作为教育对象的一种特殊的活动方式，是作为主体的教育对象以改造自我主观精神世界、发展自己

---

① 《列宁全集》第55卷，人民出版社1990年版，第158页。
② 皮亚杰：《儿童的道德判断》，山东教育出版社1984年版，第19页。

的思想品德素质为目的的自我建构活动，是主体不断确定理想自我、追求自我实现、自我超越的过程。思想品德建构活动的目的，不是"外向"地指向客观物质世界，而是"内向"地指向人的主观精神世界，即思想品德素质发展和理想自我的形成。从活动发生、发展的逻辑过程与实际过程相统一的角度看，理想状态的思想品德建构活动的动态展开要经历理想自我需求意识产生、理想自我目标确立、现实生活中的理想自我建构这几个主要阶段。

1. 理想自我需求意识产生阶段

如前所述，教育对象思想品德建构活动的产生，是在思想品德素质发展需要的驱动下进行的，是由对现实或当下的自我思想品德素质存在状态的不满所引起的，是受那个理想的自我所呼唤而引起的。思想品德建构活动的根本目的就是要提升自我的思想品德素质，实现个体的理想自我。但是，需要要对人的行为起推动作用，必须是被意识到的需要。"必须有对于'我'的需求、利益有所意识，才能形成目的性，对于'我'的活动的意义有所意识，才能从事有计划的生产活动。"① 这就是说，教育对象思想品德发展需要的产生具体表现为自我需求意识的产生，即对理想自我的需求意识。教育对象的理想自我需求意识的产生并非来自于人之外的某种神秘力量的赐予，也不是抽象地来自于人本身的突发奇想。马克思指出："意识在任何时候都只能是被意识到了的存在，而人们的存在就是他们的现实生活过程。"② 马克思的这句话不但指出了"被意识到了的存在"包括客观对象的存在和主体自身的存在，而且指出了人不是单纯地、孤立地意识到对象和自身，而是在现实生活过程中，即在实践和交往的过程中形成自己的意识的。人的意识产生于人的活动和人的社会关系中，马克思主义所主张的不只是意识是人脑的机能对物质对象的反映，这在旧唯物主义那里就已经被认识到了，更重要的是认识到人的意识是由人的现实

① 高清海：《高清海哲学文存》第2卷，吉林人民出版社1997年版，第276页。
② 《马克思恩格斯文集》第1卷，人民出版社2009年版，第525页。

生活、人的活动决定的。正是在人的现实生活中，通过人的活动，人的感觉器官才和外界环境中的信息相接触，使之反映到主体的大脑中，从而产生意识。

从唯物史观的视野来看，教育对象对理想自我的诉求，从根本上说还是源于教育对象的现实生活。马克思指出："人们为之奋斗的一切，都同他们的利益有关"①，"'思想'一旦离开'利益'，就一定会使自己出丑"②。有西方学者也指出："不要忘记，道德的产生是有助于个人的好的生活，但不是说人为了体现道德而生存。"③ 人的利益既包括物质方面的利益，也包括精神方面的利益。在现实生活中，人们基于利益的得失，往往要以自我意识对自身进行反思。正如弗洛姆所说："人是唯一意识到自己的生存问题的动物，对他来说，自己的生存是他无法逃避而必须加以解决的大事。他不可能退回到人类以前的那种与自然和谐共存的状态；他必须优先发展自己的理性，使自己成为自然和自身的主人。"④ 正是教育对象意识到自身已有的思想品德素质水平与社会的思想文化要求之间的差距，以及这种差距对自身生存和发展已经或者即将带来的不利影响，换句话说，这种差距影响到了他的现实利益或即将影响到他的未来的利益，由此教育对象对自身的思想品德素质状况进行反思，逐渐明确了在思想品德素质方面"实然自我"与"应然自我"之间的差距，形成"自我意象不等"，即"人们的个人知觉在自己实际怎样和他们希望自己怎样之间的差异"⑤。这种"自我意象不等"为教育对象理想自我的产生和强化提供了动力，在这个基础上，教育对象产生出对理想自我的需求意识。也就是说，教育对象只有对自我的思想品德素质状况与社会思想文化要求之间的

---

① 《马克思恩格斯全集》第1卷，人民出版社1995年版，第187页。
② 《马克思恩格斯文集》第1卷，人民出版社2009年版，第286页。
③ 威廉·K. 弗兰克纳：《善的求索——道德哲学分析》，辽宁人民出版社1987年版，第247页。
④ 马斯洛等：《人的潜能与价值》，华夏出版社1987年版，第104页。
⑤ E. 齐格勒等：《社会化与个性发展》，北京航空航天大学出版社1988年版，第47页。

差距有明确的意识，才会产生出对理想自我的需求意识。理想自我寻求意识的产生使本来作为主客体统一的教育对象发生主客体分化，也就是说，使教育对象在思想品德建构活动方面作为主体和客体分化，形成建构活动的基本矛盾，即形成对思想品德发展的需要，并对现有思想品德状态进行觉知，从而在自我意识中构成"现实自我"与"理想自我"之间的矛盾。可以说，产生对理想自我的需求意识，是思想品德建构活动的起点。由此，理想自我需求产生阶段也成为思想品德建构活动过程中最重要、最基础的阶段，也可以说是关键阶段。

在教育对象思想品德建构活动的这个阶段，作为活动主体的教育对象与作为活动客体的社会主导思想文化之间相互作用的程度，主要体现为教育对象以自己的现实生活为参照系，对社会主导思想文化进行的理性认识。如前所述，教育对象理想自我需求意识的产生源于其意识到自身已有的思想品德素质水平与社会主导思想文化要求之间的差距，这种"差距意识"是建立在教育对象对自身所处的社会主导思想文化要求的真理性认识和价值性认识基础之上的。所谓真理性认识，即是对社会主导思想文化所蕴涵的客观必然性的认识，是对客体的一种知识性的把握。所谓价值性认识，则是对社会主导思想文化所具有的满足人的需要的意义的认识，是对客体的一种价值性。思想文化客体并非是与人无关的客观事实，相反，它同人的需要之间存在着某种效用关系。这种效用关系具体表现为社会主导思想文化及其包含的诸多属性与人的利益和需要之间存在着某种肯定的关系。因此，社会主导思想文化不仅是一种事实客体，还是一种价值客体。在思想品德建构活动过程中，教育对象不仅会把握事实客体，而且也会把握价值客体，自觉发掘客体中所具有的能够满足需要的属性。在这个过程中教育对象对社会思想文化的"建构"，体现为教育对象对社会思想文化的综合反映，即对社会思想文化所包含的信息进行解释。正如奥地利著名学者阿德勒所说："我们所经验到的，并不是单纯的环境，而是环境对人类的重要性。即使是对环境中最单纯的事物，人类的经验也是以人类的目的来加以衡量的。……我们一直是以我们所赋予现实的意义来感受它，我们所感受的，不是现实本身，而是它们经过解释后之物。"① 在这个阶段中，经过对思想文化信息进行解释，教育对象获得了对思想文化的事实性信息和价值性信息，扬弃了思想文化客体的原有自在形式。但对于教育对象来说它仍然是一种普遍的外在的社会规范要求，尚未与教育对象建立起真正的"为我的"价值关系，还没有成为教育对象的自觉追求。

2. 理想自我目标确立阶段

人的活动是在一定的具体目标导向下的活动。对于教育对象的思想品德建构活动来说，达成理想自我就是该活动的具体目标。理想自我的目标赋予思想品德建构活动以内容，规定着建构活动的方向。因此，确立理想自我这个活动目标是思想品德建构活动的一个必要阶段。人的社会性与个体性决定了教育对象所追求的理想自我本身是"双指向"的反映，即它既指向教育对象自身的需要，又指向外在的社会主导思想文化，它是根据教育对象的需要和社会所提供的主导思想文化的可能性综合创造出来的。教育对象对理想自我的需求虽然来自于人的主观方面，但理想自我的内涵既不是纯主观的也不是纯客观的，而是主观与客观的统一，感性与理性的统一。这是因为教育对象确立理想自我的标准是主观与客观的统一，它是在对自身思想品德素质状况和社会主导思想文化所决定的发展可能性以及自身发展需要的综合理解和把握的基础上确立的，是以教育对象自身的价值观为核心的内在导向系统和以社会思想文化为核心的外在导向系统的有机结合、共同确定的。

理想自我的标准首先是人的思想品德素质发展需要的反映，并随着不同个体需要的变化而变化。每一时代人们的需要与另一时代人们的需要既有差异又有相同点，每个个体的需要与其他个体的需要既有不同的一面又有相同的一面。人们实际的需要及其变化总是决定着人的理想自我标准的变化。一方面，理想自我的标准要符合人的自然生命力量。人的自然生命力量是既定的、不可选择的，也是不可超越的。例如，一个身残志坚的人

---

① 阿德勒：《自卑与超越》，作家出版社 1986 年版，第 7 页。

只能选择他生命力量所允许并且能及的理想自我。另一方面，理想自我的标准也体现着社会主导思想文化的要求。作为社会关系中的人，教育对象的思想品德建构活动内在地是为了人在社会关系中的生存与发展，为了保证人的思想品德素质的内稳状态的维持和变化发展过程的有序。正因为如此，它必然是而且必须是外向地指向外部客观世界，特别是指向与人的思想品德素质发展密切相关的现实的社会主导思想文化。只有这样，才能构成现实的建构活动的环路系统。因此，主体必须在自身需要和活动目的的推动下，把目光投向外部世界，去获取所需要的客体信息。但是，教育对象也并不是盲目地或仅凭主观意愿去要求主导思想文化客体满足自己的需要，而是在客体条件许可和自身发展水平可及的情况下对客体作出能动选择。主体对客体的选择是为实现自己业已确定的理想自我服务的，因而主体确立理想自我的标准也就成为选择客体信息对象的标准。在建构活动中，人们对主导思想文化客体的选择同其他任何选择一样，都是有条件的。"如果他要进行选择，他也总是必须在他的生活范围里面、在绝不由他的独自性所造成的一定事物中间去进行选择的。"① 人总是在不断总结自身思想品德素质发展经验和教训的基础上，在客观的社会主导思想文化所提供的现实可能性范围内确立理想自我的标准。如果只有主观的需要而没有对客观的社会主导思想文化的把握，理想只能是一种愿望而无法实现。但是，人们也不是一味遵循社会给定的现有标准，而是根据那些自己能亲身感受到的事实或者经过自己过滤了的标准和原则。在现实生活中，整个社会思想文化环境的复杂性决定了主体面临的是一个十分复杂的信息刺激变量系统，各种刺激变量不但数量庞大，而且往往表现出某种杂乱性、无序性和不规则性。这无疑会增加主体选择的难度，而且有可能影响主体建构活动的有效性。

在教育对象思想品德建构活动的这个阶段，作为活动主体的教育对象与作为活动客体的社会主导思想文化之间的相互作用的程度，主要体现为

① 《马克思恩格斯全集》第3卷，人民出版社1960年版，第355页。

在自我理想目标的驱动下，在对思想文化客体理解和解释的基础上，通过各种情感体验，包括意志的坚持性力量，使社会主导思想文化所体现的价值观念能够引起教育对象情感上的共鸣，在观念上认同和接纳思想文化客体。教育对象对社会主导思想文化的掌握并不只是记住某些知识的概念、理论和条文，而是要使之成为指导自己行为的方向和规范。这个过程主要是通过教育对象的情感的体验和意志的力量来完成的，表现为教育对象对社会主导思想文化客体的认同、接纳与强烈的追求和实践欲望。一方面，情感体验的基本特征是真切性、具体性、情境性；情感形成的具体过程是一个"情动—感受"、"体验—理解"的过程。[①] "道德情感——这是道德信念、原则性、精神力量的血肉和心脏。没有情感的道德就变成了干枯的、苍白的词句，而这种语句只能培养出伪君子。"[②] 另一方面，意志的力量则提供了克服困难的耐心、毅力、勇气、自制力等。意志是保证人有效地支配和控制外部环境的影响和刺激，激活和支撑、调节自己的全部本质力量和活动，以便有效地掌握一定对象、实现一定目的和愿望、满足一定需要的积极的精神力量。[③] 从这个阶段的思想品德建构活动结果来看，建构活动的结果是对教育对象思想观念世界的建构。因为作为客体信息的思想文化直接引起的是教育对象观念的改变，使其符合于教育对象理想自我生成的目的规定，实现的是主体精神世界的建构。从总体上说，主体这个阶段的思想品德建构活动还局限在观念领域，是一种观念领域的建构活动。

3. 现实生活中的理想自我建构

现实生活是人的活动的源泉和动力，也是人的思想品德建构活动的参照系。思想品德建构活动作为人之追求理想自我实现的活动，决定了上述观念性活动必然要走进人的现实领域，转化为人的现实性活动。人是在自

---

① 参见朱小蔓：《情感德育论》，人民教育出版社 2005 年版，第 56 页。
② 转引自傅统先等：《教育哲学》，山东教育出版社 1986 年版，第 157 页。
③ 参见夏甄陶：《人是什么》，商务印书馆 2000 年版，第 231 页。

己的生活中、在各种活动中意识到自己的思想品德素质不能适应生活和活动的需要而向外求索社会的思想文化的，因而思想品德建构活动并不仅仅表现在人们的内心之中，仅仅在人们心中掀起"思想的风暴"，主体并不满足于仅仅在观念世界中掌握和建构社会道德文化，他还要把已经内化但尚还停留在观念领域里的思想文化在生活和各种活动中现实化，使思想道德文化回归于自身的生活。人们进行思想品德建构活动的目的不是为了社会主导思想文化的储存和传播，而是因为它们有利于人的生活和活动，建构活动所要达到的结果是一个直接为人所需要的合乎目的的现实对象——理想自我的实现。人对理想思想文化的追求，不是要创造一个外在于己、异于己的精神成果，而是要追求他的自我实现和自我确证。由于"人不仅像在意识中那样在精神上使自己二重化，而且能动地、现实地使自己二重化，从而在他所创造的世界中直观自身"①，"人不仅通过思维，而且以全部感觉在对象世界中肯定自己"②，所以人还要在现实生活中"直观"他的活动结果。教育对象要在现实的活动和生活中，通过社会交往和社会活动对自己已经获取的思想文化进行检验、反馈，最终要使这种体现着主体本质力量的思想文化真正成为自身思想品德素质的组成部分。因此，这个过程是主体"把我的那些愿望从观念的东西，把那些愿望从它们的想象的、表象的、期望的存在改变成和转化成它们的感性的、现实的存在，从观念转化成生活，从想象的存在转化成现实的存在"③ 的过程。苏霍姆林斯基曾指出："由道德概念到道德信念的道路，是从行为和习惯开始的"④，"只有当行为给学生带来真实感，激动着儿童，在他心灵里留下愉快、兴奋、精力充沛的情感时，知识才能变成信念"⑤。当思想品德观念指导人的现实生活时，它不仅包含了主体建构生活世界的根据或动力，而

---

① 《马克思恩格斯文集》第 1 卷，人民出版社 2009 年版，第 163 页。
② 同上书，第 191 页。
③ 同上书，第 246 页。
④ 转引自傅统先等著：《教育哲学》，山东教育出版社 1986 年版，第 157 页。
⑤ 同上书，第 177 页。

且包含了主体如何建构、以什么样的态度和情感去建构以及建构的内容，并规定着主体进行建构的方向和方式，由此把观念建构与现实生活建构具体地、现实地统一了起来。

总之，思想品德建构活动是一个教育对象以其自身的知识、能力、情感、意志等具体的思想品德素质，对客体的属性和功能加以筛选、吸收、加工、改造，把外在于人的社会主导思想文化客体转化为主体思想品德素质的过程。一个具体的思想品德建构活动过程的结束，并不意味着教育对象的思想品德素质发展需要得到一劳永逸的满足，更不意味着人们可以停留在对这一活动过程的简单重复上。恰恰相反，人们总是在以往建构活动的经验和教训的基础上，在新的思想品德素质结构框架下，不断进行新的、更高层次的思想品德建构活动。前一个建构活动过程的结束，就意味着后一个建构活动过程的开始。思想品德建构活动主体和思想文化客体的相互作用总是不断地在新的基础上进行，实现着人与社会主导思想文化的双向对象化，人们就是通过这种运动形式不断解决现实世界中人的现实性存在与理想性存在之间的矛盾。

（二）思想品德建构活动过程的特征

教育对象的思想品德建构活动既然是不同社会形态、不同社会制度中的思想政治教育活动中所共有的一种活动，那么，这种活动过程必然具有不以人的意志为转移的基本特征。

1. 思想品德建构活动过程是人的受动性与主动性的统一

思想道德建构活动过程既是个人能动的活动过程，又是社会关系的产物，因而表现为个人的主观能动性与社会制约性的统一。受动性表现了人对外部世界的依赖性，人的活动具有对外部现实世界的适应性，即人要按照外部现实世界的尺度、本性和规律来活动。现实社会的发展规律也规定和制约着人，使人不断地向现实社会接近并同现实社会的本性和规律相一致。社会关系作为人的一种客观存在或客观实在，有其自身的结构和规律，这些结构和规律对于主体的人来说具有外在独立的性质，不是同主体的为我倾向天然地保持一致的力量，而是主体活动所需要驾驭和改变的因素。人作为社会关系的承担者，他的活动必须同社会关系的性质相适应、相符合和相一致。任何个人的本性、情感、欲望和行为都是与特定的社会存在相联系而生成和展现的。古往今来的人为什么是形形色色的，人的发展水平为什么会表现出不同的历史阶段性，在同一历史阶段中为什么一些人能够在某些方面获得发展的垄断权而另一些人却在某些方面失去了发展的基础，这都与生产力发展的水平和社会关系的状况以及个人在社会关系中的地位有着直接的关系。社会生活条件尤其是社会物质生活条件从总体上制约着人的思想品德发展的方向、水平和速度，一定历史条件下的社会关系的总和规定了人的思想品德建构活动的方向与性质，每个人的思想品德素质发展都具体地受制于特定的社会条件和环境，个体的需要、原有的思想品德素质状态和满足需要的思想文化都有其特定的社会历史内容。因此，人总是在客观的社会思想文化所提供的现实可能性范围内确立理想自我的标准。如果只有主观的需要而没有对客观的社会思想文化的把握，理想只能是一种愿望而无法实现。总之，人的发展受着客观条件及其内在规律的制约，受着社会发展状况及其发展趋势的制约，人的思想品德发展从总体上说不能超越现实的社会生产力所允许的范围。马克思把人的发展看做是社会运动的结果，强调"每个个人和每一代所遇到的现成的东西：生产力、资金和社会交往形式的总和，是哲学家们想象为'实体'和'人的本质'的东西的现实基础"①。历史地看，人只能和社会历史一定发展阶段的思想文化发生相互作用。思想品德建构活动的"器官"——人的思想品德素质结构以及各种活动中介也都是一定社会历史条件下的产物。建构活动所受到的制约不只是各种现实的实体、关系、作用力等，更重要的是贯穿于其中的内在必然性即活动的规律。制约建构活动的不仅有活动的主体、客体和中介的规律，而且有活动自身的规律。思想品德建构活动必须依据现实的条件和遵循客观的规律，正如马克思所说：

---

① 《马克思恩格斯文集》第 1 卷，人民出版社 2009 年版，第 545 页。

"事实上，世界体系的每一个思想映象，总是在客观上受到历史状况的限制，在主观上受到得出该思想映象的人的肉体状况和精神状况的限制。"①

但是，人的发展与生物学意义上的其他生命发展有着本质的区别，人的能动性的本性决定了人要超越社会对人的规定性。历史的发展不是一个先验的抽象的模式，马克思指出："每一代一方面在完全改变了的环境下继续从事所继承的活动，另一方面又通过完全改变了的活动来变更旧的环境。"② 人受社会关系的制约，同时又在改革、创造新的社会关系。人们并不是盲目地或仅凭主观意愿去要求作为活动客体的思想文化满足自己的需要，而是在客体条件许可和自身思想道德素质发展水平可及的情况下对客体作出能动选择。在建构活动的各个阶段，活动主体能够整合自身思想品德素质结构的功能系统，逐步地根据自己对自身品德素质发展的需要和价值取向，以及自然的生命力量和客观的社会文化环境所提供的现实可能性进行综合，从而能动地选择和控制着自身发展的方向和进程。

总之，思想品德建构活动过程既受主体能动性的影响，又为受动性所制约，受动性制约着能动性，规定着能动性的展开；同时受动性又是靠活动主体的能动性来支持的，如果没有主体的能动性活动，受动性也就无从说起。能动性更多地体现了活动主体的自主要求，受动性则更多地体现了社会的要求和价值导向。思想品德建构活动就是既体现着教育对象思想品德素质发展要求，又体现着社会主导思想文化制约的活动过程。

2. 思想道德建构活动过程是人的思想品德发展与社会主导思想文化发展的统一

思想品德建构活动的目的，不是"外向"地指向客观物质世界，而

_____

① 《马克思恩格斯文集》第9卷，人民出版社2009年版，第40页。

② 《马克思恩格斯文集》第1卷，人民出版社2009年版，第540页。

是"内向"地指向人的主观精神世界，即人的思想品德发展和理想自我的形成。在思想品德建构活动中，一方面，活动主体以其已有的思想品德素质为基础，以社会主导思想文化为素材，根据自己的需要不断地确定自我思想品德素质发展的理想，改变当下的存在状态，促进自我的思想品德素质发展。这是思想品德建构活动对人的规定和建构。另一方面，活动主体又在思想品德发展的过程中，不断地传承和创造新的思想文化，改变着思想文化的现有存在，促进社会主导思想文化的发展与进步。这就是思想品德建构活动对自我和思想文化的双向建构。这样，主体不再是外在于自己的思想文化的机械追随者，而是思想道德文化的创造者和践行者。华中师范大学学生冯圣兵和他发起的"圣兵爱心社"，就是我们身边一个鲜活的例子。冯圣兵本人由一名特困生成为一名硕士研究生和大学教师，由他发起的"圣兵爱心社"已经成为华中师范大学"爱在华师"校园文化的典范。在他的"特困生领唱助学之歌"精神的感召下，更多的学子加入到爱心助学的行列，将"帮助他人，服务社会"的爱心宗旨带出校门，推向社会，使爱心助学行动在全社会蔚然成风。这样，在众多个体思想品德素质得到发展和升华的同时，社会主导的思想道德文化也得到发展。①我们常说"榜样的力量是无穷的"，就是因为先进人物在自我的思想品德素质提高的同时，其思想品德素质所体现的思想文化能够为社会所认可和效仿，丰富和发展着整个社会的思想文化。雷锋精神、孔繁森精神等都是如此，他们已经由个人的思想品德素质变成社会的先进思想文化，从而发展着占主导地位的思想文化。

　　对人的存在而言，思想政治教育活动中人的思想品德素质与社会主导思想文化的矛盾是一种永久性的发展性矛盾，因而思想品德建构活动过程

---

① 关于"圣兵爱心社"的具体情况，参见《无法形容你崇高的灵魂》，《读者》1998年第6期；《特困生领唱助学之歌》，《湖北日报》1998年7月15日；《第三届国际青少年消除贫困奖》，《光明日报》1999年2月21日；《圣兵爱心社助贫困学子》，《湖北日报》2000年8月21日；《圣兵爱心社的"爱心"行动》，《科学日报》2003年3月4日等。

中的社会主导思想文化与人的思想品德的双向建构就是思想文化的不断创新与人的思想品德素质不断生成的有机统一的、没有终点的过程。

3. 思想道德建构活动过程是人的思想品德观念建构与思想品德行为活动建构的统一

从思想品德建构活动的发展阶段来看，建构活动是一个活动主体出于自身的需要，通过活动中介对活动客体进行反映、选择、整合并建构其观念世界和现实生活，由多环节构成的连续的、完整的活动过程。活动的结果是形成人的内部的观念世界和外部的行为活动。思想品德建构活动首先使人获得新的知识和思想观念，丰富了人的观念世界。但是，建构活动又是由人的现实生活和活动引起的，发展思想品德素质是为了满足生活和活动的需要。建构活动的最终完成当然有利于人的现实生活和活动，这是对现实生活世界的建构。

在思想品德建构活动中，观念世界建构与现实生活建构是辩证统一的，它们总是共存并相互转化。观念世界建构是现实生活建构的前提和依据，没有观念世界的建构，主体对现实生活的建构就不可能进行。而现实生活世界的建构是观念世界建构的目的和归宿，没有行为活动，思想观念也就失去了存在的价值。观念世界的建构与现实生活的建构不仅相互联系、相互依存，而且相互渗透、相互转化。观念世界的建构赖以进行的思想品德素质结构，是主体在行为活动中巩固和强化的结果；同时主体的行为若能够得到社会评价的认同，主体就会有精神愉悦的体验，并在这种体验中达到人格的升华，这样行为活动又进一步巩固和强化了主体的思想品德观念。思想品德建构活动就是一个活动主体作用于思想道德文化客体，通过对思想道德文化的认知和理解，把思想道德文化内化到自我的思想道德素质结构中，并外化为个体的行为活动，完成主体客体化和客体主体化，从而实现个体的思想品德发展的过程。

综上所述，从本质上说，思想政治教育活动中教育对象思想品德建构活动，是作为主体的教育对象与作为客体的社会主导思想文化之间的双向建构活动。在这个活动过程中，一方面实现了教育对象的思想品德发展和完善，另一方面也实现了社会主导思想文化的发展与创新。由此，思想政治教育活动中教育对象的思想品德建构活动成为思想政治教育活动得以存在的主体性依据。

第四章　思想政治教育活动中教育者的价值引导活动

如前所述，我们对思想政治教育活动中教育对象思想品德建构活动的分析，是基于思想品德建构活动之理想的、成熟的形态。事实上，这种形态仅仅是一种理论预设，这种理想化的思想品德建构活动正是有效的思想政治教育所要实现的目标；而思想品德建构活动理想状态的实现离不开思想政治教育活动中的另一种重要的活动——教育者的价值引导活动——的参与。在思想政治教育活动中，教育者的活动不是一种与教育对象的思想品德建构活动无关的活动。恰恰相反，教育者的活动是基于教育对象的思想品德建构活动而存在的，并对教育对象的思想品德建构活动具有重要的影响，是教育对象思想品德建构活动得以实现的条件。因此，我们对思想政治教育活动过程中教育者活动的分析，就要在价值引导活动对思想品德建构活动的影响这个框架下进行。只有在这个基础上，才能真正厘清人的思想品德发展与思想政治教育的关系。

一、价值引导：思想政治教育中教育者活动的本质

从现象来看，思想政治教育是教育者与教育对象共同参与的活动。因此，思想政治教育者也是主体，即是他自身活动的主体。思想政治教育者

是思想政治教育的承担者、发动者和实施者，是经过专门训练，能够有目的和按计划对教育对象进行思想政治教育的个人。① 思想政治教育所承担的社会职能以及教育对象思想品德建构活动的特点和规律，都决定了思想政治教育者的活动是一种价值引导活动。

（一）思想政治教育者价值引导活动存在的必然性

如前所述，思想政治教育的社会职能，就是用一定社会的意识形态来影响社会成员，实现意识形态个体化，使意识形态转化为个人的思想品德素质。② 在阶级社会里，统治阶级总是"调节着自己时代的思想的生产和分配"③，"占统治地位的思想不过是占统治地位的物质关系在观念上的表现，不过是以思想的形式表现出来的占统治地位的物质关系"④。因此，意识形态体现着一定阶级的利益和要求，"任何一个时代的统治思想始终都不过是统治阶级的思想"⑤，"任何统治都企图唤起并维持对它的合法性信仰"⑥。统治阶级往往采取各种手段来巩固本阶级的意识形态，抑制和消除有害于本阶级利益的意识形态，以发挥意识形态维护或批判现实社会的功能。这不仅是维护其思想统治的客观要求，也是进而维护其经济、政治统治地位的客观需要。从本质上来看，一定社会的意识形态作为对一定社会经济形态和政治制度的自觉反映，"反映和代表了某一方面的意识形态和文化资源，而并不能代表所有人的观点，也不能反映所有群体的价值"⑦，而是统治阶级"对自己统治的粉饰或意识"⑧，反映了统治阶级对

---

① 参见张耀灿等：《现代思想政治教育学》，人民出版社2006年版，第236页。

② 详见第二章。

③ 《马克思恩格斯文集》第1卷，人民出版社2009年版，第551页。

④ 同上书，第550页。

⑤ 《马克思恩格斯文集》第2卷，人民出版社2009年版，第51页。

⑥ 韦伯：《经济与社会》（上），商务印书馆2004年版，第239页。

⑦ 迈克尔·W. 阿普尔：《意识形态与课程》，华东师范大学出版社2001年版，第47页。

⑧ 《马克思恩格斯全集》第3卷，人民出版社1960年版，第492页。

其物质利益在思想领域中的维护，反映着统治阶级的价值取向，也提供了对这种价值取向的系统性论证，因而是统治阶级对社会成员的一种思想价值要求。这种思想价值要求对于阶级社会中的任何国家、任何集团来说都是非常必要的。

由于"思想本身根本不能实现什么东西。思想要得到实现，就要有使用实践力量的人"①，而"理论一经掌握群众，也会变成物质力量"②，这就需要意识形态去掌握群众，把意识形态的思想价值要求转变为个人的理想和追求，这样就使一定社会意识形态得以巩固和发展，进而影响社会的经济结构和政治结构。在历史和现实生活中，统治阶级实施思想价值影响的方式是多种多样的，但从性质上来看不外乎分为强制性与非强制性两种方式。我国古代历史中所谓的"焚书坑儒"、"文字狱"等事件，西方中世纪时期教会对所谓"异端"思想家的迫害，都体现了思想价值影响方式的强制性，即所谓"道之以政，齐之以刑"（《论语·为政》）。但是，从思想价值的本质和人的思想品德发展规律来看，思想价值的传输和个体化只能是非强制性的引导，即所谓"道之以德，齐之以礼"（《论语·为政》）。德国教育家第斯多惠认为，"认识、思想、意见、原理、虔诚、道德和意志可以传播的说法，纯是无稽之谈，这是不言而喻的。一个人要不主动学会些什么，他就一无所获不堪造就，……人们可以提供一个物体或其他什么东西，但是人却不能提供智力。人必须主动掌握、占有和加工智力"③。美国现代哲学家、教育家杜威也强调，人的素质的形成"显然不是一个单纯物质方面的形成问题"，"物质的东西可以在空间搬动，可以转运。信仰和抱负却不能在物质上取出或插入。……已知它们不可能直接传播或灌输，……所需要的信仰，不能硬灌进去；所需要的态度不能粘贴上去"④。列宁虽然提出"工人本来也不可能有社会民主主义的

---

① 《马克思恩格斯文集》第 1 卷，人民出版社 2009 年版，第 320 页。
② 同上书，第 11 页。
③ 第斯多惠：《德国教师培养指南》，人民教育出版社 1990 年版，第 78 页。
④ 杜威：《民主主义与教育》，人民教育出版社 1990 年版，第 12—13 页。

意识。这种意识只能从外面灌输进去，各国的历史都证明：工人阶级单靠自己本身的力量，只能形成工联主义的意识"①，这就是列宁著名的灌输理论；但是，列宁的灌输理论并不是强调思想价值传输的强制性，而是为了说明思想政治教育的必要性。列宁对灌输理论作了如下解释：第一，工人阶级单靠自身的力量只能产生工联主义意识。工联主义指导下的斗争虽然可以暂时改善工人的生活状况，却不能使工人意识到自己贫困的根源，无法彻底摆脱受剥削受压迫的状况，因而工联主义意识仍然是工人运动自发性的表现。要使工人阶级树立只有推翻资本主义制度，建立社会主义制度，才能获得彻底解放的革命意识，认识到自己肩负的历史使命以及为实现这一使命必须坚持的革命道路，则必须依靠科学社会主义学说的灌输。第二，科学社会主义理论是在总结工人阶级斗争经验，吸收人类优秀文化思想成果，进行艰苦的科学研究的基础上产生的。这在资本主义社会，则只有有产阶级的知识分子才能做到。工人由于受到生活、工作和文化条件的种种限制，不可能掌握广博、系统的科学知识和历史知识，不可能参加科学社会主义思想体系的创建工作。既然工人阶级单靠本身力量不可能形成社会主义意识，就必须向工人群众进行"灌输"。第三，在资本主义社会，资产阶级思想和其他非无产阶级思想占统治地位；为了抵制资产阶级思想的侵蚀，保证工人运动的健康发展，也必须对工人运动进行科学社会主义思想的"灌输"。② 总之，列宁所讲的"灌输"就是正面教育，就是用马克思主义理论向工人进行宣传教育。没有科学社会主义理论的"灌输"，就不会有革命运动的发展，也不会有革命斗争的胜利。毛泽东在《关于正确处理人民内部矛盾的问题》一文中曾经谈到如何实现思想认识统一的问题，实际上就是要达成价值共识。毛泽东认为，"要人家服，只能说服，不能压服。压服的结果总是压而不服。以力服人是不行的。对付

---

① 《列宁选集》第 1 卷，人民出版社 1995 年版，第 317 页。
② 参见《列宁选集》第 1 卷，人民出版社 1995 年版，第 317—330 页。

敌人可以这样，对付同志，对付朋友，绝不能用这个方法"①，"如果说理说得好，说得恰当，那是会有效力的"②，"企图用行政命令的方法，用强制的方法解决思想问题，是非问题，不但没有效力，而且是有害的。我们不能用行政命令去消灭宗教，不能强制人们不信教。不能强制人们放弃唯心主义，也不能强制人们相信马克思主义。凡属于思想性质的问题，凡属于人民内部的争论问题，只能用民主的方法去解决，只能用讨论的方法、批评的方法、说服教育的方法去解决，而不能用强制的、压服的方法去解决"③。

　　思想政治教育就是统治阶级用意识形态掌握群众的一种重要方式。从思想政治教育发展的历史来看，各个时代和国家的思想政治教育无不是用其意识形态去影响人们的思想观念，使人们形成与其意识形态要求相一致的思想品德，以支配人们的行动。思想政治教育的社会职能，就是用一定社会所倡导的以世界观、政治观和道德观为主要内容的意识形态来影响社会成员，实现意识形态个体化，使意识形态转化为个人的思想品德素质。思想政治教育作为意识形态掌握群众的重要方式，是一种非强制性的方式。也就是说，思想政治教育不是使用权力的价值分配、法律、制度、行政等强制性手段来影响社会成员，而是通过教育引导这种非强制性的方式来实现。思想政治教育作为意识形态掌握群众的重要方式，同样体现着这种思想价值要求，作为统治阶级思想价值的意识形态实际上就是思想政治教育的内容。思想政治教育者本质上就是一定思想价值体系的代表者，是"凝聚"和"活化"了的思想价值体系。思想政治教育者就是教育引导的实施者。

（二）思想政治教育者价值引导活动存在的可能性

　　从人的思想品德发展的特点和规律来说，思想政治教育中教育者的价

---

　　① 《毛泽东文集》第七卷，人民出版社 1999 年版，第 299 页。
　　② 《毛泽东选集》第三卷，人民出版社 1991 年版，第 833 页。
　　③ 《毛泽东文集》第七卷，人民出版社 1999 年版，第 209 页。

值引导活动不仅是必要的，而且也是可能的。在具体的思想政治教育活动中，教育对象虽然是思想品德建构活动的主体，但其活动的主体性是一种非常有限的主体性，或者说是一种潜在的主体性。这种有限的主体性往往贯穿于其思想品德建构活动的整个过程。辩证地看，影响教育对象主体性发挥的因素既有来自教育对象自身方面的原因，也有来自建构活动客体方面的因素。从根本上说，建构活动的主体因素是最为根本的方面。从建构活动的主体方面来看，教育对象这种潜在的或可能的主体性往往影响教育对象建构活动功能的发挥，使思想品德建构活动成为低效甚至无效的活动。这就需要外在力量对教育对象的思想品德建构活动施加影响。正是在这个意义上，思想政治教育者的活动的存在是可能的。更重要的是，从人的主体性生成的规律来看，教育对象建构活动的主体性的生成和发挥从根本上说不是外部强制的结果，而是教育对象能动而自主的选择的态势和结果。因此，教育者的活动方式就不能是强制性的，而只能是非强制性的价值引导。

同时，从总体上说，思想品德建构活动体现的是教育对象作为现实的个人与现实世界的一种关系。这种关系不是抽象的，而是具体的。在这种具体的活动关系中，教育对象总是在一定的时空界域内和条件下作为具体的现实主体，把外部世界的社会主导思想文化作为自己建构活动具体指向的现实客体，形成一种在共时空结构中相关联的统一的主客体关系结构系统。也就是说，只有在具体的建构活动关系中所表现出来的教育对象与外部世界的思想价值体系之间的关系，才是具体的主体和客体相关联的结构—功能关系。否则，教育对象的思想品德建构活动就只能是一种抽象的概括。在思想政治教育活动过程中，思想品德建构活动的客体作为建构活动的重要构成要素，是一定社会主导的思想价值体系。教育对象主体性的有限性同样会影响其对建构活动客体的选择，这种思想价值体系必须由思想政治教育者来提供。

二、思想政治教育者的价值引导活动对
教育对象思想品德建构活动的影响

在思想政治教育过程中，教育者的价值引导活动不是直接作用于教育对象本身的思想品德素质，而是对教育对象的思想品德建构活动发生影响。具体来说，思想政治教育者以一定社会的意识形态即主导思想文化，通过各种手段对教育对象思想品德建构活动的功能及其过程发生影响，使思想品德建构活动成为教育对象真正的主体性活动，从而使教育对象的思想品德发展由自发状态变为自觉状态。由此可以看出，一定社会的意识形态即主导思想文化既是教育对象思想品德建构活动的客体，也是教育者价值引导活动的客体。

（一）价值引导活动对思想品德建构活动主体性功能的影响

在思想政治教育过程中，思想政治教育者的价值引导活动对教育对象思想品德建构活动的影响，首先体现在对其建构活动的主体性功能发生影响，从而使教育对象在思想品德建构活动中充分发挥其主体性。

1. 价值引导活动对思想品德建构活动动力功能的影响

在思想政治教育活动过程中，教育者对教育对象思想品德建构活动动力功能的影响，主要体现在对教育对象理想自我需求意识的激发。我们强调人的理想自我需求意识来源于他的生活和活动，只是表明这种意识产生的物质性基础和经济根源，并不是说教育对象的理想自我需求意识是在生活和活动中自发产生的。教育对象的理想自我需求意识的产生是一定社会主导思想文化价值引导的结果。对于个人而言，只能自发地产生这种理想自我需求意识的萌芽，并不一定能够引起追求理想自我的动机，正如列宁所指出的那样，工人群众本来不可能有科学社会主义意识，这种意识只能

139

从外面灌输进去。① 孔子所谓"不愤不启，不悱不发"（《论语·述而》），就是对教育对象自发的萌芽状态的需求意识进行启迪和引导。我国传统思想政治教育中模式的"我说你听、我打你通"有一个基本假设，即认为教育对象作为思想政治教育接受主体已有完善的理想自我需求意识，对自己的需要和满足需要的对象都有明确的认识。从人的思想品德建构活动的发生来看，这是毫无根据的。这只是抽象地看待人，将人抽象为一种脱离了各种社会关系、不受任何实际利益和立场的牵挂、一门心思等待和接受"思想改造"的人。事实上，思想政治教育者不是坐在那里等待人们产生理想自我的需求意识，而是用自己的努力去造就人们的理想自我需要。同时，教育者如果能够做到言行一致、以身作则，为教育对象提供最近区的人格榜样，就能够坚定教育对象追求理想自我的信心和决心。正如邓小平所说的，思想政治教育"要做得有针对性、细致深入和为群众所乐于接受。最重要的条件，就是凡是需要动员群众做的，每个党员，特别是担负领导职务的党员，必须首先从自己做起"②。总之，思想政治教育者必须立足于人们实际的生活和活动，使社会主导思想道德文化影响和渗透于人们的生活过程，以启发和引导人们对理想自我的需要，激发他们追求理想自我的动机，使人们渴望净化灵魂、升华人性、完善人生，为思想品德建构活动的发生提供契机。

2. 价值引导活动对思想品德建构活动导向功能的影响

在思想政治教育中，教育者对教育对象的思想品德建构活动导向功能的影响，主要体现在对教育对象理想自我的确立发生作用。由于教育对象对自己现有的思想品德素质状况和社会主导思想文化对人的思想品德素质要求的了解都是有限的，很难形成清晰而有效的理想自我目标。因此，教育对象的理想自我目标的确立离不开思想政治教育者的指导作用。一个优秀的思想政治教育者往往能够敏锐地觉察到教育对象的需求意识，及时把

① 参见《列宁选集》第 1 卷，人民出版社 1995 年版，第 317 页。
② 《邓小平文选》第二卷，人民出版社 1994 年版，第 342 页。

握时机，在准确了解教育对象思想品德素质现状的基础上，根据一定社会主导思想文化的要求，引导教育对象制定符合其自身条件的理想自我目标。

3. 价值引导活动对思想品德建构活动调控功能的影响

在思想政治教育中，教育者对教育对象思想品德建构活动调控功能的影响，主要表现为对教育对象的思想和行为进行评价，以引导教育对象在思想品德建构活动中坚持已有的理想自我这个活动目标。教育对象的现实生活离不开一定的社会环境，它可以是一种心理氛围，也可以是某种人际关系，还可以是周围人的观念、态度和看法等。教育对象能否顺利地展开自己的行为活动，在现实生活中实际地建构理想自我，环境的性质起着相当大的作用。一般而言，一个人在行为活动过程中，会十分注意周围人的看法即舆论的指向，当他发现自己的行为活动不受舆论的认可或暗中受到有力的抵制时，有时会形成一种消极的认知定势，认为自己的行为活动不具有意义或价值不大，从而或者停止自己的行为活动，或者走马观花、敷衍了事。但有时也会激起一种逆反心理，或者对原来的行为活动对象穷追不舍，或者被否定性的舆论所牵引，继而转向否定性的舆论。因此，思想政治教育者在这个方面的作用主要表现为充分调动社会评价的力量，及时而恰当地对教育对象的行为活动表现作出判断。比如，教育对象在生活中的某种行为受到教育者的赞扬、鼓励，他可能会在自我意识中强化这种行为，更进一步地发展这种行为；如果受到教育者的批评和贬抑，他经过自己的价值判断，可能会接受和追求达到教育者的评价标准，根据这种评价标准来修正自己的行为，使自己的行为不偏离预先制定的理想自我的目标。

（二）思想政治教育者的价值引导活动对思想品德建构活动客体的影响

在思想政治教育中，教育者对思想品德建构活动客体的影响，主要体现在教育者对满足教育对象思想品德发展需要的思想文化的选择方面。也就是说，教育者根据教育对象思想品德素质发展的需要，选择相应的社会主导思想文化作为教育对象思想品德建构活动的客体，使之进入教育对象的活动领域，促进建构活动的发生与发展。任何一个社会、时代的思想文化都不是单一的，而是复合的。例如，就现阶段而言，从世界范围看，还存在着不同于社会主义思想文化性质和方向的资本主义思想文化；而从国内来看，还在一定程度上存在着落后的甚至反动的封建思想文化残余及其变种。社会上还存在一些带有迷信、愚昧、颓废、庸俗等色彩的落后文化，甚至还存在着一些腐蚀人们精神世界、危害社会主义事业的腐朽文化。大众传媒尤其是信息网络，无论是在技术的先进性还是在设备的完整性方面，西方国家都有明显的优势。西方国家利用其信息资源的垄断优势，在意识形态领域进行渗透。互联网作为一种信息传播的途径，虽然大大促进了国际文化交流，改善了人类信息环境，但同时一些国家利用网络对不同制度、不同观念的国家进行意识形态乃至全方位的文化渗透，又给各国政治及文化的独立带来了新的挑战。尽管在我国社会主义思想文化体系中，这些东西不是主流，但不能低估其腐蚀和危害作用。

另外，在社会转型时期，价值观念趋于统一的社会条件发生了巨大变化，社会生活在很短的时间内也发生了巨大的变化，造成价值观念的冲突急剧爆发，并以放大的形式表现出来。价值观念的冲突并非两个或多个价值观念之间简单的对立与否定，而是背后有着更为深刻和更加现实的社会内容，其实质是社会关系的冲突和人与人的冲突。① 这些冲突必然会影响和干扰人对社会主导思想文化的选择，甚至会出现价值危机和信仰危机，使人放弃对理想自我的向往和追求。思想政治教育者就是要依据教育对象的思想品德发展实际状况，为教育对象提供相应的主导思想文化，使之认识到这种思想文化的价值，产生对这种思想文化的需要与认同，并在现实生活中践行这种思想文化，从而实现自身思想品德素质的发展和提高。

---

① 参见兰久富：《社会转型时期的价值观念》，北京师范大学出版社 1999 年版，第 171 页。

（三）价值引导活动对思想品德建构活动中介的影响

在教育对象的思想品德建构活动中，社会主导思想文化客体的信息以语言符号的形式呈现出来，具有信息传递功能，是思想品德建构活动主体建构客体信息的中介。语言符号作为建构活动的中介，联结着活动的主体和客体，构成了建构活动的三个基本要素。教育者的价值引导活动对思想品德建构活动中介的影响，主要表现在为建构活动功能的发挥提供相应的条件。如前所述，教育对象建构活动的客体信息来自于教育者的价值引导。因此，教育对象的思想文化信息获得需要一定的附加条件。首先，价值引导活动必须提供传输思想文化信息的物质形体或实体。例如，在我国，自20世纪60年代以来，雷锋精神就曾以领导人题词、新闻媒介的传播、故事、读物、电影、电视、图片、连环画、展览、纪念馆、政府及各类群团组织的文件、会议、活动、黑板报等形式纳入人们的思想品德建构活动，对人们的思想品德发展发生了广泛的影响。再比如，在我国的学校思想政治教育实践中，各级各类学校都开设思想政治理论课程，开展演讲、竞赛、辩论等校园文化活动，组织参观、调查、参与社会公益活动等社会活动，学校的思想政治教育者运用这些形式传递思想文化信息，使教育对象的建构活动得以达成。在当代社会，互联网则以其生动、丰富和极强的感染力，能够使思想文化信息以各种形式表现出来，因而为当代思想政治教育者所普遍重视。其次，价值引导活动必须以一定的手段将思想文化信息传递给教育对象，这就是价值引导的方法。说理引导、实践锻炼、熏陶感染、比较鉴别、自我教育、心理咨询等方法，是教育者价值引导活动常用方法。如此，传输这些思想文化信息的方式和手段，就是价值引导活动的媒介。具体地说，教育者价值引导活动对建构活动中介的影响，主要体现在提供和创造传输思想文化信息客体的语言符号的媒介。

从学理的角度来看，思想政治教育者的价值活动对教育对象的思想品德建构活动的影响主要体现为对建构活动的主体性功能、活动客体和活动中介的影响。但是，从具体的思想政治教育过程来看，这种影响不是抽象的，而是动态的、全面的、具体的、相互联系的，并且贯穿于思想品德建构活动的整个过程，影响到活动过程的各个阶段。教育者正是通过具体的媒介向教育对象提供满足其思想品德发展需要的思想文化，才对教育对象思想品德建构活动的主体性功能产生影响，进而影响着整个建构活动的顺利进行。

通过以上分析思想政治教育者的价值引导活动对教育对象建构活动和过程的影响，我们发现，思想政治教育不直接影响教育对象的思想品德素质发展，而是以一定社会的主导思想文化，通过影响教育对象的思想品德建构活动，从而间接地影响着思想品德素质发展。因而，思想政治教育不是人的思想品德素质能否发展的决定因素，而是决定人的思想品德素质能否自觉而有效地发展的条件。在思想政治教育过程中，教育者的价值引导活动能够促进教育对象的思想品德建构活动自觉地进行，从而促进人的思想品德发展。这样，思想政治教育与人的思想品德发展的关系也就昭然若揭了。

三、思想政治教育者价值引导
活动的方式及其实现条件

思想政治教育者价值引导活动的方式，指的是教育者传输思想文化信息以影响教育对象思想品德建构活动的方式。在思想政治教育中，既然教育者的价值引导活动体现为对教育对象的思想品德建构活动发生影响，那么，思想政治教育者通过何种方式才能影响到教育对象的思想品德建构活动呢？实际上，思想政治教育者以何种方式向教育对象传输思想文化信息，会直接影响到教育者价值引导活动方法、途径的选择等具体问题，继而影响到整个价值引导活动的效果。另外，思想政治教育者价值引导活动的实现，还内在地蕴涵着一定的条件。

（一）思想政治教育者价值引导活动的方式

从人的存在特点和人的思想品德发展的规律来看，思想政治教育者必须以交往的方式与教育对象发生相互作用，才能实现其价值引导活动。价值引导活动是在教育者与教育对象的相互作用中实现的，这种相互作用就是交往。

1. 交往：思想政治教育者价值引导活动的方式

"交往"是马克思主义唯物史观理论中的一个重要范畴。马克思恩格斯在《德意志意识形态》中，多次把"交往"和"生产"作为考察社会历史发展的对应性范畴，认为共产主义"是以生产力的普遍发展和与此相联系的世界交往为前提的"①。自从有了人类，就有了人与人之间的交往。不同的学科对交往都有自己独特的研究视角和阐释方法。在唯物史观视野中，交往"是人对人的作用"②，是作为社会主体的人或人群共同体之间相互作用的最基本方式或过程，是人们之间实现了的社会互动③。人们通常用的一系列表述人们之间发生的一切相互作用的概念，如交换、交易、交流、交际、交谈、交锋、交战等，均是交往的某些方面或某种形式。④

在马克思主义唯物史观视野中，交往是一种活动，"是人的社会存在方式，是指在一定的历史条件下，人与人之间互相往来，进行物质、精神交流的社会活动"⑤，"是个体之间、共同体之间交换其活动从而交换其能力和力量的活动过程"⑥。人生活在现实社会之中，现实生活中的人都必然是自觉不自觉地进行着交往的人。人作为关系性的存在，生活在人与人、群体与群体之间的交往之中。人的世界是一个交往的世界，交往是人与人之间相互沟通、相互作用的基本方式。任何一种社会关系总是要通过个人彼此间的交往才能获得现实的存在形式，社会本身就"是人们交互

① 《马克思恩格斯文集》第1卷，人民出版社2009年版，第539页。
② 《马克思恩格斯全集》第3卷，人民出版社1960年版，第41页。
③ 参见刘刚：《论交往在社会实践系统中的地位和作用》，《哲学研究》1991年第11期。
④ 参见王玉恒：《析交往活动的多种关系》，《哲学研究》1993年第4期。
⑤ 王武召：《社会交往论》，北京大学出版社2002年版，第77页。
⑥ 刘奔：《实践与文化——"哲学与文化"研究提纲》，《哲学研究》1989年第1期。

作用的产物"①，个人之间的社会联系和关系"来自自觉个人的相互作用"②。而人只有在社会生活中通过交往被纳入社会关系体系，才能真正使人的"一切社会关系的总和"的本质得以具体化和现实化，并不断获得新的发展。马克思指出，人的本质力量是"交往的力量"③。在交往过程中，人们可以产生互相补充而彼此加强和发展的能力或力量，从而提高着自己个体的效能。从人的生产活动来看，交往是生产活动得以进行的现实前提，"这些力量只有在这些个人的交往和相互联系中才是真正的力量"④，"生产本身又是以个人彼此之间的交往为前提的"⑤，人们"如果不以一定方式结合起来共同活动和互相交换其活动，便不能进行生产"⑥。就是说，生产和交往构成了人类的普遍存在方式。从根源上看，交往源于人们之间的相互需要。恩格斯指出："人们在今天的发展阶段上只能在社会内部满足自己的需要，人们从一开始，从他们存在的时候起，就是彼此需要的，只是由于这一点，他们才能发展自己的需要和能力等，他们发生了交往。"⑦

从交往对人的思想品德发展的效应来看，交往能够促进人的思想品德发展。首先，交往构成人的自我意识发展的基础。在人的自我意识形成与发展过程中，交往起着特殊的作用。马克思指出，"人同自身的关系只有通过他同他人的关系，才成为对他来说是对象性的、现实的关系"⑧，一个人"自己的感性，只有通过别人，才对他本身来说是人的感性"⑨。马克思还举例说："人起初是以别人来反映自己的。名叫彼得的人把自己当作人，只是由于他把名叫保罗的人看作是和自己相同的。因此，对彼得来

---

① 《马克思恩格斯全集》第27卷，人民出版社1972年版，第477页。
② 《马克思恩格斯全集》第30卷，人民出版社1995年版，第147页。
③ 《马克思恩格斯全集》第3卷，人民出版社1960年版，第29页。
④ 《马克思恩格斯文集》第1卷，人民出版社2009年版，第580页。
⑤ 同上书，第520页。
⑥ 《马克思恩格斯全集》第6卷，人民出版社1961年版，第486页。
⑦ 《马克思恩格斯全集》第42卷，人民出版社1979年版，第360页。
⑧ 同上书，第99页。
⑨ 《马克思恩格斯文集》第1卷，人民出版社2009年版，第194页。

说，这整个保罗以他保罗的肉体成为人这个物种的表现形式。"① 黑格尔在分析人的自我意识时谈道："一个自我意识对一个自我意识。这样一来，它才是真实的自我意识；因为在这里自我意识才第一次成为它自己和它的对方的统一。"② 社会心理学家库利则提出了"镜中自我"的概念，强调个体的自我是在与他人的互动过程中产生的。③ 社会心理学家乔治·赫伯特·米德系统地研究了人际互动对个体心理和自我意识发生发展的意义。他认为，人能够用符号像标示环境中的其他成员和客体一样标示自己，这就使得个体在与他人的互动中将自己视为一个被评价的客体，逐步建立自我的形象，这种自我形象的逐步定型，会形成"自我观念"。受这种自我观念的支配，个体的行为就有了一致性，即受前后连贯的稳定的态度、意向、意义的调节。④ 他还认为，在个体的自我发展中，角色扮演起着特殊的作用。自我通过扮演他人的角色，把自我放在了一个想象的他人的审视之下，他想象着他人对其行为的看法及其反应。对他人角色的扮演要经历三个阶段，即扮演"有限的他人"（如在游戏中）阶段、扮演有组织的协同活动中的"群体的人"（如在竞赛中）阶段，和发展到最后扮演"泛化的他人"（一般人）阶段。到了第三个阶段，个体自我形象、自我概念从个别的他人对自己的期望扩展到广泛的社会对自我的期望和要求上，即形成了真正意义上的"社会我"。此时，个体能够根据社会的一般规范、价值、态度、信仰来调节自己的行为。⑤ 事实上，个人在与他人的交往中，或者将自己的思想观念、情感、意志、价值观等自身的本质力量表现出去或对象化到他人的身上，然后从他人的反应中认识自我的本质力量；或者在交往中通过观察、了解他人的内在本质力量来认识自我的本质

---

① 《马克思恩格斯全集》第 23 卷，人民出版社 1972 年版，第 67 页。
② 黑格尔：《精神现象学》（上），商务印书馆 1979 年版，第 122 页。
③ 参见乔纳森·H. 特纳：《社会学理论的结构》，浙江人民出版社 1987 年版，第 371 页。
④ 同上书，第 377 页。
⑤ 参见乔治·赫伯特·米德：《心灵、自我与社会》，上海译文出版社 1992 年版，第 135—145 页。

力量；或者以他人"普遍的自我"的眼光和尺度来看待他人和自我，这样他人或"普遍的自我"就成为个体认识自我的"镜子"。总之，个体通过交往对他人进行了解，作为进行自我意识的参照和借鉴，或者根据他人对自身活动表现的评价，来修正自己的自我意识。个体正是借助他人而对自己不断进行认识、评价和调节，从而逐步建立起自己的自我意识。

其次，交往是人的思想品德发展的主要途径。思想品德素质本身反映的是个体在处理与他人及社会关系时所表现出来的倾向、水平、方式和能力的素质，而交往本身就是人与人之间的相互作用的方式，是人实现同他人的社会联系的现实方式，因而人的思想品德发展就取决于人对交往介入的程度。在交往过程中，人们可以产生互补而彼此加强、发展的能力或力量，从而提高着自己个体的效能。例如，人在与他人的交往过程中，会将他人思想品德素质的多样性、差异性吸收到自身发展之中，吸收他人的思想观念、价值取向、思维方式、行为方式等，从而使自己的内心世界得以丰富、开放、多样，避免思想品德的狭隘性和封闭性。马克思认为，人通过交往得以丰富是人区别于动物的一个显著特征，"同类而不同品种的动物的特性的天生差别比人的禀赋和活动的差别显著得多。但是因为动物不能从事交换，所以同类而不同品种的动物所具有的不同特性，不能给任何动物个体带来任何好处。动物不能把同类的不同特性汇集起来；它们不能为同类的共同利益和方便做出任何贡献。人则不同，各种各样的才能和活动方式可以相互利用。"① 所以马克思指出："一个人的发展取决于和他直接或间接进行交往的其他一切人的发展"②，"单个人才能摆脱种种民族局限和地域局限而同整个世界的生产（也同精神的生产）发生实际联系，才能获得利用全球的这种全面的生产（人们的创造）的能力"③。任何思想文化都是以一定的规则、原则的方式客观地呈现着，它蕴涵了对人与

---

① 《马克思恩格斯全集》第 42 卷，人民出版社 1979 年版，第 147 页。
② 马克思恩格斯：《德意志意识形态》（节选本），人民出版社 2003 年版，第 99 页。
③ 《马克思恩格斯文集》第 1 卷，人民出版社 2009 年版，第 541 页。

人、人与社会之应有关系、人在社会中应有之地位的基本要求，而要真正认识和理解这些要求并在此基础上转化为个人的自觉追求，只有在体现这些要求的社会关系中并通过处理这些关系才能实现。自我也只有在交往中，才能实现思想品德的自我建构、自我提升、自我超越。教育哲学家杜威在《民主主义与教育》中对于"共同的社会生活"、"共同劳动"、"沟通"等对于学生发展的分析，正是强调人际交往的教育价值问题，正如杜威所说："社会生活不仅和沟通完全相同，而且一切沟通（因而也就是一切真正的社会生活）都具有教育性。当一个沟通的接受者，就获得扩大的和改变的经验。一个人分享别人所想到的和所感到的东西，他自己的态度也就或多或少有所改变"①，"最好的和最深刻的道德训练，恰恰是人们在工作和思想的统一中跟别人发生适当的关系而得来的"②。18 世纪法国唯物主义哲学家霍尔巴赫对此也曾精辟地指出，在交往中"凡是肯思考的人必然会意识到自己对他人的义务，一定会承认自己同他们的联系；他会研究自己的性格，了解自己的需要和愿望，弄清自己对决定他本身的幸福的那些存在物的义务。所有这些思考就自然而然地产生出道德原理"③。

再次，交往是人的思想品德建构活动发生的前提。在人的思想品德建构活动中，教育对象理想自我与现实自我的矛盾并不是纯粹主观的产物，不是在自我封闭中产生的，而是在与他人（包括教育者）的交往中形成的。教育对象的理想自我标准虽然是自己确立的，但其内涵却是在交往过程中产生，或受交往所激发的。认识和评价自我的一个重要前提是主体必须走出自身，把自我当做与主体"对立"的客体来加以认识，而这只能在主体的对象化活动中，在主体间的交往中才能实现。教育对象通过与别人的交往，要接受别人的肯定性评价和否定性评价，可以通过别人对自己

---

① 杜威：《民主主义与教育》，人民教育出版社 1990 年版，第 6 页。
② 同上书，第 355 页。
③ 霍尔巴赫：《健全的思想》，商务印书馆 1966 年版，第 186—187 页。

行为所产生的客观效果的反响对自己作出判断和评价，从而不断修正对自己的过高的或过低的评价，调整对自身的认识。这种评价便成为教育对象建构其理想自我的动力。教育对象往往通过对这种评价的评价（自我加工），而确立自我的理想追求。这种理想追求可能直接建立在别人的肯定性评价基础上，也可能直接来源于别人的评价标准，直接把外在于自己的评价标准作为理想自我的追求。因此，教育对象与教育者之间的交往构成了一种现实的社会关系，思想品德建构活动就是在这种社会关系中发生的。

总之，从交往的思想品德发展效应来看，思想政治教育者与教育对象发生相互作用的方式，是"人对人的作用"的方式，即交往活动的方式，而不是"人对物"或"物对物"的作用方式。有学者指出："真正的主体只有在主体间的交往关系中，即在主体相互承认和尊重对方的主体身份时才可能存在。"① 实际上，离开了教育对象与教育者之间的交往关系，思想品德建构活动就只能是一种被动的、低效的乃至无效的活动，就不可能有人的思想品德素质发展和社会思想文化的发展。因此，我们也可以把教育者与教育对象之间的相互作用的活动称为思想政治教育交往活动。

2. 精神交往：思想政治教育与教育对象交往的本质

从本质来看，思想政治教育者与教育对象之间的交往活动是一种精神交往。一般认为，人的交往基本上可以区分为两类，即物质交往和精神交往。物质交往是指在社会物质生活过程中人们相互间所实现的物质、能量方面的交换，它是其他一切交往的基础。精神交往是人们之间为了交换和传播精神产品而进行的包括思想、文化、情感等内容的沟通和交流。物质交往决定精神交往，精神交往是物质交往的产物。②

思想政治教育者与教育对象之间是基于思想文化信息和思想情感的沟

---

① 郭湛：《主体性哲学》，云南人民出版社 2002 年版，第 253 页。
② 参见刘刚：《论交往在社会实践系统中的地位和作用》，《哲学研究》1991 年第 11 期。

通，是对语言符号所表达意义的交流与分享，因而属于精神交往。虽然教育者的价值引导活动也要利用一些物质性的工具和手段，甚至包括语言符号本身也是物质性的存在，但它们终究是为教育对象思想品德发展的目标服务的。正如德国思想家雅斯贝尔斯所言："教育则是人与人精神相契合，文化得以传递的活动。而人与人的交往是双方（我与你）的对话和敞亮……所谓教育，不过是人对人的主体间灵肉交流活动。"① 另外，教育者对思想文化信息的传输不是一种一般的人际交往中的思想文化信息的传输过程，而是基于教育对象的思想品德发展，因而它具有明显的教育性和价值导向性。

3. 思想政治教育交往活动的不同历史形态

思想政治教育者与教育对象之间的交往活动，是"人对人的作用"。那么，思想政治教育者与教育对象作为交往活动中的人，二者都是交往活动的主体。思想政治教育交往活动的客体，则是作为二者联结桥梁的社会主导思想文化。马克思指出，"迄今为止的一切交往都只是在一定条件下个人的交往，而不是作为个人的个人的交往。"② 从思想政治教育发展的历史来看，由于人的发展和人的交往的局限性，思想政治教育交往活动的历史形态与逻辑形态并非完全一致，主要表现为交往活动主体之间关系的不同形态，从而也导致了价值引导活动的不同效应。马克思把人的发展过程概括为三个基本的历史阶段，即人的依赖性、人的独立性和人的自由个性。③ 与人的发展形态相一致，思想政治教育交往活动的历史形态也大致经历了三个发展阶段。

在人的依赖性发展阶段，个人缺乏独立性与自主性。这个时期人们之间的交往表现为马克思称之为"自然发生的"、"人的依赖关系"④ 的交往形态。与人的发展的第一种形态相对应，思想政治教育交往活动发展的

① 雅斯贝尔斯：《什么是教育》，生活·读书·新知三联书店 1991 年版，第 2—3 页。
② 《马克思恩格斯文集》第 1 卷，人民出版社 2009 年版，第 579 页。
③ 参见《马克思恩格斯文集》第 8 卷，人民出版社 2009 年版，第 52 页。
④ 同上。

第一种形态，表现为思想政治教育交往主体的客体化形态。在这种思想政治教育中，教育者与教育对象之间存在着明显的等级关系，教育者主宰着交往活动过程的一切，使教育对象失去了独立性，处于被动、依附的地位，成为被控制和支配的"客体"；二者之间"主体—主体"的关系降格为典型的"主体—客体"关系，二者的交往活动是强制性的。这种情况在封建社会都有体现。在中国古代封建社会中，作为思想政治教育者的"师"与"天地君亲"同样享有绝对的至尊和权威，与教育对象的等级关系始终贯穿其中，教育对象对教育者具有绝对的依附性。正如荀子所言："天地者，生之本也；先祖者，类之本也，君师者，治之本也。"（《荀子·礼论》）这种交往方式产生的价值引导效果看似非常明显，即几乎带来了教育对象对社会主导价值体系的完全认同和接受。但是，这种效果却是以价值认同的强制性的方式（如国家机器）为后盾支撑的。一旦失去了这种强制性的后盾支撑，社会成员貌似一致的整个社会共同价值体系顷刻间就会土崩瓦解。

在人的独立性的发展阶段，人摆脱了对自然共同体的依赖，成为独立的人，人的潜能得到了比较充分的发挥，创造了大量的社会财富。但是，人的这种独立性是以对物的依赖性为前提的。人的价值表现为物的价值，人的需要表现为对物的需要，人的力量表现为物的力量，人的个性表现为物的个性，人只有通过物才能得到表现和确证。在这个阶段，人作为主体仅仅是一个理性的主体，即作为对外部世界的认识、征服、占有、改造的主体[1]，因而是一个片面的主体。"积累起来的劳动，或者说私有制"[2]是人的交往的条件，即如马克思所说的："每个人为另一个人服务，目的是为自己服务；每一个人都把另一个人当作自己的手段互相利用。"[3] 与人的发展的第二种形态相对应，思想政治教育交往活动发展的第二种形

① 参见方朝晖：《重建价值主体》，中国广播电视大学出版社 1993 年版，第 5 页。
② 《马克思恩格斯文集》第 1 卷，人民出版社 2009 年版，第 579 页。
③ 《马克思恩格斯全集》第 30 卷，人民出版社 1995 年版，第 198 页。

态，也表现为思想政治教育交往主体的片面化。在这种思想政治教育交往活动中，虽然去除了教育者与教育对象之间的等级关系，但二者之间的交往仅仅被认为是思想文化知识的传输过程，在实践中偏重于向教育对象系统地传授思想文化知识，进行知识训练，而不是人的精神世界的发展和完善。这实际上是一种知识化、智育化的主知主义的思想政治教育交往，其结果只能是使思想政治教育交往蜕变为知识信息的交流，教育者与教育对象只能作为知识的载体而交往，而失去了人格和精神在交往中的相遇。这种形态主要出现在近代社会以来的思想政治教育交往中。

在人的自由个性的发展，人将成为具有真正独立人格、独立价值和独立意义的人。这个阶段人与人之间的交往摆脱了对外在的人和物的依赖性，"现存的交往和现存的生产力是全面的"①，人与人之间是"现代的普遍交往"②，是"真正个人参加的交往"③。因此，"人终于成为自己的社会结合的主人，从而也就成为自然界的主人，成为自身的主人——自由的人"④。与此相适应，思想政治教育交往中的教育者与教育对象都是思想政治教育活动的主体，他们之间真正达成平等民主的关系，二者之间以真诚的交流、深刻的反省和积极的对话，以达至认识和情感上、需求和价值取向上的共识和融合。雅斯贝尔斯认为，这种交往是个人摆脱了对他人、集体、世界的依赖，个人是作为自主的、独立的个人。个人与他人的交往既不丧失于他人之中，又不与他人相对立，而是在彼此保持自己的个性、人格、自由的同时又把自己的心揭示给他人，并领悟他人之心，即做到彼此心心相印。⑤ 教育者与教育对象的这种交往状态正是现代思想政治教育交往的发展趋势。

---

① 马克思恩格斯：《德意志意识形态》（节选本），人民出版社 2003 年版，第 100 页。
② 《马克思恩格斯文集》第 1 卷，人民出版社 2009 年版，第 581 页。
③ 《马克思恩格斯全集》第 3 卷，人民出版社 1960 年版，第 77 页。
④ 《马克思恩格斯文集》第 3 卷，人民出版社 2009 年版，第 566 页。
⑤ 参见刘放桐等：《现代西方哲学》（下），人民出版社 1990 年版，第 627 页。

（二）思想政治教育者价值引导活动的实现条件

在思想政治教育过程中，思想政治教育者以交往的方式与教育对象发生联系。但是，在具体的交往中，教育者价值引导活动的实现还需要相应的条件。

1. 教育者与教育对象交往地位的平等性

思想政治教育者价值引导活动的有效实现，要求教育者要把教育对象看做思想政治教育活动的主体，尊重和重视教育对象在思想品德建构活动中的主体性。也就是说，教育者不是把教育对象看做消极被动的客体和被动接受价值观念的容器，也不是把自身看做传授价值观念的工具，而是肯定教育对象能够主动积极地认识、体验、践行教育者选择的思想文化。马丁·布伯就认为，"教育的目的非是告知后人存在什么或必会存在什么，而是晓谕他们如何让精神充盈人生"①。这就意味着必须承认二者之间交往地位的平等性。所谓交往地位的平等性，指的是教育者与教育对象作为交往双方在人格上是平等的，他们在社会意义上都是具有主体性的人，是自己意识与行为的承担者；二者都有表达愿望、情感及提出自己见解的权利，要允许人们对价值引导内容的合理性进行质疑，否则就会禁锢人们的思想；二者之间不是支配与被支配、改造与被改造的关系。交往地位的平等性并不是消除教育者在价值引导过程中的独特的地位，没有消除教育者的价值引导活动，而只是把教育者的价值引导活动放在平等的相互交往的基础上。另外，对于教育者而言，虽然占有"闻道在先"的优势，但这并不意味着教育者就是思想文化的权威，其自身思想品德素质也是需要不断发展的，正所谓"弟子不必不如师，师不必贤于弟子。"（《韩愈·师说》）即教育者与教育对象同时作为思想品德发展的主体，在思想政治教育活动中能够相互影响、相互渗透。

2. 教育者与教育对象交往内容的现实性与超越性

人的思想品德发展是以现实生活为基础的，其养成与体现发生在每个

---

① 马丁·布伯：《我与你》，生活·读书·新知三联书店1986年版，第60页。

具有偶然性的真实生活情景中。人是需要性的存在，是匮乏性的存在，正是人的现实生活引起了人的思想品德发展的需要和动机。教育对象不是抽象的、孤立的、偶然的、游离于现实生活之外的个人，而是历史的、具体的、现实的社会个体。思想政治教育者的价值引导活动是通过服务于教育对象的生活世界而实现思想政治教育的社会职能的，这显然是一个自然的和必然的过程。教育者对教育对象的价值引导如果不能为人的生活、为人生意义服务，如何可能做到为社会服务？即使可能的话，那也只能是以扭曲人的需要、人的意志和人的目的的方式，去迎合一种"非人性化"和"非生命化"的社会需要。可以说，思想政治教育者与教育对象的交往内容，即一定社会的主导思想文化不可能是远离个人实际生活的空中楼阁。因此，思想政治教育交往活动的内容要立足于现实的个人的现实生活世界，从人所处的现实的物质生活条件，从人所处的复杂的社会关系，从人的感性的活动出发，并贴近现实的个人的现实生活，而不能在现实生活世界中被放逐；二者的交往内容不能远离人的生活世界，不能游离于人生意义之外。如果思想政治教育活动交往的内容与生活脱节，缺乏与人自身生活的连接与转换，远离活生生的人，教育者价值引导的作用必然沦为虚幻和良好的愿望。正如鲁宾斯坦所说："教育的主要方面恰恰在于，使人同生活发生千丝万缕的联系，从各个方面向他提出对他有重大意义的、富有吸引力的任务，因而被他看做自己的、必须亲自解决的任务。这比什么都重要，因为道德上的一切缺陷，一切越轨行为的主要源泉，都是因人们的精神空虚而造成，当他们对周围生活漠不关心、冷眼旁观的时候，他们对一切都会满不在乎。"① 因此，价值引导活动的内容要注重价值引导的生活基础，既要避免单纯局限于眼前功利而流于庸俗化，也要避免回避现实生活、单纯追求"高尚"的价值而流于空洞的抽象。也就是说，二者交往活动的内容既要立足于现实生活，也要高于生活，避免精神的超越性和

---

① 转引自伊·斯·马里延科：《德育过程原理》，人民教育出版社 1985 年版，第 68 页。

现实性的简单割裂。思想政治教育交往活动的内容要在现实中关注人的存在及其本质的状况，必须帮助人过更实际、更文明、更有意义的生活。

3. 教育者与教育对象交往媒介的适应性

思想政治教育者与受教育者之间的关系是依靠一定的思想政治教育信息及其传播媒介建立起来的。① 所谓交往媒介，也就是连接思想政治教育者与教育对象、传输思想文化信息的方式与方法。在社会生活中，教育者能够选择的交往媒介是多种多样的，教育者有较大的选择余地。但在具体的价值引导活动中，教育者之所以选择某种交往媒介，则取决于思想品德建构活动的主体与思想文化客体的特点。从主体方面看，教育对象的思想品德发展需求指数、思想品德素质状况、思想品德发展能力等方面，都影响着教育者交往媒介的选择。从客体方面看，思想文化客体的信息性质、数量、大小等状况都影响着教育者交往媒介的选择。因此，交往媒介作为思想政治教育者价值引导活动得以实现的"中间环节"，必然要求教育者所选择的交往媒介既要适应教育对象的需要，符合人的思想品德建构活动的一般规律，使之具有新鲜性、趣味性和美感，又要符合思想文化客体的特点，使思想文化信息传输更加有效。

4. 教育者与教育对象交往环境的协调性

思想政治教育者与教育对象的交往活动不是在真空中、象牙塔中进行的，而是立足于现实的生活环境。由于教育对象要受到其生活环境的影响和感染，如果教育者所传递的思想文化价值与教育对象所处的现实环境中的思想价值相冲突，那么除非凭借外在的强制性的力量，否则将无法突破现实环境给教育对象造成的心理阻隔。因此，教育者交往活动的顺利进行离不开交往内容与交往环境的协调。在传统社会，环境的同质性、稳定性和封闭性比较突出；在现代社会，环境的多维性、复杂性和开放性进一步

---

① 参见张耀灿等：《现代思想政治教育学科论》，湖北人民出版社 2003 年版，第 413 页。

加强，并出现了媒介环境、虚拟环境和竞争环境等新的环境因素。① 马克思认为，"既然人的性格是由环境造成的，那就必须使环境成为合乎人性的环境"②。环境对人的思想品德建构活动的重要影响，要求思想政治教育者必须注重交往环境的优化，并开发环境的思想价值引导功能。

5. 教育者交往人格的示范性

思想政治教育者作为"凝聚"了和"活化"了的思想价值体系，是倡导和传播一定社会主导思想文化的实施者，教育者的思想、情感、态度、意志、性格等对教育对象具有示范作用。示范教育具有形象、具体、生动的特点，具有感染力和激励功能。因此，教育者应该是这种思想价值体系的先行者。为了有效地实现价值引导，教育者要有良好的人格示范。诚如孔子所说："政者，正也。子率以正，孰敢不正"，"其身正，不令而行；其身不正，虽令不行"。（《论语·子路》）邓小平也强调："过去我们党的威力为什么那么大？……就是党员打仗冲锋在前，退却在后，生活上吃苦在先，享受在后。这样他们就成了群众的模范，群众的核心。就是这么个简单的道理。"③ 因此，思想政治教育"要做得有针对性、细致深入和为群众所乐于接受。最重要的条件，就是凡是需要动员群众做的，每个党员，特别是担负领导职务的党员，必须首先从自己做起"④。

---

① 参见张耀灿等：《现代思想政治教育学》，人民出版社 2006 年版，第 294 页。
② 《马克思恩格斯全集》第 2 卷，人民出版社 1957 年版，第 167 页。
③ 《邓小平文选》第二卷，人民出版社 1994 年版，第 268 页。
④ 同上书，第 342 页。

第五章　思想政治教育过程：教育者与 教育对象的交互主体性活动

思想政治教育在总体上是人类改造自身的一种主体性活动，这个活动过程是通过思想政治教育者和教育对象各自不同的活动并进行交往活动来完成的。具体地说，思想政治教育者与教育对象在思想政治教育过程中结成交往关系，二者在各自的活动中基于能动而现实的交往而体现出各自的主体性，是教育者的启发、引导、指导与教育对象的认知、体验、践行的互动，从而使各自的活动成为主体性活动。

一、思想政治教育活动过程的结构

思想政治教育者的价值引导活动与教育对象的思想品德建构活动是思想政治教育活动的构成要素，思想政治教育就是二者共同完成的总活动。

（一）思想政治教育者的活动与教育对象的活动在思想政治教育过程中的关系

在思想政治教育活动过程中，教育者的价值引导活动与教育对象的思想品德建构活动是两类不同性质的主体性活动，双方在思想政治教育活动过程中占有不同的地位，发挥着不同的作用。其中，思想政治教育者的活动主要是要引起并促进教育对象的思想品德建构活动，这正是思想政治教育者在思想政治教育活动过程中的地位和作用的根本体现。

在思想政治教育活动中，活动的目的指向的是教育对象，而不是教育者；教育对象的思想品德建构活动是思想政治教育的出发点和归宿，教育者的价值引导活动则是思想品德建构活动得以展开的基础和条件。因而，思想政治教育活动过程中两种活动之间的关系可以用条件性活动—目的性活动的范畴去描述。教育者的价值引导活动是教育对象进行思想品德建构活动的条件性活动，教育对象有效进行思想品德建构活动是教育者进行价值引导活动的目的性活动。也可以说，教育者的主体作用是教育对象的主体作用发挥的条件，教育对象主体作用的有效发挥是教育者主体作用发挥的目的。两者相互依存，彼此不能替代。正如鲁洁教授在谈到教育活动时所说："教育过程的客观规律应当是：教师主导作用正确的、完全的实现，其结果必然是学生主动性的充分的发挥"，"学生的主动性是构成教师主导作用的主要任务、内容和衡量这种主导作用的重要标志。离开了学生的主动性，教师的主导作用就失去了它的主要内涵，失去了它的对象和归宿"。① 这样，价值引导活动与思想品德建构活动就不再是单独的两种活动，而是教育者与教育对象在达成共识、融合基础上的共同的、统一的活动，是彼此协调的活动，价值引导活动成为教育对象乐意接受的、促进自身有效建构活动的条件。而教育对象积极能动地建构活动表达着教育者的期望，成为教育者作用的现实化。

这样把握教育者的价值引导活动与教育对象的思想品德建构活动之间的关系，一方面可以合理地承认教育者和教育对象都是活动的主体，同时又可以明确规定两类主体活动之间的差异及其在功能作用上的主次、从属关系。同时，这也是意在将教育对象的思想品德建构活动置于思想政治教育活动过程的最基础的地位。这种把握也反映了现代思想政治教育改革的总趋势，即思想政治教育者的职责现在已经越来越多地激励教育对象，

---

① 南京师范大学教育系编：《教育学》，人民教育出版社 1994 年版，第 102—103 页。

"他更多的是一名向导和顾问，而不是机械传递知识的简单工具"①。

从量的方面说，在思想政治教育活动过程中，教育者的价值引导活动与教育对象的思想品德建构活动不是仅仅限于"一对一"式的，而是包括多个主体之间的交互活动。因此，思想政治教育活动从构成要素上说是两类活动，其实是多主体进行的活动。从质的方面说，教育者的价值引导活动与教育对象的思想品德建构活动的区分也是模糊的和不确定的，教育者在其中也有思想品德建构活动。例如，当思想政治教育者的教育预期目标实现后，他从中可以得到更多的思想政治教育知识和经验，对自己所从事职业的价值与意义有了更进一步的理解，更加体会到自己所从事职业的崇高，更增强了职业的责任感。因而对教育者而言，也是一个思想品德建构活动的过程；对教育对象而言，他的活动也成了价值引导活动。这就是所谓的"教学相长"，因为"教育者本人一定是受教育的"。②

可见，思想政治教育活动的特性在于，它是一种由两类主体各自的多种形态的活动构成的复合性活动。思想政治教育活动的复合性表现在，从大的类别上来讲，思想政治教育活动是由教育者的价值引导活动和教育对象的思想品德建构活动构成的。从每一类主体的活动来看，它们自身又是由多种形式的活动构成的体系。思想政治教育活动的复合性的最重要之处在于：价值引导活动与建构活动之间存在着特殊的条件—目的性关系。思想政治教育活动的复合性根源于思想政治教育目的的要求。因此，思想政治教育活动不同于任何一种由单一主体参与的"单一的活动"，也不同于由多个平行主体共同参与的分工、协作的协同性活动。在由多个平行主体共同参与的分工、协作的协同性活动中，在不同主体存在并列复合的关系或从属复合的关系。在并列复合关系的活动中，每个主体的活动是复合活动的一个并列的部分，不同主体的活动加起来构成复合活动；在从属复合关系的活动中，不同主体之间的活动呈链式条件—结果的关系或前后相继

---

① S.拉塞克、G.维迪努：《从现在到 2000 年教育内容发展的全球展望》，教育科学出版社 1996 年版，第 106 页。
② 《马克思恩格斯文集》第 1 卷，人民出版社 2009 年版，第 500 页。

的关系，一个主体的活动既是前一主体活动的结果又是后一主体活动的条件，但是各自主体的活动是相对独立的，而不存在一个主体启发、诱导、培养另一个主体的问题。也就是说，在平行主体之间的分工协作的复合性活动中，不存在主体之间在主体性作用发挥上的相互作为条件—目的的关系，这种关系仅在思想政治教育活动中存在。

（二）思想政治教育活动过程中的主客体及其关系模式

1. 思想政治教育活动过程中的主体与客体

在关于"思想政治教育的主客体"这个问题上，由于现实中的思想政治教育者和教育对象都是活生生的、具有主体性的人，研究者在这个问题上的分歧尤为突出，主要表现为"教育者主体说"、"教育对象主体说"、"双主体说"、"互为主客体说"之间旷日持久的论争。在这个问题上，各种观点既相互论争，又相互渗透、相互促进，可问题似乎永远无法解决。其实，在我们看来，如果不从人的活动的视角进行审视，则无论是对问题的提问还是对问题的回答，都显得未免太唐突、太抽象。一般来说，人们思想交流必须具备一定的平台，这个平台包括对概念和命题含义相同或大致相同的理解，认知模式和思维方式的基本一致，所交流思想的可表达性和可理解性，价值取向和信念的互知互识，等等。在这个问题上，我们认为主要是因为争论者双方在研究问题的视界和方法论方面还没有达成共识，沟通的语境和平台尚未形成。如果从人的活动的角度对这些争论加以分析，我们就可以发现，思想政治教育者与教育对象虽然都在从事着活动，虽然二者的活动有密切的关系，但他们从事的是不同性质、不同过程的活动，因而是不同活动的主体，即分别是价值引导活动的主体和思想品德建构活动的主体。在思想政治教育活动中，教育者与教育对象既然都是各自活动的主体，又都是整个思想政治教育活动的主体，那么，他们则以共同的思想文化作为各自活动的客体。另外，教育者活动的客体要比教育对象的活动客体内容要宽泛得多，教育对象建构活动的内容实际上是教育者选择之后才进入教育对象活动领域的。

2. 思想政治教育活动过程中主体与客体的关系模式

思想政治教育是教育者与教育对象共同完成的总活动，他们以共同的客体—社会主导思想文化作为活动对象。在思想政治教育活动中，教育者与教育对象既然都是各自活动的主体，又都是整个思想政治教育活动的主体，那么，他们以共同的思想文化客体为桥梁结成的关系模式则是"主体—客体—主体"的关系模式。"主体—客体—主体"的关系模式，不是两个或多个"主体—客体"关系的相互衔接，而是以共同客体为纽带而联结起来的诸主体模式。这说明，每个主体在作用于各自的客体发生"主体—客体"关系的同时，要受到另一极的"主体—客体"关系的制约。在"主体—客体—主体"关系模式中，教育者和教育对象找到了连接双方活动的共同客体，思想政治教育活动实际上是双方对这个共同客体的一种共同操作的过程。教育对象在其与客体的"主体—客体"活动中保持着主体地位，但这个活动是整个思想政治教育活动的一个片段和环节，它还要受到教育者的"主体—客体"活动的影响；反之亦然。由于教育对象作为思想品德建构活动的主体，在成熟度和主体性的水平上，属于可能性的、发展中的主体，他的主体性的成熟度和发展需要教育者的激发、诱导和培养。离开教育者的激发、诱导和培养，教育对象的思想品德建构活动的主体性可能永远是可能性，即作为潜能存在的可能性，而不是现实的主体性。因此，教育者在思想政治教育活动中引导着教育对象的思想品德素质发展。可见，无论在什么时候，教育者在思想政治教育过程中的作用都是不能替代的，关键是发挥什么样的作用和如何发挥这种作用。

在思想政治教育活动中，教育者与教育对象之间虽然也存在着主客体关系，例如，教育者（作为主体）在一定意义上可将教育对象当做客体进行认识，教育对象（作为主体）也可以将教育者当做客体进行认识。但是，他们之间的这种主客体关系只能是二者关系中的一个方面，而不是二者关系的全部，更不是最核心的关系。

在思想政治教育活动过程中，教育者与教育对象之间作为一般的人际交往关系也是存在的。例如，二者之间作为一般的人与人之间（而非教育者与教育对象两种角色之间）的关系就是人际交往关系，但这种关系不是价值引导性质的，同时也不占主要地位。另外，人际交往关系虽然也承认教育者与教育对象的主体地位，但它没有明确这两类主体之间的差异及其联系，因此，我们无法用它去概括思想政治教育活动中二者之间的本质的关系。

（三）思想政治教育活动过程中教育者与教育对象的交互主体性

既然思想政治教育过程中教育者与教育对象都是活动的主体，因而人们普遍认为，"现代思想政治教育模式是主体性模式，它以民主平等的主体际关系和双向互动为基础"[1]。在这里，我们所要探究的是思想政治教育者与教育对象的交互主体性的发展历程，以预测二者交互主体性的发展方向。

所谓人的交互主体性（Intersubjectivity），指的是人们之间基于能动而现实的交往而体现出来的主体性。这个概念一般被译为"主体间性"。但是有学者指出，"主体间性"这个词很容易使人发生误解，似乎它不是人的主体属性，而是主体与主体之间的在人之外的某种属性。而"交互主体性"的表述包含了主体性的基本含义，同时又强调其"交互"的特征，即主体与主体相互承认、相互沟通。[2] 既然思想政治教育是教育者与教育对象的交往活动，那么，二者在交往活动过程中所体现出来的各自的主体性，就是交互主体性。思想政治教育者与教育对象的交往活动既是一个历史的发展过程，也是一个不断延伸的过程，是伴随着人类社会历史的发展而不断发展的一种活动。由于人之存在状态和发展阶段的不同，思想政治教育者与教育对象交往状态的不同，因而在不同的历史阶段和不同的社会关系中，在不同的具体条件和历史进程中，思想政治教育者与教育对象的交互主体性便呈现出不同的发展水平，也决定了人的思想品德素质发展的

---

[1]　张耀灿等：《现代思想政治教育学科论》，湖北人民出版社 2003 年版，第 365 页。
[2]　参见郭湛：《主体性哲学》，云南人民出版社 2002 年版，第 250—251 页。

不同状况。这种不同既表现为它的内容的丰富深化和水平的提高，同样也表现为它的不同形态之间的从低到高的过渡。从思想政治教育者与教育对象交往活动的发展过程来看，二者的主体性发展大致经历了三个阶段。

1. 支配性的交互主体性发展阶段

在思想政治教育交往活动发展的第一种形态下，教育者与教育对象二者之间"主体—客体—主体"的关系降格为典型的"主体—客体"关系，强调二者之间占有与支配的关系。这样就把思想政治教育看做教育者"改造"教育对象的单一活动，教育者主体性的发挥是以教育对象作为客体为代价的，教育对象应有的主体地位难以确认；结果就只能发挥教育者的主体性，教育对象的主体性受到压抑。在以强制为主要教育方式的教育环境中，人们对规则的遵守通常并非出于需要，而是由于外力的胁迫，其中毫无自觉性和主体性可言。教育对象对教育者所传输的思想价值体系只能全盘吸纳，而不允许置疑、反思、批判与创新。加之当时社会制度本身的弊病，剥削阶级为了维护自身的统治，提供给人的是愚民文化，即以整体主义为价值引导，所要维护的是没有个体独立性的、存在于人对人的依赖关系中的整体性，维护体现这种整体主义的社会制度、社会秩序与一切行为规范，所要反对和抑制的是对这种整体主义的反叛和破坏，所要建构的是一种以服从、驯服、恪守本分为特征的整体主义人格，使个人消融于整体关系之中，所要消解的是那种以自主、自尊、个性自由为特征的独立性人格。人们稍有反思与批判就会被视为"异端"，并会招致强制性的国家机器的镇压。它要求人们只是适应和顺从社会思想价值，这不过是把客体的外在强制变成了主体的内在自制。这样，教育对象的思想品德建构活动与教育者的价值引导活动本身看起来是完全一致的，但由于思想政治教育的主要职责是引导人们遵守现行社会的政治秩序，传递社会的价值准则、规范，教育对象在其中的思想品德建构活动其实是在他律支配下的自我发展，人们只能以前人的思想为思想，以他人的经验为经验，因而普遍地缺乏判断力。在这种价值引导下所生成的人，只能继承传统文化，维护既存秩序，性格保守，不能适应变化的环境，因而并不能真正带来人的思想品德发展与社会思想文化的进步。

2. 片面性的交互主体性发展阶段

在思想政治教育交往活动发展的第二种形态下，人被看做是一个理性的主体，因而教育者与教育对象的主体性也是一种片面的主体性。这种主体性顺应了文艺复兴以后西方科学革命和工业社会的要求，顺应了机器大工业和资本主义商品经济的发展以及资本主义制度的建立这一时代潮流。然而，也正是资本主义制度的建立表明了这种主体性是一种错误的主体性，是主体性的"黄昏"①，即人性的异化。这种异化的结果在当今日益凸显，以致人丧失了他自己的本质，成为追逐利益的工具。在这种思想政治教育交往形态下，教育者与教育对象都被看做是理性的主体，即知识的占有者和掌握者，而不是精神交往的主体。因而，二者在活动中的主体性就只能是一种片面的主体性。

3. 普遍性的交互主体性发展阶段

在思想政治教育交往活动发展的第三种形态下，教育者与教育对象都是真正思想政治教育活动的现实主体。尤其是对于教育对象而言，他既不再被看做一个外在强制下的客体，也不再被看做一个仅仅具有知识理性的片面的主体，而是一个全面发展的价值主体。这样必然能够使思想政治教育者与教育对象的交互主体性达到最大程度的发挥。教育者与教育对象之间的这种交互主体性状态正是现代思想政治教育的发展趋势，也是思想政治教育所追求的最高目标。

二、思想政治教育活动过程的阶段

思想政治教育者与教育对象的两种不同性质的活动及其关系，使思想政治教育活动过程呈现出不同的阶段性特点。

---

① 参见弗莱德·R. 多尔迈：《主体性的黄昏》，上海人民出版社 1992 年版，第 1 页。

（一）思想政治教育活动过程阶段的划分依据

思想政治教育活动过程的分析主要要揭示活动的基本构成环节，所以对思想政治教育活动过程的分析实际上就是对活动纵向结构的分析。我国现行的思想政治教育学理论主要是从思想政治教育工作的角度出发，将思想政治教育的阶段划分为确定目标、制订计划，实施影响、促成转化，信息反馈、评估控制三个环节①；或者划分为制订方案、实施、评估这三个环节②。总的来看，这些观点大同小异，没有原则性分歧。这两种划分方法都是从思想政治教育工作的角度出发，具体地说，是从教育者的活动的角度，分析的是教育者的活动过程的环节，而没有将教育者的活动与教育对象的活动作为统一的活动。

由于思想政治教育活动是由教育者的价值引导活动与教育对象的思想品德建构活动构成的总活动，因此对思想政治教育活动纵向结构的分析应以这两种活动的统一为基础。同时，由于这两种活动关系的最重要的特征在于，教育者的主体作用要引起教育对象的理想自我需求意识，即思想品德发展需求意识，并促进教育对象的思想品德建构活动。因此，在此我们将以教育者在对教育对象作用的过程中教育对象思想品德发展需求意识的形成与否作为标准，将思想政治教育过程划分为两个基本时段，即教育者引起教育对象思想品德发展需求意识的阶段和引导教育对象思想品德自主建构的阶段。

（二）思想政治教育活动过程的阶段

1. 教育者激发教育对象思想品德发展需求意识的阶段

这是正式的思想政治教育活动过程开始的第一阶段。激发教育对象思想品德发展需求意识，是教育者在思想政治教育活动中的前提性的工作。

---

① 参见陆庆壬主编：《思想政治教育学原理》，高等教育出版社 1991 年版，第 149—156 页。
② 参见张耀灿等：《现代思想政治教育学》，人民出版社 2006 年版，第 338 页。

其主要活动是，教育者通过与教育对象的相互交往（对话、理解、沟通等），激发、诱导教育对象对思想品德理想自我的需求意识，包括激发教育对象对理想自我的追求、成就理想自我的意识和自我意识等。这个过程实际上就是教育者使本来作为主客体统一体下的教育对象发生主客体分化，即使教育对象在思想品德建构活动方面作为主体和客体分化，形成思想品德发展的基本矛盾。也就是使教育对象对自己现有的思想品德状况进行觉知，在自我意识中形成"现实自我"与"理想自我"之间的矛盾，从而形成对思想品德发展的需要。

激发教育对象思想品德发展需求意识，虽然发生在思想政治教育活动过程的开始阶段，但它可能延伸至整个思想政治教育过程。这就要看教育对象对思想品德发展的需要和倾向。如果在思想政治教育过程开始时，教育对象的思想品德发展需要和自我意识尚未很好地形成，则在后续的过程中，激发教育对象对思想品德发展的需要和自我意识将始终是思想政治教育活动过程中最重要的工作。事实上，激发教育对象思想品德发展需求意识的任务在很多时候不是一下子就可以完成的。激发教育对象思想品德发展需求意识的阶段是整个思想政治教育活动过程中最重要的、最基础的阶段，也可以说是思想政治教育活动过程的一个关键阶段。在此之前，教育对象可能主要作为主客体统一体存在，尚未形成思想品德发展的需要和需求意识。此时，思想政治教育者的活动在空间和时间上起着主要作用。但是，当教育对象作为主客体统一体开始分化，以至成为思想品德建构活动的主体时，思想政治教育过程的主要角色就是教育对象，主要的活动就是教育对象的思想品德建构活动。因此，教育对象在思想政治教育过程中有了思想品德发展需求意识的那个"时点"，是二者关系的转折点；以这个"时点"为分界，思想政治教育活动从主要以教育者的活动为主的阶段转化为以教育对象的思想品德建构活动为主的阶段。这个"转折点"是思想政治教育活动中一个最具分界意义的时点，思想政治教育活动过程中有无明显的"转折点"出现，直接决定着该教育活动过程的质量和最终所能实现的结果。

2. 教育者价值引导下教育对象思想品德自主建构的阶段

当教育对象有了思想品德发展的需求意识以后，思想政治教育过程开始以教育对象的思想品德建构活动为主要活动，教育者的活动则主要服务于、从属于教育对象的活动，以维持、促进教育对象思想品德建构活动的顺利展开，直至实现思想政治教育目的。在这个阶段，教育对象在教育者的价值引导下，确立自身"理想自我"的思想品德发展目标，并在目标的推动下，发动意识和自我意识的调控功能，能动地根据建构活动的目的和思想文化客体，调整、改造自身现有的思想品德素质，使之发展到"理想自我"的水平。总之，教育对象的自主建构活动是在与教育者的交往条件下得到引导的自主建构活动。可以说，只要教育对象已经成为了真正意义上的思想品德建构活动的主体，那么教育对象在自主建构活动阶段的活动就主要是一个自主、自觉的过程。当建构活动过程完成，即"理想自我"得以实现时，"理想自我"即变成了新的"现实自我"。在新的"现实自我"的基础上，教育对象又会形成新的思想品德发展需要，即形成新的"理想自我"，思想品德建构活动又进入了下一个过程。总之，教育对象的思想品德建构活动过程就是这样一个在教育者的价值引导下不断形成思想品德发展矛盾，又不断解决矛盾的过程，同时也是自我思想品德素质不断获得发展的过程。

在思想政治教育活动过程的这两个阶段，教育者与教育对象的活动之条件——目的性关系的具体内容虽然不同，但这种关系在整个过程中的表现是一致的。在教育者激发教育对象思想品德发展需求意识的阶段，思想政治教育活动的目的是激发教育对象思想品德发展的需求意识。在此阶段，教育者的活动主要是通过交往对教育对象思想品德发展需求意识的激发、诱导；教育对象的活动则是通过交往来认识、理解、接受教育者对自己的启发和诱导，同时对自身的思想品德状况进行自我意识。教育对象思想品德发展的需求意识是他自身通过意识和自我意识活动而形成的，教育者的激发、诱导只是他的需求形成的外在条件。没有教育对象的意识和自我意识，教育者的任何启发、诱导作用都不可能引起教育对象的思想品德发展需求意识。在思想政治教育实践中，当教育者脱离了教育对象的思想品德实际而提出过高的要求，或者提供的思想文化客体远离教育对象的实际理解水平时，则难以激发教育对象的需求意识。反之，如果没有教育者的适度激发和诱导，教育对象的思想品德发展需要可能会永远隐藏于自身之内，而不会转变成为现实的发生实际作用的思想品德发展的积极性。在教育者价值引导下教育对象思想品德自主建构的阶段，教育对象的目的性活动和教育者活动的条件性体现得更为突出。

三、思想政治教育活动过程的本质与基本矛盾

（一）思想政治教育过程的本质

思想政治教育过程的本质问题是整个思想教育过程理论的核心问题，人们对思想政治教育过程本质的理解不仅会影响到对思想政治教育过程的解释，而且会影响到对具体思想政治教育过程的设计和思想政治教育方法的选择。

1. 思想政治教育活动过程本质问题研究的论域

在哲学中，本质和现象范畴是从事物的根据和表现方面来把握事物的一对范畴。现象是本质的表现形式，是通过经验的、感性的认识可以了解到的事物外部特性和特征，是事物外在的、比较易变的方面。本质则是决定客观事物具有各种表现的根据，是事物呈现外部现象的原因，是事物内在的、相对稳定的方面，对事物的存在和发展起着决定性作用。根据同本质属于同一级范畴，根据是变化过程的本质；如果从过程方面考察本质，那么本质也即是根据。黑格尔认为，本质是一切事物之实际存在和变化的深层根据，"根据就是内在存在着的本质，而本质实质上即是根据"①。也就是说，本质不是该事物与他事物的区别点，而是该事物区别于他事物的

---

① 黑格尔：《小逻辑》，商务印书馆 1980 年版，第 259 页。

原因和根据。从人的认识方面看，事物的现象是可以直接为人的感官（包括各种仪器和工具，因为其实质是人类官能的放大和延伸）所感知的。而本质则是事物现象之后的一种深层次的、不同用感官直接把握的存在，是事物间接的存在。因此，列宁认为，"本质是表示人对现象、对世界等等的认识深化的同一类的（同一序列的）概念"①。正如黑格尔所说："我们常认为哲学的任务或目的在于认识事物的本质，这意思只是说，不应该让事物停留在它的直接性里，而须指出它是以别的事物为中介或根据的。事物的直接存在，依此说来，就好象是一个表皮或一个帷幕，在这里面或后面，还蕴藏着本质。"② 马克思也认为，"如果事物的表现形式和事物的本质会直接合而为一，一切科学就都成为多余的了"③。毛泽东在《中国革命战争的战略问题》中指出，战争的本质、规律当然要到各种各样的战役中去寻找，但它们都是"眼睛看不见，只能用心思想一想才能懂得，不用心思去想，就不会懂得"④。也就是说，本质不是感官把握的直接对象，而是思维把握的对象。黑格尔在《逻辑学》中阐述从"存在论"向"本质论"的过渡时，十分精辟地表达了人的认识从直接性深入到间接性的过程和必要性："存在是直接的东西。因为知识要认识真理的东西，即什么是自在的和自为的存在，所以它不停留（注意：不停留）于直接的东西及其各种规定，却透过（注意）直接的东西深入（注意）进去，假定在这个存在的背后还有着同存在本身不一样的东西，假定这个背后的东西构成存在的真理。"⑤ 列宁非常赞同这个观点，认为这一过渡符合人类认识过程，表明人的"概念（认识）在存在中（在直接的现象中）揭露本质（因果、同一、差别等等规律）"⑥ 的一般进程。

---

① 《列宁全集》第55卷，人民出版社1990年版，第127页。
② 黑格尔：《小逻辑》，商务印书馆1980年版，第242页。
③ 《马克思恩格斯文集》第7卷，人民出版社2009年版，第925页。
④ 《毛泽东选集》第一卷，人民出版社1991年版，第177页。
⑤ 《列宁全集》第55卷，人民出版社1990年版，第106页。
⑥ 同上书，第289页。

从现象来看，思想政治教育过程最直接的结果，就在于人的思想品德状况的改变，即思想品德素质的发展。那么，思想政治教育过程何以能够使人的思想品德素质获得发展？这正是思想政治教育过程的本质研究所要探讨的问题，也是感官不能把握而必须用思维去把握的问题。因此，思想政治教育过程的本质就是指思想政治教育过程的各种现象得以存在的根据。思想政治教育过程本质问题所要探讨的论域，就是思想政治教育的过程现象实存的依据，即要探讨思想政治教育过程促进人的思想品德素质发展的根据。思想政治教育过程的本质应反映着思想政治教育过程这一人类实践活动稳定的、普遍的特性，这种特性贯穿于一切思想政治教育过程之中。正如黑格尔所说："事物中有其永久的东西，这就是事物的本质。"①因此，我们必须从思想政治教育过程的大量现象的事实中，抛开一切直观的、直接的具体因素，抽象出思想政治教育过程的本质。

2. 思想政治教育活动过程本质的传统认识

在我国，长期以来，不少人都认为，思想政治教育过程是一种教育者由外而内向教育对象施加影响的过程，是教育对象在教育者的施加影响下思想品德的转化过程。如有观点认为，"思想政治教育过程，就其本质而言，就是把一定社会的思想观念、政治意识、道德规范转化为受教育者个体的思想品德的过程"②。可以说，在思想政治教育过程的理解上，中国思想政治教育理论长期认可这种"转化"理论。这一定义的优点是肯定了思想政治教育过程的社会性和目的性，思想政治教育活动以一定的价值环境为背景，同一定社会的意识形态有较密切的关系，因而有其客观性、阶级性、历史性和社会性；但对"思想政治教育何以可能"考虑不足。

另一种观点认为，思想政治教育是"教育者按照一定社会的要求，通过特定的教育活动，把特定社会的思想和道德规范内化为受教育者的思

---

① 黑格尔：《小逻辑》，商务印书馆 1980 年版，第 242 页。
② 王勤：《思想政治教育学新论》，浙江大学出版社 2002 年版，第 212 页。

想意识和道德品质的过程"①。增加"内化"的解释比只讲"外在转化"更趋合理，但是由于这种"内化"说仍然是主张教育者"对"教育对象的内化，所以这种"内化"说仍然是对"转化理论"的一种改良形式，并没有突破转化理论对思想政治教育对象考虑不足的根本缺陷。

3. 价值引导与思想品德自主建构：认识思想政治教育活动过程的两个维度

认识事物的本质，必须遵循科学的认识方法和思维路径。正如黑格尔所说："只有（正确的）方法才能够规范思想，指导思想去把握实质，并保持于实质中。"② 因此，我们必须寻找认识思想政治教育过程本质的科学方法和路径。既然思想政治教育过程本质问题所要研究的论域，是思想政治教育过程促进人的思想道德素质获得发展的根据，那么，我们就要探讨思想政治教育过程使人的思想品德素质获得发展的根基所在。

如前所述，思想政治教育过程最直接的结果，就在于人的思想品德素质的形成与发展，即思想政治教育目标的实现。但是，在思想政治教育过程中，人的思想品德素质的形成与发展不是自发地生成的，而是在一定的价值引导下生成的。具体说来，在思想政治教育过程中，教育对象理想自我目标的设定体现的是一定社会对个人的思想品德要求，凝聚着一定社会的意识形态选择和价值追求。思想政治教育者向教育对象所提供的思想文化，实际上是以特定意识形态为核心的思想价值体系，并以此来引导教育对象的思想观念，力求使每个个人的思想观念符合特定的社会意识形态的要求。思想政治教育者实际上是一定思想价值的代表者和引导者，是"凝聚"了和"活化"了的思想价值。总之，思想政治教育过程中的价值引导体现着思想政治教育的社会性和方向性，体现着思想政治教育作为"有目的、有计划、有组织"的活动的本质要求。舍此，思想政治教育就失去了存在的必要性，也失去了其存在的合法性基础。因此，价值引导是

---

① 孙喜亭：《教育原理》，北京师范大学出版社 1993 年版，第 290 页。
② 黑格尔：《小逻辑》，商务印书馆 1980 年版，第 5 页。

思想政治教育过程存在的社会性基点，是认识思想政治教育过程本质的一个基本维度。

　　思想政治教育过程一方面固然是对教育对象施加价值影响的过程，但这一影响实际上是通过教育对象自身的思想品德自主建构实现的。所谓思想品德自主建构，即是指教育对象的思想品德素质是自主地、能动地生成的，而不是由外部力量塑造的。按照唯物辩证法的观点，事物发展的外因只是条件，内因才是根据。从人的思想品德形成和发展的规律来看，教育对象的思想品德自主建构为思想政治教育活动过程的存在提供了个体性基础。思想政治教育过程中价值引导起作用的先决条件，乃是教育对象在价值引导下的思想品德自主建构。舍此，思想政治教育过程就失去了其存在的可能性，也失去了其存在的现实性基础。因此，教育对象的思想品德自主建构应是思想政治教育过程存在的个体性基点，是认识思想政治教育过程本质的另一个基本维度。

　　基于这两个基本维度，我们可以说，思想政治教育过程的本质是教育对象在社会价值引导下自主建构其思想品德的过程。

（二）思想政治教育活动过程的基本矛盾

　　思想政治教育活动过程是一系列矛盾运动的过程，这些矛盾就是思想政治教育活动过程的动力。思想政治教育活动过程的基本矛盾主要有三个方面：思想政治教育影响与社会思想文化环境影响之间的矛盾；教育对象的理想自我目标与其思想品德发展实际的矛盾；教育对象的思想品德认知、理想与实践之间的矛盾。其中第二对矛盾是思想政治教育活动过程的主要矛盾。①

　　1. 思想政治教育影响与社会思想文化环境影响之间的矛盾

　　这对矛盾是在思想政治教育系统之外的社会价值环境与思想政治教育

---

　　① 此处参考了檀传宝的观点，参见檀传宝：《德育原理》，北京师范大学出版社 2007 年版，第 224—226 页。

价值系统的矛盾。思想政治教育是在社会环境这个大背景下进行的，思想政治教育影响与环境影响必然发生联系。这一矛盾的表现主要是"同质矛盾"和"异质矛盾"两个方面。所谓"同质矛盾"是指社会正面价值观念与思想政治教育之间的矛盾。社会正面的价值观念是思想政治教育内容的基础，社会价值的变化会影响到思想政治教育的目标建构和内容安排。但是社会正面的价值观念实际上是多种多样的，有不同的层次和维度。只有那些合乎教育对象发展实际的价值内容才能进入思想政治教育活动的范围。如何处理这一矛盾是思想政治教育目标制定和内容选择的重要任务。

所谓"异质矛盾"，是指社会价值系统中与思想政治教育价值相冲突的价值观念与思想政治教育系统的矛盾。这一矛盾在价值多元的现代社会表现得日益突出。这就要求思想政治教育要在克服和战胜外部环境的种种消极影响因素的过程中，充分发挥思想政治教育的优势，并积极利用外部环境中的积极因素。另外，思想政治教育除了要注意参与社会价值环境的建设与改造之外，还应当注意培养教育对象的独立分析、判断能力，安排抵制和防范不良价值影响的训练。思想政治教育要促使人对现有思想文化体系、行为规范进行独立思考，并在反思、批判性理解的基础上作出自己的选择。讲清道理，但不代替作出结论；指明前途，但不可强行牵着走。要着力启发和引导人们运用科学的理论和方法去观察和分析问题，通过自身的积极思考和亲身体验，作出正确的结论和选择，引导教育对象正确认识和判断社会非主导思想道德文化。在这个问题上，教育者要坚决消除对公开讨论敏感的社会现实问题的担心，反对回避棘手而又尖锐的社会矛盾、隐瞒现实生活中的缺点和困难的倾向。思想政治教育中的说教之所以苍白无力，常常就在于没有关注人们内心世界的价值冲突。其实，思想道德问题中充满着引人入胜的矛盾论证，它潜藏着发展人的思想品德智慧的丰厚资源。有机会表达隐藏于人们心目中的敏感点，对于人的思想品德素质发展是至关重要的。正如有的学者所指出的，在任何社会中，都不可能只有唯一的占主导地位的价值体系存在，这就使得冲突无法避免。但这种冲突并不完全是消极的，相反，它正是社会道德、个体道德生成、运动、发展的永不枯竭的动力源。正是在这种冲突中，优秀道德个体才得以迸发、升华为社会道义，超越已有道德规范的狭隘与局限性；这种冲突不仅给个体以发展和完善自身的条件，而且是促进、提升群体道德的指示器；冲突的结局也是多种多样的、曲折的、反复的，但最终会促进社会道德的进步。特别是在社会变革时期，不同的社会道德之间、社会道德与个体道德之间、不同的道德个体之间、个体道德自身的冲突、更新、演变，是整个社会道德进步的活水源头。① 面对价值系统、信仰体系和社会道德规范，如果离开了社会矛盾和问题，不使人经过严肃的理性反思就轻易地接受某些现成的结论，就会割断人的生活世界的整体性。

2. 教育对象的理想自我目标要求与其思想品德发展实际的矛盾

这是思想政治教育活动过程中的主要矛盾。这一矛盾最终需要通过如何将理想自我的目标转化为思想政治教育内容与方法等中介环节，从而实现这一目标的方式予以解决。因而这一矛盾又可以理解为两个方面：一是教育者与思想政治教育内容方法之间的矛盾；二是教育对象与思想政治教育内容方法之间的矛盾。这两个矛盾实际上是一个问题的两个方面。因为，如果第一个方面的矛盾得以解决，其结果必然是思想政治教育内容与方法的设计完全符合教育对象的思想品德发展需要和发展实际。而这一要求一旦得以实现，则具备了解决第二个方面的矛盾的基本条件。问题的关键是我们要依据教育对象的需要和实际可能去安排思想政治教育。

3. 教育对象的思想品德认知、理想信念与实践之间的矛盾

即教育对象能知而不能行、愿意行动而行动效果不佳的情况。这是思想政治教育活动过程中的一个关键矛盾。这一情况出现的原因主要有两个方面：一是教育对象的思想品德认知与其品德情感缺乏紧密的联系。由于教育者往往过分注重了认知能力在思想品德发展中的作用，直接的思想品

---

① 参见李肃东：《个体道德论》，华中理工大学出版社 1994 年版，第 11 页。

德知识传输往往成为被人们普遍接受的思想政治教育形式，思想政治教育过程事实上成为知识的传递过程，甚至成为教给教育对象有关思想品德的"知识"或"观念"的思想政治教育功课。这一点在我国传统的学校思想政治教育中尤其明显。实际上，价值引导并非教人以"知"，而是启人以"思"；知识也并不等于能力和素质，知识只有通过一定的体验体认机制而生成某个方面的素质，才能内化为人的能力。英国教育社会学家戴维·布莱克莱吉曾经这样说："杜尔克姆和早于他的柏拉图一样，都认定人们如果明白了什么是所希望的，就会采取行动去达到这个所希望的目的。这就如同说，如果人们知道吸烟不利于健康，就会戒烟；如果他们知道乘车时系安全带比不系更安全，就会系上安全带一样。遗憾的是日常生活经验并不能验证这种观点。虽然我们的所知与所为之间有着某种联系，但所知本身并不能决定所为。"① 这就是说，教育对象的由知而行并不是直接的，而是还取决于诸多现实条件。单方面的知识灌输和空洞说教只会导致言行不一和普遍的虚假，不仅不能使教育对象形成真正的思想品德认识，而且会使教育对象的情感、意志、信念、行为习惯等的培养也成为空谈。忽略体验、践行和主体性需要的思想政治教育都违背了思想政治教育过程的本质要求，自然也不会产生真正的功效。因此，试图通过智育的模式来解决思想政治教育问题显然是片面的。真正的思想政治教育过程应该是由"知道"到"悟道"再到"体道"，这一切仅靠智育的方式是无法企及的。因此，智育化倾向的思想政治教育正是因为对思想政治教育本质特征认识上的偏颇和实践中的偏废，导致其有效性大打折扣。二是教育对象缺乏行动的策略训练而行为乏力。解决这一问题的关键是：第一，加强思想政治教育中的情感体验，使品德认知成为为品德情感所真正接纳的品德信念；第二，注意在思想政治教育过程中对教育对象进行意志的培育和实际技能的培育。这就要求对思想政治教育不能仅仅理解为某种"知识传

---

① 戴维·布莱克莱吉等：《当代教育社会学流派》，春秋出版社 1989 年版，第 22—23 页。

输"，而应当理解为思想品德实践。诚如亚里士多德所说："我们做公正的事情，才能成为公正的人；进行节制，才能成为节制的人；有勇敢的表现，才能成为勇敢的人。"①

① 亚里士多德：《尼各马科伦理学》，中国社会科学出版社1990年版，第26页。

第六章　思想政治教育学基础理论新探

我们把人的活动看做思想政治教育的存在之基，把思想政治教育看做历史规律下人的一种自觉活动，探讨思想政治教育之于人的必要性、可能性以及实现方式，是为了发现思想政治教育在这种基础上的基本存在方式和存在状态，并对思想政治教育自身的存在方式进行重新认识，以便对思想政治教育学科的基本理论进行深入思考和探讨，实现对传统思想政治教育理论的某种超越。

一、思想政治教育的本质

思想政治教育本质问题是全部思想政治教育理论的基础和核心，是思想政治教育学理论体系建设的重要环节，也是准确把握思想政治教育规律、保证思想政治教育活动有效运行的前提。任何一种思想政治教育理论都包含着对思想政治教育本质的认识，都要以某种思想政治教育本质观作为基础。任何一种思想政治教育实践，都是在某种思想政治教育本质观指导下的实践活动，都体现着某种思想政治教育本质观。可以说，思想政治教育本质问题是一切思想政治教育问题的总纽结，是整个思想政治教育学的立论之本。

（一）思想政治教育本质的含义

众所周知，思想政治教育是社会或社会群体用一定的思想观念、政治观点、道德规范对其成员施加有目的、有计划、有组织的影响，使他们形成符合一定社会、一定阶级所需要的思想品德的社会实践活动，它存在于人类有阶级以来的任何社会中。思想政治教育作为一种普遍性的客观存在，在不同时代和不同国家表现为不同的样态，也是我们可以用感官把握到的思想政治教育的各种外部现象。那么，思想政治教育何以能够成为人类有阶级以来各种社会中都存在的普遍现象？这正是思想政治教育本质所要探讨的问题，也是感官不能把握而必须用思维去把握的问题。思想政治教育的本质就是指思想政治教育现象存在的根据，它决定着思想政治教育的存在和发展。思想政治教育本质问题所要探讨的就是思想政治教育现象实存的依据，即要探讨思想政治教育作为一种普遍的人类活动之存在的根基。思想政治教育的本质应反映着思想政治教育这一人类实践活动稳定的、普遍的特性，这种特性贯穿于一切思想政治教育之中。从古至今乃至未来，只要思想政治教育存在，其本质就永久起作用，不管社会发展、时代变迁还是思想政治教育自身的发展，都无法使其有所改变。正如黑格尔所说："事物中有其永久的东西，这就是事物的本质。"① 我们必须从思想政治教育大量现象的事实中，抛开一切直观的、直接的具体因素，抽象出思想政治教育的本质。

（二）思想政治教育本质的认识路径

认识事物的本质，必须遵循科学的认识方法和思维路径。正如黑格尔所说："只有（正确的）方法才能够规范思想，指导思想去把握实质，并保持于实质中。"② 因此，我们必须寻找认识思想政治教育本质的科学方法和路径。黑格尔认为，本质通过关系得到揭示，"凡一切实存的事物都存在于关系中，而这种关系乃是每一实存的真实性质。……而关系就是自

---

① 黑格尔：《小逻辑》，商务印书馆 1980 年版，第 242 页。
② 同上书，第 5 页。

身联系与他物联系的统一"①。列宁在《哲学笔记》中对黑格尔的这种"本质"探索的思路予以充分肯定，认为这些方法是非常辩证的。② 在我们看来，黑格尔所谓的"实存的事物都存在于关系中"，就是指唯物辩证法中事物的普遍联系，它要求人们要在事物的普遍联系中认识事物及其本质，这是认识事物的基本方法。然而，由于事物联系的普遍性，一事物与他事物的关系是复杂的，事物的本质究竟存在于何种关系中呢？黑格尔进一步指出，反映"每一实存的真实性质"即事物的本质的关系，"就是自身联系与他物联系的统一"。也就是说，事物的本质不是存在于事物某一方面的关系中，而是存在于事物的所有关系中，是事物自身的内部联系与外部联系即普遍联系的统一。事物普遍联系的统一，就是事物的矛盾，即对立统一。"矛盾"这个范畴本身就是反映事物及其过程的本质的关系概念，矛盾是一切真正存在着的事物的本质。③ 黑格尔明确指出："认识矛盾并且认识对象的这种矛盾特性就是哲学思考的本质。"④ 列宁认为，"就本来的意义说，辩证法是研究对象的本质自身中的矛盾"⑤。而毛泽东也指出："任何运动形式，其内部都包含着本身特殊的矛盾。这种特殊的矛盾，就构成一事物区别于他事物的特殊的本质。这就是世界上诸种事物所以有千差万别的内在的原因，或者叫做根据。"⑥ 因此，我们必须从研究思想政治教育的关系即普遍联系入手，认识思想政治教育的关系，也就是作为一个活动系统，思想政治教育系统内部各构成要素之间的联系，以及思想政治教育与外部环境的联系，并探求思想政治教育内部联系与外部联系的统一，即思想政治教育现象中的特殊矛盾，这就是研究思想政治教育本质的基本方法与路径。

---

① 黑格尔：《小逻辑》，商务印书馆 1980 年版，第 281 页。
② 参见《列宁全集》第 55 卷，人民出版社 1990 年版，第 126—130 页。
③ 参见高清海主编：《马克思主义哲学基础》（上），人民出版社 1985 年版，第 401—424 页。
④ 黑格尔：《小逻辑》，商务印书馆 1980 年版，第 132 页。
⑤ 《列宁全集》第 55 卷，人民出版社 1990 年版，第 213 页。
⑥ 《毛泽东选集》第一卷，人民出版社 1991 年版，第 308—309 页。

　　从已有研究成果来看，人们对思想政治教育本质的认识虽然结论各异，但在总体上可以分为两大对立的派别："个人本位"说和"社会本位"说。这两种对立的认识由来已久，且都有各执一端的充分理由，并呈现继续争论之势。在我们看来，这两种认识在结论上都不可避免地以存在着以偏概全的倾向。一般来说，思维方法或路径的选择对人们认识的局限往往难咎其职。这两种认识正是在认识方法与思维路径方面有失偏颇。具体说来，前者是立足于思想政治教育自身构成要素之间的联系，把思想政治教育作为一种教育者与教育对象之间双边的、具体的活动来考察；后者则是立足于思想政治教育与外部事物的联系，从思想政治教育与政治、经济、文化等社会子系统的关系中来认识思想政治教育的本质。可见，这两种认识路径都是各执一端，仅仅立足于思想政治教育的内部联系或外部联系，而没有将二者统一起来，即不是立足于思想政治教育的普遍联系来认识，这样得到的就仅仅是对思想政治教育某个领域具体矛盾的认识，而非整个思想政治教育领域的整体矛盾。例如，仅仅立足于思想政治教育的内部联系，在"思想政治教育—人"这个范围内，着眼的是人的"实然"与"应然"的矛盾，以及思想政治教育在这个矛盾推动下所呈现的各种现象，而不能解释思想政治教育呈现在社会各个领域中的各种现象。而仅仅立足于思想政治教育的外部联系，在"思想政治教育—社会"这个范围内，着眼的则是社会的某个具体领域（如政治领域、精神领域等）"实然"与"应然"的矛盾，以及思想政治教育在这个矛盾推动下所呈现的各种现象。这就同样不能解释，社会（包括各个领域）作为一种关系性而非实体性的存在，失去了现实的个人的参与，思想政治教育何以能够成为社会领域中的现象。这就是说，思想政治教育现象呈现在社会大系统与思想政治教育自身系统这两个领域，而由于人们只是立足于思想政治教育某一方面的联系，那么看到的只能是其中的某一个领域。这就充分说明，仅仅立足于思想政治教育某个方面而非普遍的联系，只能是对思想政治教育形成一种片面的而非全面的认识，当然也就不能真正把握到其特殊矛盾和本质。

不可否认，也有研究者将外部联系与内部联系结合起来，从思想政治教育的普遍联系去把握本质，如认为"思想政治教育受社会的生产方式制约，它是由社会经济基础直接决定的社会政治生活和精神生活方面，是做社会意识形态方面人的思想政治的转化工作的社会活动。因而它是第二性的、派生的"①；"思想政治教育具有工具性本质和目的性本质，前者指思想政治教育作为阶级统治的工具，是实现意识形态控制力的重要手段，后者则表现为提升人性、促进人的发展"②。但这些研究往往只是将内部联系与外部联系做一种简单的机械的结合，而没有从联系的统一即矛盾中去把握本质。

当然，人们对思想政治教育的认识总是一个不断逼近其本质的过程，各种不同的认识对探求思想政治教育本质都具有重要意义。但是，我们不能囿于这种局限性的认识，而必须立足思想政治教育内部联系与外部联系的统一来探讨思想政治教育现象中的特殊矛盾，从矛盾中去把握本质。

（三）思想政治教育的特殊矛盾

在哲学中，矛盾就是两个对立面之间既对立又统一的关系，对立和统一是矛盾的两个基本属性。但是，仅仅承认对立关系和统一关系，还不能把握矛盾，只有把这两种关系看做是内在地统一在一起的，才能形成矛盾的认识。正如列宁引用黑格尔的思想时所说的，"辩证的东西＝'在对立面的统一中把握对立面'"③，"思维就在于把握住矛盾，又在矛盾中把握住自身"④。列宁还指出："要认识在'自己运动'中、自生发展中和蓬勃生活中的世界一切过程，就要把这些过程当作对立面的统一来认识。"⑤这就是唯物辩证法关于矛盾的思维方法，它是我们确定思想政治教育矛盾

① 仓道来主编：《思想政治教育学》，北京大学出版社 2004 年版，第 49 页。
② 李合亮：《思想政治教育探本》，人民出版社 2007 年版，第 120—191 页。
③ 《列宁全集》第 55 卷，人民出版社 1990 年版，第 83 页。
④ 同上书，第 117 页。
⑤ 《列宁选集》第 2 卷，人民出版社 1995 年版，第 557 页。

关系的科学方法论。根据矛盾的思维方法，我们认为，思想政治教育矛盾关系的两个对立面应是个人的思想品德与社会的意识形态，其矛盾反映的应是个人的思想品德与社会意识形态之间既对立又统一的关系；个人的思想品德与社会的意识形态之间的矛盾关系正是思想政治教育内部联系与外部联系的统一。从个人与社会的关系来看，个人与社会之间既对立又统一的关系，决定了个人的思想品德与社会意识形态这两个方面既是相互对立的，又是相互统一的，可以成为一对矛盾中的两个既相反又相互规定的对立面。而从思想政治教育现象来看，这两个对立面恰恰构成了既对立又统一的矛盾关系，并通过思想政治教育达到了内在的统一。

就思想政治教育的外部联系来看，思想政治教育现象的存在就是源于个人的思想品德与社会的意识形态之间的矛盾关系。客观地看，思想政治教育与社会各个方面都有关系，这种关系是复杂的，也是有层次的。但是，思想政治教育与社会意识形态的关系则是基本关系，处于基本层次。意识形态是对一定社会经济形态和政治制度的自觉反映，是社会的思想上层建筑。在阶级社会里，意识形态体现着一定阶级的利益和要求，"任何一个时代的统治思想始终都不过是统治阶级的思想"[①]。因此，统治阶级往往采取各种手段来巩固本阶级的意识形态，抑制和消除有害于本阶级利益的意识形态，以发挥意识形态维护或批判现实社会的功能。这不仅是维护其思想统治的客观要求，也是进而维护其经济、政治统治地位的客观需要。由于"思想本身根本不能实现什么东西。思想要得到实现，就要有使用实践力量的人"[②]，而"理论一经掌握群众，也会变成物质力量"[③]，这就需要意识形态去掌握群众，即实现意识形态个体化，也就出现了意识形态与人的思想品德之间的对立关系。思想政治教育就是意识形态掌握群众的重要方式，各个时代和国家的思想政治教育无不是用其意识形态去影

---

①　《马克思恩格斯文集》第 2 卷，人民出版社 2009 年版，第 51 页。
②　《马克思恩格斯文集》第 1 卷，人民出版社 2009 年版，第 320 页。
③　同上书，第 11 页。

响人们的思想观念，使人们形成与其意识形态要求相一致的思想品德，支配人们的行动。即是说，思想政治教育能够促进一定社会意识形态个体化，使意识形态与人的思想品德的关系从对立走向统一，二者对立统一的矛盾关系共同存在于思想政治教育中。这样就使一定社会意识形态得以巩固和发展，进而影响社会的经济结构和政治结构。可见，正是个人的思想品德与社会的意识形态之间的矛盾关系，才使得思想政治教育存在于社会大系统之中，并与各个社会子系统发生联系。

就思想政治教育内部联系和自身系统来说，整个思想政治教育活动也都是围绕着个人的思想品德与社会的意识形态之间的矛盾关系而展开的。作为社会关系中的人，人的生存与发展离不开对一定意识形态的认识与把握，思想品德就是人们在实践中内化与积淀一定社会意识形态而形成的稳定的思想观念与行为模式。因此，掌握和认同一定社会的意识形态，形成与社会发展要求相一致的思想品德，即实现个体思想品德社会化，是人的生存与发展的一种必然性需要，这就出现了人的思想品德与社会意识形态之间的对立关系。思想政治教育正是满足人的思想品德发展需要的重要方式，对个体思想品德社会化具有促进作用，从而使个体的思想品德与社会意识形态从对立走向统一。也就是说，个人的思想品德与社会的意识形态之间的矛盾沟通着教育主体、教育内容、教育方法、教育环境这些基本要素，从而使思想政治教育成为一个同一的、稳定的自组织的活动系统。

综上所述，个人的思想品德与社会的意识形态之间的矛盾关系不仅存在于外部联系中，而且存在于内部联系中，成为沟通思想政治教育内外部联系的桥梁和统一的基础。由此可知，思想政治教育现象得以存在的根据，就在于个人的思想品德与社会的意识形态之间的矛盾关系。即是说，通过思想政治教育，促进了一定社会意识形态个体化和个人思想品德的社会化，实现了个体的思想品德与社会意识形态同质发展，从而使一定社会意识形态得以巩固和发展，同时也促进了个人的发展。可见，社会意识形态与个人思想品德的矛盾关系在思想政治教育中内在地达到统一，并使二者相互促进、渗透和转化。

（四）思想政治教育本质的规定

人对客观事物从现象到本质的认识过程，具有内在的逻辑机制。马克思指出，思维的逻辑运动中存在着两条方向相反的道路，第一条道路是"完整的表象蒸发为抽象的规定"，第二条道路是"抽象的规定在思维行程中导致具体的再现"。① 这两条道路首尾相接，构成"具体—抽象—具体"的否定之否定过程，也就是人对事物本质的完整的认识过程。我们从各种思想政治教育现象中揭示出思想政治教育矛盾，对于认识思想政治教育本质这个"思维的逻辑运动"来说，还处于从思维的"感性具体"过渡到思维的"抽象规定"阶段，即从普遍的思想政治教育现象中，抽象出"个人的思想品德与社会的意识形态之间的对立统一关系"这一矛盾规定。按照马克思关于认识事物本质的逻辑行程，还必须从"抽象规定"阶段过渡到"思维具体"阶段，才能达到思维逻辑行程的终点。所谓"思维具体"，就是在抽象规定的基础上通过思维在大脑中复制出的理性的具体，达成对事物的多种抽象规定的有机综合和整体认识，即对事物的本质的认识。② 因此，我们必须从思想政治教育矛盾这个抽象规定出发，按照马克思主义哲学"从抽象上升到具体"的辩证逻辑的方法，遵循逻辑的与历史的相一致的原则，再回到思想政治教育现象自身这个"具体"，以逻辑必然性的形式再现思想政治教育的全貌。

从思想政治教育的矛盾来看，思想政治教育实质上是调节个人与社会之间的关系的一种实践活动。从根本上说，任何人类活动和现象的存在，都是基于"人"这个最根本的存在，正如马克思所说："人就是人的世界，就是国家，社会。"③ 人的存在是一种二重性的存在，即人的个体性与社会性的统一。正是在这个意义上，马克思把人看做是"现实的个人"。客观地说，个人与社会（群体）、个性与群性的冲突，对于人类社

---

① 《马克思恩格斯文集》第8卷，人民出版社2009年版，第25页。
② 李秀林等主编：《辩证唯物主义和历史唯物主义原理》，中国人民大学出版社1995年版，第342—344页。
③ 《马克思恩格斯文集》第1卷，人民出版社2009年版，第3页。

会来说，几乎是永恒存在的。可以认为，人类的任何一种活动都体现和调节着个人与社会的关系。那么，思想政治教育调节个人与社会的关系的特殊性何在？或者说，思想政治教育体现和调节的是个人与社会在何种层面上的关系？马克思主义认为，人类全部的社会关系可以分为两类：一类是物质关系即经济关系，它是决定其他一切社会关系的基础，正如马克思所说："他们的物质关系形成他们的一切关系的基础。"① 另一类是思想关系，它是通过人们的意识而形成的，受到社会经济基础和物质关系的制约。1859 年在马克思总结自己的理论和实践活动时，明确指出："人们在自己生活的社会生产中发生一定的、必然的、不以他们的意志为转移的关系，即同他们的物质生产力的一定发展阶段相适合的生产关系。这些生产关系的总和构成社会的经济结构，即有法律的和政治的上层建筑竖立其上并有一定的社会意识形式与之相适应的现实基础。物质生活的生产方式制约着整个社会生活、政治生活和精神生活的过程。不是人们的意识决定人们的存在，相反，是人们的社会存在决定人们的意识。社会的物质生产力发展到一定阶段，便同它们一直在其中运动的现存生产关系或财产关系（这只是生产关系的法律用语）发生矛盾。于是这些关系便由生产力的发展形式变成生产力的桎梏。那时社会革命的时代就到来了。随着经济基础的变更，全部庞大的上层建筑也或慢或快地发生变革。"② 列宁也指出："社会关系分成物质的社会关系和思想的社会关系。思想的社会关系不过是物质的社会关系的上层建筑，而物质的社会关系是不以人的意志和意识为转移而形成的，是人维持生存的活动的（结果）形式。"③ 那么，从思想政治教育的矛盾来看，思想政治教育调节的是个人与社会的思想关系。这种思想关系当然是由社会经济基础决定的，且受到物质关系的制约，不过它不是直接的经济利益关系，而是经济利益关系在思想领域的反映。

---

① 《马克思恩格斯选集》第 4 卷，人民出版社 1995 年版，第 532 页。
② 《马克思恩格斯文集》第 2 卷，人民出版社 2009 年版，第 591—592 页。
③ 《列宁选集》第 1 卷，人民出版社 1995 年版，第 18 页。

意识形态作为一定社会经济形态和政治制度的自觉反映以及社会的思想上层建筑，是个人与社会之间思想关系的主要内容。意识形态包括哲学、政治法律思想、道德、艺术、宗教等，其中政治思想是经济结构最直接、最集中的体现，是最直接、最集中地反映经济结构的意识形态。它是一定阶级最直接的思想表现，直接为维护某种生产关系或改变某种生产关系服务，直接随经济结构的变化而变化，往往处于诸种意识形态的核心地位，并影响着意识形态中的其他内容。因此，进一步说，思想政治教育主要调节的是个人与社会的思想政治关系。这种思想政治关系具体表现为个人的思想品德理想自我与社会主导价值之间的关系，究其实质，则是个人的价值取向和社会的价值导向之间的关系。

调节个人与社会思想关系的方式是多种多样的。对于思想政治教育来说，它不是使用权力的价值分配、法律、制度、行政等强制性手段，而是采用教育的方式，即通过价值引导，以促进个人形成与社会意识形态具有同质性的思想品德来进行调节。正是在这个意义上，主体性、民主、疏通、引导、渗透等概念都应成为思想政治教育学的核心概念，这是思想政治教育本质的应有之意。通过思想政治教育的调节，使个人成为社会机体的有效组成部分，使社会成为由有效组成部分构成的有机整体，以实现个人与社会的良性互动。综上所述，我们可以把思想政治教育的本质界定为：思想政治教育是调节个人与社会的思想政治关系，促进个人价值取向与社会价值导向同质发展，以实现个人与社会良性互动的活动。

二、思想政治教育的价值

人类生活在客观世界之中，同时又创造着价值世界。寻求意义，并在任何具体形式中赋予价值意义，是人类内心最深沉的呼唤。正如赫舍尔所说："人的存在从来就不是纯粹的存在，它总是牵涉到意义。意义的向度是做人所固有的，正如空间的向度对于恒星和石头来说是固有的一样。"①
人的生活是一种不同于动物的存在方式。动物是在其求生本能的驱动下习
惯性地或一贯性地存活，动物的生存虽有"进化"意义却鲜有"发展"
意义。人是在意义世界中，或是在追求意义的过程中发展性地成长和完
善。生存同样也是人类生活的基础，但人却总是在自己的生存环境中不断
地摆脱和超越自然生命对人的框限，积极地追求更为丰富、更加完美、更
加符合人的理想的生活样式。人类意义世界的建立和对超越存在的追求，
把人提高到真正主体的地位。思想政治教育作为人类的一种实践活动和普
遍性的社会现象，不仅是一种因果性活动，是一种目的性活动，它无疑也
是一种创造价值的活动。思想政治教育的价值是人类价值追求的一个
方面。

（一）认识思想政治教育价值的一般视角与反思

马克思认为，"'价值'这个普遍的概念是从人们对待满足他们需要
的外界物的关系中产生的"②，"人在把成为满足他的需要的资料的外界
物……进行估价，赋予它们以价值或使它们具有'价值'属性"③。一般
认为，价值是事物或现象（包括物质的、制度的和精神的事物或现象）
对于人的需要而言的某种有用性，是其对个人、群体乃至整个社会的生活
和活动所具有的积极意义。④ 价值立足于客体与主体需要之间的满足与被
满足的关系，但并不局限于这一关系。事实上，价值对于主体的意义，一
是客体对于人的需要的满足，二是人在处理客体与人的关系时，价值始终
是指向人的，价值对于人始终具有不可替代的绝对超越的指向意义。⑤ 思

---

① 赫舍尔：《人是谁》，贵州人民出版社 1994 年版，第 46—47 页。
② 《马克思恩格斯选集》第 19 卷，人民出版社 1963 年版，第 406 页。
③ 同上书，第 409 页。
④ 参见李秀林等主编：《辩证唯物主义和历史唯物主义原理》，中国人民大学出版社
2005 年版，第 305 页。
⑤ 参见卓泽渊：《法的价值论》，法律出版社 2006 年版，第 11—13 页。

想政治教育作为人类的一种实践活动和普遍性的社会现象，不仅是一种因果性活动，也是一种目的性活动。由于思想政治教育不是一个客观的"物质系统"，而是一个"人为系统"，是人的创造物，其中渗入了主体的目的要求与价值追求，是人类的一种自觉选择，因此，思想政治教育具有满足主体需要的价值，便成为其普遍存在的根基和客观依据。

思想政治教育价值是指作为客体的思想政治教育现象与作为活动主体的人的需要之间的一种特定的关系，以及思想政治教育对于人的绝对超越的指向意义。一般认为，按照价值主体划分，思想政治教育的价值包括个体价值与社会价值。个体价值是指思想政治教育对个体的内在价值，社会价值是指思想政治教育作用于政治、经济、文化和生态等所呈现出来的政治、经济、文化和生态价值。① 这种理论认识克服了传统认识中仅仅强调思想政治教育的社会价值，仅仅将思想政治教育的"生命线"价值局限于经济工作等物化领域，思想政治教育对于人的价值和意义不被重视，人的需求、利益和权利得不到满足和实现的弊端，在思想政治教育理论发展和实践创新方面起到了重要的作用。

然而，这并不意味着关于思想政治教育价值研究的"终结"。事实上，思想政治教育实践与理论研究领域都对思想政治教育价值研究提出了新的课题。价值中所包含的绝对超越的指向决定了思想政治教育的价值是指向人的，然而作为思想政治教育价值主体的人包括人的个体、群体（社会）和人的类，那么，在思想政治教育实践中，其价值的具体指向应当是什么？或者说，应当坚持什么样的价值取向？当然，由于思想政治教育的社会价值和个体价值都是客观存在的，从理论上说这两种价值都是应当顾及到。另外，由于社会与个人之间的关系是辩证的，人们对于其中任何一种价值的追求也必然或多或少会关联到对另一种价值的肯定。但是，其中的关键是，我们必须明确在实践中首先应当坚持何种价值取向，或者说，思想政治教育的社会价值与个体价值二者哪一种更具有优先性。这是

---

① 参见张耀灿等：《现代思想政治教育学》，人民出版社 2006 年版，第 173 页。

因为，思想政治教育是有目的、有计划的主体性活动，人们在思想政治教育过程中必然要对教育目的、教育内容、教育方法、教育评价等因素作出自己的选择，而这些选择都反映和体现着人们的思想政治教育价值取向。这就涉及如何认识思想政治教育的社会价值与个体价值的关系问题，这是思想政治教育实践提出的新课题。

在理论研究领域，随着对思想政治教育个体价值的肯定与重视以及科学发展观的提出与落实，研究者更多的探讨的是以人为本原则在实践层面的落实，把以人为本看做现代思想政治教育的核心理念。可以说，研究者更多的探讨了思想政治教育落实以人为本应当"怎么做"的问题。然而，一个不容忽视的问题是，作为科学发展观的本质和核心，以人为本何以能够成为现代思想政治教育的核心理念？我们必须对这个问题作出有说服力的回答。如果我们把以人为本仅仅看做思想政治教育实践的一种策略，看做思想政治教育对科学发展观的具体落实，而不是从世界观和本体论的高度，探讨思想政治教育与人的生存和发展关系，以及思想政治教育之于人的价值与意义，那就会大大降低以人为本作为世界观和本体论的理论品格和意蕴。这也正是当前思想政治教育理论研究的欠缺之处。可见，思想政治教育的实践发展和理论研究，都要求我们进一步深化思想政治教育价值问题的研究，而不能仅仅局限于目前的认识成果。

（二）思想政治教育价值的人本向度：理论与现实依据

价值产生于人与外物的关系，任何价值的主体都是人。事实上，任何价值都离不开人，人是一切事物的价值主体，也是一切价值的归属，也就是说，人是价值世界生成的主体性根据。思想政治教育的价值是在思想政治教育与人的关系上产生的，也是以思想政治教育与人的关系作为基础的，思想政治教育的价值主体也同样只能是人。思想政治教育的价值体现为对人的价值，即人本价值。具体地说，是指对参与思想政治教育价值关系的人，他也是思想政治教育的价值和意义所归属的对象。作为思想政治教育价值主体的人包括人的个体、群体（社会）和人的类，但最基本的还是作为个体的现实的人，即现实的个人。

第一，从个人与社会的关系来看，思想政治教育的价值体现为人本价值。人是社会的主体，个人是这种主体最基本的形态。其他主体形态，包括群体主体、社会主体乃至整个人类主体，都是在个人或个人主体的基础上形成的。思想政治教育的价值，即是思想政治教育满足实现人的思想品德理想自我需要的属性，对于现实的个人具有绝对超越的指向意义。正是因为思想政治教育能够满足实现人的思想品德理想自我的需要，才使思想政治教育成为教育对象参与其中的主体性活动。

第二，从思想政治教育产生和发展的必然性来看，思想政治教育的价值也体现为人本价值。从思想政治教育产生的"真实面目"和"经验的事实"来看，"思想、观念、意识的生产最初是直接与人们的物质活动，与人们的物质交往，与现实生活的语言交织在一起的。……表现在某一民族的政治、法律、道德、宗教、形而上学等语言中的精神生产也是这样。人们是自己的观念、思想等等的生产者"①，现实的个人及其生活过程正是思想政治教育产生和发展的原点，这是一个不能忽视的经验的事实。从最本原上看，思想政治教育的产生与发展是为了协调个人与社会的思想政治关系，为了人自身能够更好地生存和发展，是维系人类生存和发展的重要方式和力量。进入人类社会的个人，要形成自觉的人的意识，成为多样化的社会活动和社会关系的参与者，就必须积极地、全面地掌握人类文化所创造的成果，从而形成自己的社会程序和价值取向。作为社会关系中的个人，人的生存与发展离不开对以意识形态为核心的一定社会思想文化的认识与把握，思想品德就是人们在实践中内化与积淀一定社会意识形态而形成的稳定的思想观念与行为模式。因此，掌握和认同一定社会的意识形态，形成与社会发展要求一致的思想品德，能够参与社会生活，具有关怀社会、自然以及他人的公共理性，即实现与社会意识形态具有同质性的思想品德理想自我，是人的生存与发展的一种必然性需要。思想政治教育

---

① 《马克思恩格斯文集》第2卷，人民出版社2009年版，第524页。

正是满足实现人的思想品德理想自我需要的重要方式，是促进人的思想品德自觉而高效发展的重要方式。通过思想政治教育对个人与社会之间思想政治关系的调节，使个人成为社会机体的有效组成部分，使社会成为由有效组成部分构成的有机整体，从而实现个人与社会的良性互动。

（三）思想政治教育人本价值的本质

思想政治教育价值是指向人的，即是一种人本价值，体现的是思想政治教育与人之间的关系，它是一个关系范畴。但是，"关系"只能说明思想政治教育价值在一定的主客体关系中才能产生，而不能把"关系"本身理解为思想政治教育价值。这个结论只是我们认识思想政治教育价值的科学方法论，在这个基础还要进一步探讨思想政治教育价值的本质。

所谓思想政治教育价值的本质，就是指思想政治教育之于人的意义。从价值的本质来看，"所谓价值，虽然不排除满足需要的含义，但它并非只是这样一个表示这类直观意义和简单含义的概念，本质上它是一个表现人的主体性、超越性和目的性的范畴，它并不表达别的什么意思，而仅仅意味着人的实践活动所追求的那个目的之物和超越之物"①。那么，思想政治教育价值的本质，具体来说，即是指思想政治教育之于人的主体性、超越性的意义。人是一种主体性与超越性的存在，人在自己的活动中不断实现与提升自身的主体性与超越性，这是哲学上对人的存在的把握。因此，作为主体的教育对象在思想政治教育这种具体的人类活动中所实现的主体性与超越性，即是思想政治教育价值的本质。

具体地看，思想政治教育使人获得现实的思想文化规定性，并不是为了使人保持这种规定性而驻足不前，而是为了使人超越这种规定性，从而获得新的规定性。思想政治教育对人的价值若仅止于此，那么，人就只是一种"有限"发展的存在，这与人的活动本性是不相符的。人的活动就

---

① 高清海：《价值选择的实质是对人的本质之选择》，《吉林师范大学学报》（人文社会科学版）2005 年第 3 期。

其本质而言不是为了适应，而是为了超越和改造。以历史的眼光和发展的眼光来看，如果人只是获得现实的规定性，传承已有的思想文化，那么，无论是人还是社会思想文化都只会停留在前历史水平。思想政治教育在赋予人以当时社会的思想文化的种种现实规定性的同时，也使人积累了突破这种规定性的"种子"。也就是说，此时之人是现实社会思想文化的占有者和体现者，是一个"社会化"了的人，是一个为社会思想文化所接纳了的人。但此时之人同时也是社会现实思想文化潜在的"超越者"，他占有现实思想文化，只是他历史发展长河中必经的一个短暂的环节。经过这个环节，他积聚了发展的"能力"与"能量"，看清了进一步发展的目标，获得新的规定性而不断向上攀升。人的现实之种种规定性，在人的思想品德发展过程中犹如"脚手架"，人要向上攀升必须依靠它；但人要依靠它，借助于它，却并不是为了永远站在现有的高度上，而是为了达到新的高度。正如列宁所说，人"对对象的肯定性关系只是作为环节而蕴涵于对于对象的否定性的关系之中"①。雅斯贝尔斯也认为，"人在实现此在的过程中是没有终点的，因此他在迅速地超越此在后，又为自己营造了一个空间，在这里他以其存在的一般构造与第二个世界——精神世界进行交流。尽管他也是作为精神存在与他的此在现实性相关联，但在他向上飞升时，他达到了这样一种境界：在一瞬间他脱离了单纯的现实性，然后作为存在而返回到现实性之中，在精神的理解和创造中他已成为存在本身"②。因此，思想政治教育对人的价值，不在于使人"接受"、"适应"已有的现实规定而成为现实性的人，而在于为使人能够利用现有的一切思想文化并超越社会对人的现实规定性提供了可能。人在思想政治教育活动中的思想品德自我建构过程就是人在自我确证中的自我否定过程。他通过思想政治教育活动以获得种种现实规定性，是要在占有这些现实规定性的基础上超越这些现实规定性，要把自己的价值理想转化为现实性，从而改造现实

---

① 《列宁全集》第 55 卷，人民出版社 1990 年版，第 183 页。
② 雅斯贝尔斯：《什么是教育》，生活·读书·新知三联书店 1991 年版，第 102 页。

性，提升现实性。他对现实规定性的每一次占有，理想自我向现实的每一次转化，便是对现实规定性的一次否定，同时也是一次自我确证、自我超越和自我发展。与此同时，思想政治教育又不断地唤醒人对思想品德理想自我的价值追求，扩大理想自我的价值时空，从而给人展现出无限的精神追求视域，激发起人的超越性需要，并赋予人超越现实规定性的能力，使人不断地产生变革、超越现实的需要和理想，从而成为一个思想品德自觉发展主体，实现对自我和社会规定性的不断超越。

总之，思想政治教育的价值是在思想政治教育与现实的个人的关系上产生的，也是以思想政治教育与现实的个人的关系作为基础的；思想政治教育的价值始终是指向人的，即是一种人本价值。认识思想政治教育的价值，只有"以现实的个人为中心"的思想政治教育价值研究才可以予以说明。这就要明确思想政治教育价值的人本向度，探讨思想政治教育与人之间的需要与满足的对应关系，探讨人需要什么样的思想政治教育，思想政治教育怎样可能对人有利、有益，能够满足人的某种需要，有助于人实现某种目标，以及如何避免思想政治教育对人的无用、无益、无利甚至有害，或与人的需要相背离，使思想政治教育朝着更有利于现实的个人存在和发展的方向转变，从而形成思想政治教育对人的存在和发展的价值增值。

三、思想政治教育的功能

人们一般认为，思想政治教育具有两大功能，即思想政治教育对人的功能和对社会的功能，或曰思想政治教育的个体功能和社会功能。其中，个体功能包括生存功能、发展功能和享用功能，社会功能包括政治功能、经济功能和文化功能。[①] 这种思想政治教育的功能观实际上是以人们普遍

---

① 参见陈万柏等主编：《思想政治教育学原理》，高等教育出版社2007年版，第57—71页。

采用的"社会"与"个人"为分析视点。这种研究是必要的，也是有意义的，从各种不同的角度来认识思想政治教育的功能，对于我们"逼近"思想政治教育之"本真"功能具有重要的作用。但是，这种认识很难看出思想政治教育作为社会的一个特殊的子系统的特有功能，因为作为人的活动，几乎人类的任何活动对于人来说都有特定的功能；其功能在政治、经济和文化这几个领域都有所体现。同时，这样界定思想政治教育的功能也给人以"思想政治教育万能"之感。因此，我们必须从新的视角来重新分析思想政治教育的功能。

（一）思想政治教育功能的含义

"功能"既是一个日常口语，又是一个科学概念。在日常生活中，"功能"常常指事物的"作用"。作为一个科学概念，"功能"这一概念源于物理学，"功能"常常与"结构"构成一对范畴，存在于"实体化"的事物之中。《辞海》对"功能"的解释是："功能：（1）事功和能力；（2）功效；作用。多指器官和机件而言"。在社会学中，它"指物质系统所具有的作用、能力和功效。"① 由此，我们可以看出"功能"是功效与作用，是指器官、机件、物质等实体化系统所具有的作用。

现代哲学中的"功能"范畴主要是从自然科学演化而来的，是现代科学和实践条件下形成的一个新范畴，恩格斯曾在《自然辩证法》一书中对之有大量的阐述和分析。在哲学中，"功能"与"结构"构成一对范畴。在这对范畴中，功能是事物作用于他物的能力，即系统作用于环境的能力。功能与作用从不同角度表述同一个过程，就事物本身而言，是指它具有何能力；就一事物与他事物的关系而言，是指它具有何作用。作用正是功能在事物相互影响中的表现。一事物的功能总是在与环境的作用过程中表现出来的。所以，我们也可以把系统对环境的作用

---

① 《辞海》编辑委员会编：《辞海》，上海辞书出版社 1989 年版，第 1317 页。

称为系统的功能。① 哲学社会学中的功能主义学派认为，所谓功能即是一事物对整体或社会所起的作用。② 由此可见，"功能"一般是指由若干要素按照一定结构有机构成的系统在与周围事物或环境发生相互作用时表现出来的特征、能力或根本属性。功能是表示系统与环境相互关系的范畴，它体现了系统与环境之间物质、能量和信息的输入与输出的交换关系。功能是事物存在的质的重要特性之一，不同质的事物具有不同的功能，不同事物的功能是区别事物质的一个标志。事物或系统的进化或提升，一个重要的方面就是其功能的不断高级化，表现为它与环境或其他事物相互作用方式的进化。

思想政治教育的本质决定了其基本功能应该是有客观确定性的，它是思想政治教育本质的外部表现。因此，我们在分析思想政治教育功能这一范畴时，就既要依据认识"功能"范畴的一般方法，又要联系思想政治教育活动的具体特点。依据哲学对"功能"的界定，我们可以认为，所谓思想政治教育功能，指的是思想政治教育作为社会大系统中的一个子系统，在与社会大系统和其他子系统发生相互作用时表现出来的功效与作用。思想政治教育作为一种客观的普遍性的存在，构成了社会大系统中的一个重要的子系统。这个子系统在与社会大系统以及社会其他子系统相互作用时产生的作用和结果，就是思想政治教育的功能。

（二）认识思想政治教育功能的基本维度

事物的功能是由事物的结构决定的，事物结构的复杂性决定了事物的功能实际上是一个"功能系统"。在事物复杂的功能体系中，事物的基本结构决定着事物的本质，也决定着事物的基本功能。事物一旦确立，它的基本结构便是确定的，事物的本质就是确定的。在事物发展变化中，事物的内部结构要发生变化，其功能就要相应发生变化，但其基本结构和本质

---

① 参见李秀林等主编：《辩证唯物主义和历史唯物主义原理》，中国人民大学出版社1995年版，第230—231页。
② 参见周隆宾主编：《社会历史观大辞典》，山东人民出版社1993年版，第151页。

则不会改变。因为事物基本结构的改变，意味着事物本质的改变，事物不再是该事物本身了。所以，事物一旦成为该事物，它的基本功能就是确定的，是不会随着时间和环境的改变而改变的。那么，在思想政治教育的众多功能中，应该有一种基本的、核心的、起支配作用的功能——原生功能（或本体功能）。思想政治教育功能，是一个由各级衍生功能环绕原生功能而形成的功能体系或功能结构。原生功能对各级衍生功能具有某种主导或约束作用，各级衍生功能随着与原生功能距离的远近，并且经过多层"介质"的折射，往往表现出"游离"原生功能的倾向，甚至可能产生功能冲突。① 可见，分析思想政治教育的功能，首先必须分析思想政治教育的基本功能或者说原生功能。

要认识思想政治教育的基本功能，必须选择一个与思想政治教育关系最为密切的分析视点。因为只有在与之有最密切关系的分析视点中，才能最清楚地看出思想政治教育的原生功能。如果选择一个远离思想政治教育的分析视点，往往得出的是思想政治教育的衍生功能，只是原生功能在诸多中介层中的投射或反映。客观地看，思想政治教育首先与人的关系最为密切。思想政治教育不是一个客观的"物质系统"，而是一个"人为系统"，其中渗入了人的活动，体现着人的目的要求与价值追求。同自然现象相比，人为现象的一个突出特点就是在其中存在着人自我指涉、自我缠绕的问题。也就是说，思想政治教育是在价值创造背景下产生的，是人类为了满足自身的生存发展的需要而创造出的一种改进自身存在状态的活动系统。因而，思想政治教育的功能是在思想政治教育之于人的价值的前提预设下产生的，思想政治教育的价值对于思想政治教育功能具有逻辑先在性。这是思想政治教育功能与其他事物的功能根本不同之处。其实，不仅思想政治教育功能是这样，人类的一切活动的功能都是如此。人类活动的最大特征在于，当周围事物的发展或自然状态不能满足人的需要时，人就

---

① 此处参考了张应强关于教育功能的观点，参见张应强：《高等教育的建构与反思》，黑龙江教育出版社2000年版，第247页。

要按照自己的需要、按照物的尺度与自身的尺度去创造新的事物，去改变事物原有的状态和性质，以满足自身的需要，使对象物由此实现其应有的价值。同时，这种活动的价值、所创造出来的对象物的功能属性或者说人的活动的尺度，已先于活动结果而存在于人的观念之中。也就是说，人所创造的"物所具有的能够满足人的需要的功能，实质上是人创造价值的活动具有能够满足自己需要的功能，物对人的意义即人的活动对自身的意义"①。在这个意义上，人的活动的功能就表现为能够创造对人有用的物，即能够创造价值，人的活动所表现出来的功能在本质上是属人的功能，是为了满足人的需要而产生的。人的活动不仅具有改造自己周围事物以满足自己需要的功能，更重要的是还具有改造自我的功能。换言之，人也能够把自我当做认识和改造的对象，通过自己的活动把现实的自我改造成为能够满足自己需要的另一个"新我"。马克思指出："正象一切自然物必须产生一样，人也有自己的产生活动即历史……它作为产生活动是一种有意识地扬弃自身的产生活动。"② 毛泽东在《实践论》中也指出："无产阶级和革命人民改造世界的斗争，包括实现下述任务：改造客观世界，也改造自己的主观世界——改造自己的认识能力，改造主观世界同客观世界的关系。"③ 思想政治教育本质上是人的一种改造自我、成就人的思想品德理想自我以满足现实生活需要的价值活动，思想政治教育在客观上首先表现为促进人的思想品德发展的功能。因此，作为个体的人是我们分析思想政治教育功能的一个基本视点。

在思想政治教育过程中，人的思想品德素质发展是通过人与社会主导思想文化的相互作用而实现的。在这个过程中，人作为思想品德建构活动的主体主动地进行文化选择，使思想文化对自我的塑造成为一种方向性过程，服从于自我思想品德建构的目的与理想。同时，人的思想品德素质发

---

① 李秀林等主编：《辩证唯物主义和历史唯物主义原理》，中国人民大学出版社 1994 年版，第 431 页。

② 《马克思恩格斯全集》第 42 卷，人民出版社 1979 年版，第 169 页。

③ 《毛泽东选集》第一卷，人民出版社 1991 年版，第 296 页。

展又带来了新的思想文化的产生。由此，在人的思想品德素质发展过程中，必然伴随着社会思想文化的创新。在这个意义上，我们说思想政治教育的功能体现为对社会主导思想文化的作用。因此，思想文化成为我们分析思想政治教育功能的另一个视点。

一般来说，人们在分析某种事物或现象的功能时，常常把社会作为分析视点，因而便有某事物或现象的社会功能之说。而我们在这里以现实的个人与思想文化作为分析视点，而没有从分析思想政治教育的社会功能入手，并不是否定思想政治教育的社会功能；恰恰相反，是为了找到一个最能全面分析思想政治教育社会功能的视点。这是因为，在历史唯物主义的视野中，个人与社会是相互缠绕、有机统一的，某事物或活动对个体的功能必然对社会也有作用，很难划分个体功能与社会功能的具体区别。另外，人是一切价值物的创造者，能够创造人的生活所需要的一切价值对象，甚至包括他自身，人是"价值原"。① 正是由于思想政治教育人本价值的实现，在客观上促进了人的思想品德发展和社会思想文化的发展与创新。那么，思想政治教育的社会功能，就是思想品德素质获得发展了的人在社会各个活动领域所创造的价值。另外，思想政治教育通过对人的思想品德发展的作用而使社会主导思想文化得以传承和创新，这就是思想政治教育社会功能的具体体现。因此，思想政治教育对个人与思想文化的功能是该活动区别与其他活动的标志。

从思想政治教育过程的本质来看，人与社会主导思想文化（社会意识形态）应是分析思想政治教育功能的相对客观与科学的视点，思想政治教育对人的思想品德发展功能和对社会主导思想文化的发展功能是思想政治教育的原生功能。思想政治教育的结果表现为人的思想品德与社会思想文化的双向建构，思想政治教育一方面将社会主导思想文化赋予人，使人获得人之为人的规定性，并获得超越自我、提升自我的思想品德素质；

---

① 参见高清海主编：《马克思主义哲学基础》（下），人民出版社 1987 年版，第 56 页。

另一方面也使社会主导思想文化得以传承和创新。可见，只有以社会思想文化与人作为分析手段来研究和考察思想政治教育的功能，才能正确认识思想政治教育的原生功能，并有助于认识其衍生功能及其与原生功能的关系。

（三）思想政治教育功能的规定

1. 思想政治教育促进人的思想品德发展的功能

思想政治教育对个体的人的功能并不在于引起人的思想品德素质发展，而在于能够促进人的思想品德素质发展。这是因为，即使没有思想政治教育者对教育对象施加社会思想文化的引导，即不经过这种专门的有目的、有组织、有计划的思想政治教育，教育对象的社会性也决定了他会不自觉地被社会主导思想文化所牵引，造成他的思想品德素质或多或少的发展；只不过这种思想品德素质的发展是无意识、不自觉的，是一种自然自发的发展。思想政治教育则是通过价值引导来促进人的思想品德发展。具体说来，思想政治教育对个体思想品德发展的促进作用主要表现在以下几个方面。

第一，赋予人一定社会思想文化的规定性。人作为一种现实的存在，处于特定的社会环境中。人的社会性存在决定了社会现实的要求必须在他身上再现出来，他必然要取得这种现实规定性。个人是在社会和社会关系中，通过社会化而成为主体的。人作为类，只具有成为主体的应当性和可能性，而要现实地成为主体，则必须在社会化过程中，掌握和占有社会思想文化的经验和内容，掌握一定的活动形式和交往形式，承担一定的社会职能。这就意味着个人还要受社会关系的规定和制约。正是在这种规定和制约中，个人逐渐取得自己的能力、自由、独立自主性和积极创造性，即获得真正的主体性。在社会领域，每一个人都从特殊的动机出发，追求自己的目的，使得社会活动显得杂乱无章，没有规律可循。可是当我们从表面现象深入到社会的深层结构时，就会发现并非人人都能达到自己的目的。众多彼此冲突的活动往往形成一个非此非彼的合力，成为不同于任何个人活动的活动秩序和节奏，这种秩序和节奏不会去迁就任何个人，反而个人要符合这种秩序。这种秩序和节奏就是规范的基础。社会思想文化作为人之活动的产物，它一经被创造出来便会逐渐获得相对独立性，并反过来对人类个体具有规定和规范作用。因此，人必须获得社会中业已存在的思想文化，取得社会现实的种种规定性，这类思想文化对人来说是必要的，它使人成为现实社会思想文化的占有者、体现者，使人成为一个"社会化"了的人，一个为社会思想文化所接纳的人，从而使人的存在获得了根本性的前提。在思想政治教育中，人是用现实社会主导思想文化来丰富自我、建构自我的，这种思想品德建构活动的结果是产生了一个新的自我。这个新的自我所凝聚的思想品德素质结构和水平，已与旧有之"我"大异其趣。思想政治教育通过使人掌握人类创造的先进思想文化成果，把个体的思想品德认识和经验水平提高到"类"的认识和经验水平，使人的思想品德素质得到全面、健康的发展，从而超越了他本身的局限，使之从一个孤立、片面、偶然的个体转变为具有丰富关系的、全面的、掌握必然性的个体。

第二，发展人的思想品德个性。人的存在是社会性与个体性的统一。人的社会性决定了他作为社会成员的存在，人的个性决定了他作为他个体的存在。社会性反映了社会对人的整体要求，个性反映了个人自身发展的潜能。个性存在既是个人的社会存在的个别表现，又是对它的补充，离开个人的个性存在，其社会存在是抽象的。由于人的个性心理特征和个性心理倾向性不同，所以在思想品德需要、理想目标以及观念、态度、情感、行为习惯等各方面，必然表现出个性差异来。思想品德个性差异性能够帮助个体确立和提高思想品德自我意识，形成和发展人的自尊心、自信心、自制力和自豪感，有利于个体思想品德观念和行为方式的创造。思想政治教育虽然有共性内容，但其本质上是教育对象在价值引导下发挥自身的主体性的过程，因而有效的思想政治教育必然会尊重和重视人的个性特征和个性发展，促进个人的认知、情感、意志等心理因素的发展和完善，以及个人思想观念的提高和进步，从而能够完善人的思想品德个性，真正使人成为既具有现实的社会性又具有丰富的个性的个人。也就是说，思想政治教育的结果不是泯灭人的思想品德个性，而是丰富人的思想品德个性；其根本目的不是为了限制人自身，而是为了使人摆脱自然和社会必然性的控制，真正成为自由的人。

第三，赋予人思想品德发展的意识和能力。在思想政治教育中，教育对象在教育者的价值引导下，通过发挥自身的思想品德建构活动的主体性，实现着思想品德发展。由此，思想政治教育不但使人获得了现实的社会规定性，成为适应现实社会生活的人，而且还提升了人的思想品德理想自我的需求水准，提高了确立理想自我目标的认识能力、判断能力和选择能力，丰富了情感体验和意志的力量，因而其建构活动的主体性得到不断提升，由此思想政治教育增强了人的思想品德发展的意识和能力。

2. 思想政治教育的文化选择功能

思想政治教育使人与社会主导思想文化之间发生相互作用，是思想文化"化人"的过程。但这种"化人"过程，不同于文化对人的自然模塑。文化对人的自然模塑在文化人类学中称为"濡化"（Enculturation）。文化人类学家是在一般意义上，即文化对人的自然模塑上强调文化对人的形成的重要意义的。人在濡化过程中是无主体性的，所谓"近朱者赤，近墨者黑"。而在思想政治教育中，社会主导思想文化对人的模塑，是在教育者和教育对象有目的、有意识的前提下进行的。因此，教育对象不是受动的，而是在教育者的价值引导下主动进行思想文化选择，使思想文化对自我的塑造过程成为一种具有方向性的过程，服从于思想品德自我建构的目的与理想。由此，思想政治教育作为致力于教育对象思想品德自我建构、自我发展的过程，它在实现教育对象思想品德发展的过程中必然伴随着思想文化选择，并在此基础上对思想文化进行创新。这就是思想政治教育对思想文化的选择功能。

思想政治教育的这种选择功能是对思想文化的一种主动的作用，对于思想文化的整个发展是必不可少的。如果不加选择地把历史上所有的思想文化都传承下来，这对于发挥作为意识形态的社会主导思想文化之维护社会经济基础和制度的功能是很不利的。另外，从思想文化自身的内部运动来说，多种思想文化之间充满着矛盾和斗争，去芜存菁、推陈出新是思想文化发展的必要条件和必然结果。如果缺乏对思想文化的选择，思想文化发展的生命力就会枯竭，就会导致思想文化的停滞。没有文化选择的社会是一个静止的社会，美国文化学家奥格本曾经这样描述一个"静止社会"："在静止社会中，所有已经做过的都是好的，即使实验和新方法应当被引进，也没有人会以赞赏的态度对待它们。以往的过去有很高威望，了解过去的老年人受到尊敬。人们接受命运和必然，因为人们从来想不到改变条件。因此，进行调适的努力就是改变人的行为，戒条和控制在这里起了特别大的作用。后继者都有身份。过去和老年人的权威非常重要，法律有威严，道德行为的准则非常详细，必须要遵守，民德必须严格服从，违背它们是不允许的。人们都有严格的规矩，对于各种制度有很深厚的感情。礼仪和仪式是稳定的。社会崇尚艺术、宗教和阶级界限。总之，静止的社会是平衡的、和谐的社会。"① 美国现代人类学家玛格丽特·米德对南太平洋土著居民的文化进行考察后，认为文化停滞的主要原因是子代对父代的文化缺乏选择而全部复制，子代完全继承着父代所提供的全部生活的答案。② 大山深处的人，一代代总是按照相同的文化模式生活，人的思想品德素质发展水平和现实思想品德需要都是重复性的，代际差异极小，同样也是缺乏思想文化选择的缘故。而缺乏思想文化选择，就不会生成有创新意识和创新能力的人，也就不会有文化创新。例如，中央电视台的记者曾采访了一个封闭穷困山村的放羊娃，采访表明，放羊娃对自己全部生活意义的认识、他所能"设想"的最高生活境界，就是村落中父辈所经历和实现的生活境界和意义：放羊——娶婆姨——生娃——生的娃再放羊……但是，一旦有了思想文化选择，思想文化的重复性循环便会被打

---

① 威廉·费尔丁·奥格本：《社会变迁——关于文化和先天的本质》，浙江人民出版社 1989 年版，第 227 页。
② 参见玛格丽特·米德：《代沟》，光明日报出版社 1984 年版，第 24 页。

破，人的自然潜能便能得到开发，人也就会走出自然特性的藩篱而走向一个广阔的世界，形成新的需要和精神追求，并且这种需要和追求会成为一个无限上升的无止境的过程，从而不断创造出新的思想文化。

思想政治教育对社会思想文化的选择功能主要表现为，它把社会思想文化作为独立于人之外的对象进行肯定和否定的判断与分析，以引导社会思想文化向健康方向发展。思想政治教育是在现实社会中进行的，因而也是根植于现实思想文化之中的，是以现实思想文化为基础的。现实思想文化在每一个人的身上，都打上了它的深深的烙印；离开了现实思想文化，人的存在就失去了根基。但是，在思想政治教育中，教育者并不是把所有的现实思想文化都提供给教育对象，而是要根据社会主导价值观的要求，对现实思想文化进行选择。例如，在中国古代社会，儒家思想文化长期居于统治性的社会主导思想文化地位，因此中国古代思想政治教育者提供给人们的是以儒家经典为主要内容的思想文化。而在当前我国社会主义初级阶段，思想政治教育者则根据人的全面发展的理想和社会发展的目标以及人的发展的不同思想品德需要，把社会主义核心价值体系作为思想政治教育的内容。而那些与社会主义核心价值体系相背离的思想文化，则是思想政治教育者着力要否定和批判的。思想政治教育者把人类创造的这些优秀思想文化成果提供给教育对象，因而丰富了人的内涵，形成了人的新的理想和追求。这种新的理想和追求必然突破现实思想文化对人的限制和规定，使人追求和创造新的思想文化，由此体现了思想政治教育的思想文化创新功能。

思想政治教育对思想文化的选择功能从作用方式来看主要有三种形式，即肯定性、否定性和前导性，分别表现为对思想文化的传承、批判与引导。应该指出的是，思想政治教育对思想文化的这几种作用，并不是分开的而是密切地联系在一起的，离开了任何一种作用，其他作用便不可能存在，也失去存在的意义。

第一，思想文化传承。思想政治教育对思想文化的肯定，在总体性上，是在主体自主价值判断和选择的基础上，将优秀的思想文化继承下来。思想政治教育对思想文化的"复制"和"再现"是非常必要的，否则人类思想文化的发展就会"断流"。思想文化作为思想政治教育的基本素材，是在经过选择之后进入思想政治教育过程的。思想政治教育过程中的思想文化，大致经过了两次选择性评价：一是思想政治教育者的筛选和加工，二是思想品德建构活动主体的再选择、再评价，从而对活动主体产生影响。从思想政治教育作为培养思想品德建构主体的过程来看，教育对象对思想文化的选择和肯定更为根本。这是因为，思想品德建构活动主体在建构思想品德观念和思想品德行为活动的过程中，不是仅仅对思想文化进行简单复制，而是创造了新的思想文化，丰富和发展了社会思想文化。社会思想文化系统不是一个僵化的系统，而是一个不断"吐故纳新"的进化和发展的系统。正如海德格尔所分析的，由人所创造的一切外部条件（物质、制度、价值观）不是一种断面性的现实存在，而是一种方向矢量的"存在"，不是被静止观照的对象，而是一种能动的动态过程，它永远处于人的重新建构之中。① 就性质来说，思想政治教育系统本身是一个思想文化系统，是社会的一个"思想库"。在这一系统中，无时无刻不在进行着各种思想文化、价值观念的冲突与融合，从而产生出新的思想文化。思想政治教育所创造的新的思想文化对其进化和发展起着重要的促进作用，这是思想政治教育对思想文化之肯定的最高形态。思想政治教育之所以能够创造新的思想文化，其根源在于它能够生成有创造能力的人，"思想政治教育的文化创造功能在于为社会文化的不断发展造就具有创造活力的人"②，人才是先进思想文化的"创造源"。传统道德教育只"提出了社会化过程中，个人使社会的规则成为自己性格的一部分这一重要论点，但是他并没有认识到人具有制定规则的能力，也就认识不到人可以重新制定社会的规范并发展自己的个性"③。如果我们认为人的思想品德素质发

① 参见鲁洁主编：《德育社会学》，福建教育出版社1998年版，第13页。
② 张耀灿等：《现代思想政治教育学》，人民出版社2006年版，第182页。
③ 戴维·布莱克莱吉等：《当代教育社会学流派》，春秋出版社1989年版，第26页。

展仅仅是对社会思想文化的"临摹"，那么社会思想文化是从哪里来的？无非是人创造的。人是创造思想文化的主体，人类所创造的思想文化是人的对象性的存在，它"是一本打开了的关于人的本质力量的书，是感性地摆在我们面前的人的心理学"①。

第二，思想文化批判。思想政治教育对社会思想文化功能的否定性方式，主要表现为对思想文化的批判。社会思想文化是一个精华与糟粕共存、传统与现代共生、外来思想文化与本土思想文化交错的系统，其内部充满者矛盾和斗争，各种思想文化之间的相互作用促进社会思想文化的变迁和发展。思想政治教育作为一种"策动力"，在思想文化的变迁中所发挥的重要作用之一，就是对社会思想文化中的"糟粕"的否定和批判。在现代社会，思想政治教育的这种批判功能在经济领域有着集中的表现。市场经济是一种强烈的获利型经济，由于受利益驱动，往往容易滋生拜金主义、极端利己主义、享乐主义等。如果没有严格的法制，没有强有力的社会价值观念引导，必然导致人欲横流、恶念丛生，导致社会思想水平和人的思想品德素质滑坡。思想政治教育在否定和限制市场经济消极的思想文化价值观念方面所起的独到的作用，往往是经济规则、社会法律所不能及的。如拜金主义是商品经济中的消极现象，但它是经济规则无法约束的，而且只要未达到违法地步，法律也无能为力。思想政治教育则能够通过对思想文化观念的分析批判，来提高人的精神文明素质，净化人的思想和灵魂，对社会价值观念进行定位等。在这种意义上，如果说思想政治教育对现实思想文化的肯定，是服务于现实社会的文化，那么，思想政治教育对现实思想文化的否定，则可能是一种更高层次的服务，即批判本身就意味着不同程度的求异和创新，而"创新是一个民族进步的灵魂"②。所以，思想政治教育对思想文化的批判功能，不仅是一种客观存在，而且也是社会现实思想文化健康发展所必需的。

①《马克思恩格斯文集》第1卷，人民出版社2009年版，第192页。
②《江泽民文选》第三卷，人民出版社2006年版，第537页。

　　第三，思想文化引导。思想政治教育对社会思想文化的引导，是指思想政治教育在整体上发挥着对社会思想文化的导向作用，指明社会思想文化发展的方向。思想政治教育并不只是在赋予人以现实的规定性，让人适应现实的思想文化，它同时也在赋予人以未来的特性，让人超越其现实规定性、超越现实社会思想文化。因此，思想政治教育不仅是反映现实的人和现实的思想文化，在本质上它是指向人的理想自我和社会思想文化的未来的，它对思想文化的发展起着一种引导作用。如果没有思想政治教育，人只能沉溺于当前利益和物质享受之中，无论是个人还是社会都不可能超越自己，社会思想文化就只能处于无方向的"自然"运动之中。有学者指出，引导着社会文化发展的根本力量不是别的什么东西，而是人自己的"本质力量"，是人通过塑造自己的新形象，培养自己的新"人性"而实现的。① 就思想政治教育这个自组织系统而言，它不仅是一个思想文化创造"源"，创造着新的社会思想文化，而且还是一个思想文化扩散"源"，它要把所创造的新的思想文化，通过一种扩散机制而扩散到整个社会领域。即：它要扩大新的思想文化的影响力，使之上升到主导思想文化的地位，从而对社会思想文化的发展产生重大影响。例如，雷锋精神、孔繁森精神已经由个体的人创造的新的思想文化上升到整个社会思想文化的主导地位，并且引导着社会主义思想文化的发展方向。

　　通过分析思想政治教育对个体的功能和对思想文化的功能，我们可以发现，思想政治教育作为社会大系统中的一个子系统，它对社会大系统和各个子系统的功能，即思想政治教育的社会功能，其实质就在于为整个社会系统提供思想文化支持。思想政治教育用一定阶级或政治集团的意识形态对社会成员进行价值引导，实现个体思想品德与社会意识形态的价值同质发展，实际上是对一定思想文化的选择。对于社会子系统而言，思想政治教育的功能也是如此。思想政治教育为其他社会子系统提供以意识形态为核心的思想价值引导，如以经济文化、政治文化、伦理文化、企业文化

---

　　① 参见李鹏程：《论文化转型与人的自我意识》，《哲学研究》1994 年第 6 期。

等，整合和引导各个领域的思想观念，力求使人们的思想文化符合社会思想文化的要求。由于现实的个人是社会思想文化的承载者，思想政治教育文化选择功能的实现必须通过现实的个人的思想品德发展这个中介，因而思想政治教育个体功能的实现是其社会功能实现的前提与基础。正是思想品德发展了的个人在社会的经济活动、政治活动等系统中发挥着自身的积极性与创造性，因而会有思想政治教育的经济功能、政治功能等诸多具体化的社会功能之说。总之，思想政治教育就是要通过促进人的思想品德发展，即向社会各个系统输送富有超越精神、创新意识和创新能力的人才，使社会获得了存在和发展的现实性力量——现实的人，从而使思想政治教育本身成为社会大系统中的具有某种实体性功能的有机构成部分。

我们对思想政治教育功能的分析，是从思想政治教育的理想状态出发的，研究的是思想政治教育能够达到和应该达到怎样的一种状态和境界。也就是说，我们认识的是思想政治教育的"应然"功能，这种功能的实现尚不具备普遍性。纵观历史和现实，我们可以看到，思想政治教育至少不是在任何时代对人的思想品德发展都起着促进的作用，也并不是在任何时代都能够实现对思想文化的批判与创新。历史表明，思想政治教育不仅曾经是低效和迷乱的，而且甚至蜕变为实现非人道目标的工具。例如，在我国封建社会中，思想政治教育就把人变成封建思想文化的附庸，使人的思想品德个性、人的思想品德主体意识和主体精神泯灭殆尽，使社会思想文化成为长时期统治人民的精神枷锁。这种思想政治教育对人的发展而言，体现的是一种负功能，对人的奴化性多于发展性。因此，这种思想政治教育并不能真正促进人的思想品德发展和社会的发展与进步。但是，我们不能把思想政治教育曾经表现出来的"实然"功能当做"应然"功能，以至抹杀思想政治教育对促进人的思想品德发展的不可替代的功能。正因为如此，我们就应该研究，在满足哪些条件以后，思想政治教育能够真正促进人的思想品德发展，并实现社会思想文化的不断创新。也就是说，我们要通过研究"应然"来揭示思想政治教育功能的"必然"。

四、思想政治教育的目的

思想政治教育是一种有目的的活动，思想政治教育目的是思想政治教育理论中的又一个基本理论问题。思想政治教育目的在思想政治教育实践中起着统帅作用，教育内容的确定、教育方法的选择、教育效果的评价等，都与思想政治教育目的有着直接的关系。

（一）思想政治教育的目的是"人之目的"

探讨思想政治教育目的，我们首先碰到的是一个前提性问题，也是一个具有决定性意义的问题，这就是思想政治教育目的是"谁之目的"。在这个问题上，思想政治教育领域可以归结为两种截然相反的观点："个人本位论"和"社会本位论"。"个人本位论"和"社会本位论"的根本分歧在于：思想政治教育究竟是注重个人的发展还是注重社会的发展？个人和社会谁更重要？这个问题究其实还是如何理解个人与社会的关系的问题。在我们看来，这两种认识都有其偏颇之处，它们在个人与社会、人的发展与社会发展的关系上各执一端，只揭示了社会与个人关系的一个方面，夸大了一个方面，忽视或缩小了另一方面。前者所说的个人是离开社会实践活动的、抽象的人，忽视了社会对人的发展的条件性。而后者所说的社会是没有个人的空洞的社会，忽视了个人在社会发展中的创造性与超越性；只强调个人依赖社会的一面，忽视了社会同样有依赖个人的一面；突出了个人离开社会就不能生存这一真理性的结论，却忽略了一个充满活力的社会离开充满生机、富有创造性的个人根本不会存在这样一个同样是真理性的结论。在我们看来，人与社会统一的基础在于人的活动。在人与社会的关系中，人是受动的和能动的统一体，但能动是人的更为本质的一面，"人，像动物一样，服从着社会的各种法则，但是除此之外，他还能积极地参与创造和改变社会生活形式的活动"①。可见，人并不是完全听命于社会关系摆布的被动存在，而是能够自觉地改造和创造社会。当社会不能满足人的生存和发展需要时，"人决心以自己的行动来改变世界"②，从而改变着自己的生存和生活条件。由此可以看出，人作为社会的主体，既是社会历史的生成物，更是社会历史的创造者。

作为一种社会现象，思想政治教育是一种有目的、有计划的培养人的社会实践活动，这是不言而喻的。我们已经论证，思想政治教育现象的存在，本质上在于它能够满足人的思想品德素质发展的需要，是人发展自我思想品德素质的一种主体性活动。这就意味着，人的思想品德素质是否得到发展，是衡量思想政治教育是否有效的一个基本标准；思想政治教育的目的应该是指向人的，正如康德所说："你的行动，要把人性，不管是你身上的人性，还是任何别人身上的人性，永远当作目的看待，决不仅仅当作手段使用。"③ 我们当然不否认思想政治教育的社会效用，但是，思想政治教育的直接结果在于人的改变和思想品德素质的发展。因为人的理想自我的确立过程及其内容是具有社会性的，是他在与代表社会主导思想文化的思想政治教育者的交往活动中产生的，由此思想政治教育的"人之目的"也就有了社会性成分或取向。但这种社会性取向或成分是主体自己选择、自我认同而纳入其思想品德素质结构之中的。所以，思想政治教育的目的在归属上是自我之目的，是人的目的。思想政治教育固然要服从与社会目的和需要，但这是思想政治教育应当承担的社会职能。而要承担其社会职能，就必须从人的发展出发，使全面发展了的人服务于社会发展。

（二）思想政治教育的目的在于培养思想品德发展和社会生活的主体

思想政治教育对人的思想品德素质发展的作用，主要在于使人获得和

---

① 卡西尔：《人论》，上海译文出版社1985年版，第282页。
② 《列宁全集》第55卷，人民出版社1990年版，第183页。
③ 《西方哲学原著选读》（下），商务印书馆1982年版，第318页。

强化人之为人的思想品德主体性，使人成为一个思想品德素质自我发展的主体。通过思想政治教育，主体不断获得思想品德素质自我超越与创新的需要和能力，由此人的思想品德主体意识、思想品德主体能力与思品道德主体人格都得到发展，人的潜在的思想品德主体性也不断被开发和激活。这样，人不但能够成为思想政治教育过程中思想品德建构活动的主体，而且能够成为社会生活的主体。因此，思想政治教育应当致力于人的思想品德素质发展，完善人的思想品德素质结构，为人的思想品德素质结构注入主体性力量，使人具有强烈的思想品德主体意识和思想品德建构活动能力，直至能够逐步摆脱教育者的启发和引导，自觉地进行自我反思和自我教育，把外在的社会要求变成自己的内在追求并创造新的社会要求，达到"教是为了不教"的目的（叶圣陶语）。也就是说，思想政治教育应当以培养思想品德素质自我发展的主体为根本目的，即"充分尊重受教育者的动能性、自主性和创造性，使教育过程成为受教育者自我认识、自我选择、自我完善的过程"①。由于思想品德建构活动是立足于社会生活和社会生活的组成部分，思想品德素质发展的最终实现是在各种社会生活（如政治生活、经济生活、文化生活等）中通过履行一定的社会角色而完成的，即"成人"是在"成事"的过程中实现的，思想品德建构活动本身就是人的精神生活的组成部分，因而人作为思想品德建构活动的主体，同样也是社会生活的主体。如果割裂了思想品德建构活动与人的现实生活的必然联系，思想品德建构活动就不可能发生。因此也可以说，思想政治教育的"根本目的是培养社会生活的主体"②。

人是思想品德素质发展即思想品德建构活动的主体，在其中蕴涵着丰富的思想品德素质发展潜能。个人不是被动地接受各种道德灌输，盲目地模仿指定的榜样，盲目崇拜并遵从既定的规范，而是带着积极性、主动性对现有价值体系、行为规范和社会现象进行独立思考，并在分析、理解的

---

① 张耀灿等：《现代思想政治教育学科论》，湖北人民出版社 2003 年版，第 415 页。
② 同上书，第 360 页。

基础上作出选择，把保存和积累着人类思想文化经验和知识的要求变成内在的观念和情感，把社会的思想文化要求变成自己的欲求并有所创造。因此，思想政治教育的目的在于引导人们认识自己是社会历史活动的主体和自我思想品德发展的主体，适应并超越社会要求，做先进思想品德的探索者、创造者，并且身体力行，勇敢地突破陈腐传统和规范，为新的思想观念的确立开辟道路，不断创造新的思想文化并用新的理想自我去引导整个社会的精神解放。总之，思想政治教育要使人成为能适应和参与一定的社会政治生活、精神生活、组织生活，履行一定的社会角色的人。① 这也就是说，思想政治教育应当以培养思想品德自我发展的主体为根本目的，使人能够适应与超越不断变化的社会生活环境，真正成为社会生活的主体。

---

① 参见张澍军：《德育哲学引论》，人民教育出版社 2001 年版，第 277 页。

结 束 语

　　在我国现阶段的社会生活中，在改革开放的历史背景下，社会思想文化多样化的存在已是一个客观的事实。社会思想文化领域的互渗和冲突，总是彼消此长地联系在一起。经济利益主体的多元化必然会导致思想观念和价值取向的多元化，这是不以人们的意志为转移的符合社会生活本身的逻辑。这是一种正常的状态，它反映了社会进步和开放的程度。一个稳定的常态社会总是以拥有普遍的价值共识为基本特征。那么，对于一个正在全面变革中的转型社会而言，就必然以形成普遍的价值共识为目标。因此，我们应当特别强调社会主义核心价值体系的主导作用，进一步提高用社会主义核心价值体系引领多样化社会思想文化的水平。

　　思想政治教育作为理论掌握群众的重要方式，同样处于复杂多变、价值多元取向的开放环境里。在现代社会中，对人的思想与行为产生影响的因素也愈加复杂，尤其是大众传媒和互联网的发展对人们的思想意识产生的影响不可低估。现代社会多样、多变、多重客观条件的影响，需要我们不断创新思想政治教育的理论与方法，切实提高思想政治教育的针对性和实效性。在新的形势下，思想政治教育作为一种满足人的生存和发展需要的主体性活动，如何才能真正促进人的思想品德发展，实现人对思想品德理想自我的超越性追求？

　　以人为本是科学发展观的本质和核心，"人本"的问题已经成为当代理论界与现实生活中关注度最高的话题之一。胡锦涛在全国宣传思想工作会议上指出："思想政治工作说到底是做人的工作，必须坚持以人为本。"① 这就要求思想政治教育要把人的生存和发展作为思想政治教育的基本价值目标。也就是说，思想政治教育必须关照现实的个人的地位与价值、人的独立与自由、人的尊严与人格、人的发展可能等，并以此给人的思想品德发展的超越性追求提供现实的方式与路径。这就要在思想政治教育的立足点、出发点、价值目标、实现方式等一系列具体问题方面都要围绕"人本"这个核心来加以深入思考。

第一，思想政治教育要以现实的个人的物质利益为前提条件。维系人类社会的生存发展，归根结底取决于经济运动及其规律。但在经济运动发展的过程中，经济关系只有内化为人们的物质利益关系，才能成为人们维系社会生存的内在机制和动力源泉。个人的需要和利益从来就不是一个道德诫命，而只是一个事实。当今世界一切关于人的问题都不是抽象的而是具体的，都是发生在这个现实的时代、现实的社会关系中的现实问题；一切以人的名义出现的问题，都具有与现实的个人的利益密切相关的具体内容。解决这些问题的思路和方案也是如此。思想政治教育面临和所要解决的问题，表面上看起来是人们的思想问题，但从深层次来看，无非是人们的利益问题。目前我国已经进入了经济社会结构整体转型时期，经济体制改革引发了社会各方面深刻的、根本性的变革，整个社会开始向多样化、动态化、社会化方向演进。与此同时，不同利益群体之间的矛盾、纠纷也日益加剧。人们关心自己的利益，希望通过诚实劳动、合法手段获得个人生存发展的条件，这是无可厚非的，也是应该得到支持和保护的。在一个健全的社会中，个人利益与社会利益不存在根本上的对立与冲突。个人利益的实现只有内含了满足社会需要的功能和价值时，才能为社会所许可和容纳，并从社会中获得现实的外在推动力和可行的实现途径。因此，思想政治教育也不能脱离人的现实利益，而必须关注现实的个人的合理利益，高度重视人民群众的利益尤其是物质利益问题。正如邓小平所说："革命精神是非常宝贵的，没有革命精神就没有革命行动。但是，革命是在物质

① 胡锦涛：《在全国宣传思想工作会议上的讲话》，《人民日报》2003 年 12 月 8 日。

利益的基础上产生的，如果只讲牺牲精神，那就是唯心论。"① 江泽民也指出："我们必须切实了解群众的思想和利益要求，掌握群众情绪，研究群众思想观念的变化。要把做群众思想工作与帮助群众解决实际问题结合起来，既讲道理又办实事，既以理服人又以情感人，在办实事中贯穿思想教育，通过解决现实问题引导群众提高精神境界、增强群众对党和政府的信任。"② 思想政治教育不能以所谓社会或国家的整体利益的名义来剥夺任何一个人的合理的利益要求，不能以牺牲一部分人的利益的代价来满足另一部分人的利益需要。相反，思想政治教育要正确认识个人所关心的热点问题和生产生活中的实际困难，并从人的现实利益出发去寻找人的思想问题产生的根源，特别是要重视人的思想品德发展的物质利益基础。

第二，思想政治教育要以成就人为根本价值取向。如前所述，思想政治教育的产生与发展是为了协调个人与社会的思想政治关系，为了人自身能够更好地生存和发展，是维系人类生存和发展的重要方式和力量。因此，思想政治教育作为调节个人与社会的利益关系的一种方式，其目的并不是为了要把人限制在固定的秩序中，并不是仅仅为了维护社会秩序，思想政治教育在价值本质上是成就人的，是为人的，是提升人而不是束缚人、控制人的。个人的发展与完善不仅是社会所允许的，也是社会所需要的。因为个人发展愈充分、愈完善，对社会的贡献就愈大；而社会愈发展，就愈能为个人的充分发展提供现实的可能性。思想政治教育是通过服务于人的生活世界而达到服务于社会的，这显然是一个自然的和必然的过程。思想政治教育如果不能为人的生活、为人生意义服务，如何可能做到为社会服务？即使可能的话，那也只能是以扭曲人的需要、人的意志和人的目的的方式，去迎合一种"非人性化"和"非生命化"的社会需要。社会总是属于人和为了人的社会，社会并不是也不应该是人的主宰。因此，思想政治教育要以成就人为根本价值取向，要使人们感受到思想品德

① 《邓小平文选》第二卷，人民出版社 1994 年版，第 146 页。
② 《江泽民文选》第三卷，人民出版社 2006 年版，第 95 页。

对自我实现的作用和所蕴涵的幸福，指导人们追求健康而优美的生活方式，帮助人们正确把握自身与世界的联系，而不能忽略人的思想品德与幸福、意义、价值的紧密联系，从而使思想政治教育真正回归人本的价值维度。否则，思想政治教育价值的实现就只能是一个良好的愿望。

第三，思想政治教育价值的实现要以人的主体性为依托。思想政治教育的人本价值充分证明，思想政治教育是满足人的思想品德发展的一种主体性活动。在思想政治教育中，教育对象出于自身现实生活的需要，接受外界的各种刺激影响，通过主体自身的作用，建构其思想品德观念和思想行为活动，充分体现了人的思想品德发展的主体性。如果个人没有自觉主动的愿望、动力和能力，思想政治教育就会变成一种纯粹客观的、外在的、虚假的形式性存在和观念的预设。因此，思想政治教育要充分依托于人的主体性，正如马克思指出的，人类发展的目标在于"通过人并且为了人而对人的本质的真正占有"[1]。毛泽东也指出："要联系群众，就要按照群众的需要和自愿。一切为群众的工作都要从群众的需要出发，而不是从任何良好的个人愿望出发。有许多时候，群众在客观上虽然有了某种改革的需要，但在他们的主观上还没有这种觉悟，……我们就要耐心地等待；直到经过我们的工作，群众的多数有了觉悟，有了决心，自愿实行改革，才取实行这种改革，否则就会脱离群众"[2]，"世界到了全人类都自觉地改造自己和改造世界的时候，那就是世界的共产主义时代"[3]。总之，思想政治教育必须要以人的主体性为依托，这样才能真正实现思想政治教育的人本价值。

总之，我们只有转变思维方式，使思想政治教育朝着更有利于现实的个人生存和发展的方向转变，从而形成思想政治教育对人的生存和发展的价值增值，才能真正把以人为本的思想政治教育落到实处。

---

① 《马克思恩格斯文集》第1卷，人民出版社2009年版，第185页。
② 《毛泽东选集》第三卷，人民出版社1991年版，第1012页。
③ 《毛泽东选集》第一卷，人民出版社1991年版，第296页。

参考文献

1. 《马克思恩格斯文集》第1—10卷，人民出版社2009年版。

2. 《马克思恩格斯选集》第1—4卷，人民出版社1995年版。

3. 马克思、恩格斯：《德意志意识形态》（节选本），人民出版社2003年版。

4. 《列宁选集》第1—4卷，人民出版社1995年版。

5. 《列宁全集》第55卷，人民出版社1990年版。

6. 《毛泽东选集》第一至四卷，人民出版社1991年版。

7. 《邓小平文选》第一至三卷，人民出版社1993、1994年版。

8. 《江泽民文选》第一至三卷，人民出版社2006年版。

9. 中共中央文献研究室编：《十六大以来重要文件选编》（上、下），中央文献出版社2008年版。

10. 邱伟光、张耀灿主编：《思想政治教育学原理》，高等教育出版社1999年版。

11. 陈万柏、张耀灿主编：《思想政治教育学原理》，高等教育出版社2007年版。

12. 张耀灿等：《现代思想政治教育学科论》，湖北人民出版社2003年版。

13. 张耀灿等：《现代思想政治教育学》，人民出版社2006年版。

14. 张耀灿等：《思想政治教育学前沿》，人民出版社2006年版。

15. 张耀灿主编：《中国共产党思想政治教育史论》，高等教育出版社

2006 年版。

16. 陈秉公主编：《思想政治教育学基础理论研究》，吉林大学出版社 2007 年版。

17. 陈秉公：《思想政治教育学原理》，高等教育出版社 2006 年版。

18. 罗国杰主编：《马克思主义思想政治教育理论基础》，高等教育出版社 2002 年版。

19. 王瑞荪等主编：《比较思想政治教育学》，高等教育出版社 2001 年版。

20. 王玄武主编：《政治观教育通论》，高等教育出版社 1999 年版。

21. 郑永廷主编：《思想政治教育方法论》，高等教育出版社 2001 年版。

22. 郑永廷等：《社会主义意识形态发展研究》，人民出版社 2002 年版。

23. 郑永廷等：《社会主义意识形态研究》，中山大学出版社 1999 年版。

24. 郑永廷：《现代思想道德教育理论与方法》，广东高等教育出版社 2000 年版。

25. 郑永廷等：《人的现代化理论与实践》，人民出版社 2006 年版。

26. 祖嘉合：《思想政治教育方法教程》，北京大学出版社 2004 年版。

27. 张云：《思想政治教育心理学》，上海人民出版社 2001 年版。

28. 陈立思主编：《当代世界的思想政治教育》，中国人民大学出版社 1999 年版。

29. 张澍军：《德育哲学引论》，人民出版社 2002 年版。

30. 冷浩然等主编：《思想政治工作中的哲学问题》，上海人民出版社 1997 年版。

31. 项久雨：《思想政治教育价值论》，中国社会科学出版社 2003 年版。

32. 石书臣：《现代思想政治教育主导性研究》，学林出版社 2004

年版。

33. 王玄武、骆郁廷主编：《思想教育、政治教育、道德教育比较研究》，武汉大学出版社 2002 年版。

34. 罗洪铁：《思想政治教育学专题研究》，西南师范大学出版社 1999 年版。

35. 罗洪铁等主编：《思想政治教育原理与方法基础理论研究》，人民出版社 2005 年版。

36. 罗洪铁主编：《思想政治教育学原理》，西南师范大学出版社 2009 年版。

37. 徐志远：《现代思想政治教育学范畴研究》，人民出版社 2009 年版。

38. 骆郁廷：《精神动力论》，武汉大学出版社 2003 年版。

39. 高清海主编：《马克思主义哲学基础》（下），人民出版社 1987 年版。

40. 高清海：《高清海哲学文存》第 2 卷，吉林人民出版社 1997 年版。

41. 高清海主编：《欧洲哲学史纲新编》，吉林人民出版社 1990 年版。

42. 李秀林等主编：《辩证唯物主义和历史唯物主义原理》，中国人民大学出版社 2004 年版。

43. 肖前等主编：《实践唯物主义研究》，中国人民大学出版社 1996 年版。

44. 夏甄陶：《人是什么》，商务印书馆 2000 年版。

45. 杨适：《人的解放——重读马克思》，四川人民出版社 1996 年版。

46. 袁贵仁主编：《人的哲学》，工人出版社 1988 年版。

47. 袁贵仁：《马克思的人学思想》，北京师范大学出版社 1996 年版。

48. 袁贵仁：《价值学引论》，北京师范大学出版社 1991 年版。

49. 袁贵仁主编：《对人的哲学理解》，东方出版社中心 2008 年版。

50. 袁贵仁：《价值观的理论与实践》，北京师范大学出版社 2006

年版。

51. 韩震：《生成的存在——关于人和社会的哲学思考》，北京师范大学出版社 1996 年版。

52. 郭湛：《主体性哲学》，云南人民出版社 2002 年版。

53. 张曙光：《生存哲学——走向本真的存在》，云南人民出版社 2001 年版。

54. 张曙光：《人的世界与世界的人》，北京师范大学出版社 2009 年版。

55. 衣俊卿：《回归生活世界的文化哲学》，黑龙江人民出版社 2000 年版。

56. 陈志尚主编：《人学原理》，北京出版社 2005 年版。

57. 陈志尚主编：《人的自由全面发展论》，中国人民大学出版社 2004 年版。

58. 陈晏清等：《现代唯物主义导引》，南开大学出版社 1996 年版。

59. 陈晏清等：《马克思主义高级哲学教程》，南开大学出版社 2001 年版。

60. 齐振海等主编：《哲学中的主体和客体问题》，中国人民大学出版社 1992 年版。

61. 杨金海：《人的存在论》，中华书局 2009 年版。

62. 方克立：《中国哲学史上的知行观》，人民出版社 1982 年版。

63. 李德顺：《价值论》，中国人民大学出版社 1987 年版。

64. 李德顺、马俊峰：《价值论原理》，陕西人民出版社 2002 年版。

65. 王玉樑：《当代中国价值哲学》，人民出版社 2004 年版。

66. 韩庆祥：《马克思主义人学思想发微》，中国社会科学出版社 1992 年版。

67. 韩庆祥、邹诗鹏：《人学——人的问题的当代阐释》，云南人民出版社 2002 年版。

68. 杨耕：《"危机"中的重建》，中国人民大学出版社 1995 年版。

69. 王宏维：《社会价值：统摄与驱动》，人民出版社 1995 年版。

70. 兰久富：《社会转型时期的价值观念》，北京师范大学出版社 1999 年版。

71. 晏辉：《现代性语境下的价值与价值观》，北京师范大学出版社 2009 年版。

72. 欧阳康：《哲学研究方法论》，武汉大学出版社 1998 年版。

73. 韩民青：《当代哲学系统观》，广西人民出版社 1988 年版。

74. 龙柏林：《个人交往主体性研究》，广东人民出版社 2005 年版。

75. 范宝舟：《论马克思交往理论及其当代意义》，社会科学文献出版社 2005 年版。

76. 王武召：《社会交往论》，北京大学出版社 2002 年版。

77. 鲁鹏：《制度与发展关系研究》，人民出版社 2002 年版。

78. 罗国杰等编著：《西方伦理思想史》（上、下），中国人民大学出版社 1985 年版。

79. 修毅编著：《人的活动的哲学》，中国大百科全书出版社 1994 年版。

80. 王永昌：《实践活动论》，中国人民大学出版社 1992 年版。

81. 高文武：《认识活动论》，人民出版社 1991 年版。

82. 马俊峰：《评价活动论》，中国人民大学出版社 1994 年版。

83. 王霁：《认识系统运行论》，中国人民大学出版社 1990 年版。

84. 周文彰：《狡黠的心灵》，中国人民大学出版社 1991 年版。

85. 何萍：《人类认识结构与文化》，武汉出版社 1991 年版。

86. 黄克剑：《人韵：一种对马克思的读解》，东方出版社 1996 年版。

87. 姚新中：《道德活动论》，中国人民大学出版社 1990 年版。

88. 高兆明：《道德生活论》，河海大学出版社 1993 年版。

89. 马德普：《社会主义基本价值论》，中央编译局出版社 1997 年版。

90. 王乐理：《政治文化导论》，中国人民大学出版社 2000 年版。

91. 朱永新等：《政治心理学》，知识出版社 1990 年版。

92. 沙莲香等主编:《社会心理学》,中国人民大学出版社 2006 年版。

93. 鲁洁:《超越与创新》,人民教育出版社 2001 年版。

94. 鲁洁、王逢贤主编:《德育新论》,江苏教育出版社 2002 年版。

95. 鲁洁主编:《德育社会学》,福建教育出版社 1998 年版。

96. 黄钊:《儒家德育学说论纲》,武汉大学出版社 2006 年版。

97. 班华主编:《现代德育论》,安徽人民出版社 2001 年版。

98. 罗炽等著:《中国德育思想史纲》,湖北教育出版社 1998 年版。

99. 于钦波编著:《中国德育思想史》,吉林教育出版社 1993 年版。

100. 于钦波等:《外国德育思想史》,四川教育出版社 2000 年版。

101. 钟启泉等编著:《西方德育原理》,陕西人民教育出版社 1998 年版。

102. 戚万学:《冲突与整合——20 世纪西方道德教育理论》,山东教育出版社 1995 年版。

103. 朱小蔓:《情感德育论》,人民教育出版社 2005 年版。

104. 檀传宝:《学校道德教育原理》,教育科学出版社 2000 年版。

105. 檀传宝:《信仰教育与道德教育》,教育科学出版社 1999 年版。

106. 檀传宝:《德育原理》,北京师范大学出版社 2007 年版。

107. 肖川:《主体性道德人格教育》,北京师范大学出版社 2002 年版。

108. 陈佑清:《教育活动论》,江苏教育出版社 2000 年版。

109. 王葎:《价值观教育的合法性》,北京师范大学出版社 2009 年版。

110. 陈桂生:《教育原理》,华东师范大学出版社 2000 年版。

111. 顾明远等主编:《国际教育新理念》,海南出版社 2001 年版。

112. 桑新民:《呼唤新世纪的教育哲学》,教育科学出版社 1993 年版。

113. 谢维和:《教育活动的社会学分析》,教育科学出版社 2000 年版。

114. 黄济：《教育哲学通论》，山西教育出版社 1998 年版。

115. 王坤庆：《现代教育哲学》，华中师范大学出版社 1996 年版。

116. 张应强：《文化视野中的高等教育》，南京师范大学出版社 1999 年版。

117. 张应强：《高等教育现代化的反思与建构》，黑龙江教育出版社 2000 年版。

118. 冯建军：《当代主体教育论》，江苏教育出版社 2001 年版。

119. 冯建军：《当代教育原理》，南京师范大学出版社 2009 年版

120. 冯建军：《生命与教育》，教育科学出版社 2004 年版。

121. 吴亚林：《价值与教育》，北京师范大学出版社 2009 年版。

122. 宋宁娜：《活动教学论》，江苏教育出版社 1996 年版。

123. 田慧生等编著：《活动教育引论》，教育科学出版社 2000 年版。

124. 燕国材：《素质教育论》，江苏教育出版社 2000 年版。

125. 涂艳国：《走向自由》，华中师范大学出版社 1999 年版。

126. 石中英：《教育哲学导论》，北京师范大学出版社 2002 年版。

127. 高文等主编：《建构主义教育研究》，教育科学出版社 2008 年版。

128. 张天宝：《主体性教育》，教育科学出版社 1999 年版。

129. 张天宝：《走向交往实践的主体性教育》，教育科学出版社 2005 年版。

130. 黄崴：《主体性教育论》，贵州人民出版社 1997 年版。

131. 黑格尔：《小逻辑》，商务印书馆 1980 年版。

132. 马斯洛等：《人的潜能和价值》，华夏出版社 1987 年版。

133. 科恩：《自我论》，生活·读书·新知三联书店 1986 年版。

134. 尼科洛夫：《人的活动结构》，国际文化出版公司 1988 年版。

135. 皮亚杰：《发生认识论原理》，商务印书馆 1981 年版。

136. 皮亚杰：《儿童的道德判断》，山东教育出版社 1984 年版。

137. 约翰·杜威：《民主主义与教育》，人民教育出版社 1990 年版。

138. 约翰·杜威:《道德教育原理》,浙江教育出版社2003年版。

139. 多尔迈:《主体性的黄昏》,上海人民出版社1992年版。

140. 兰德曼:《哲学人类学》,贵州人民出版社1988年版。

141. 恩斯特·卡西尔:《人论》,上海译文出版社1985年版。

142. 赫舍尔:《人是谁》,贵州人民出版社1994年版。

143. 雅斯贝尔斯:《教育是什么》,生活·读书·新知三联书店1991年版。

144. 列昂节夫:《活动 意识 个性》,上海译文出版社1980年版。

145. 马丁·布伯:《我与你》,生活·读书·新知三联书店1986年版。

146. 霍尔巴赫:《健全的思想》,商务印书馆1966年版。

147. E.H.卡尔:《历史是什么?》,商务印书馆2007年版。

148. 亚里士多德:《政治学》,商务印书馆1965年版。

149. 冯·贝塔朗菲:《一般系统论》,清华大学出版社1987年版。

150. 威尔伯·施拉姆等:《传播学概论》,新华出版社1984年版。

151. 玛格丽特·米德:《代沟》,光明日报出版社1984年版。

152. E.拉兹洛:《进化——广义综合理论》,社会科学文献出版社1988年版。

153. N.维纳:《人有人的用处》,商务印书馆1978年版。

154. 马克斯·舍勒:《人在宇宙中的地位》,贵州人民出版社1989年版。

155. 乔纳森·H.特纳:《社会学理论的结构》,浙江人民出版社1987年版。

156. 阿德勒:《自卑与超越》,作家出版社1986年版。

157. 乔治·赫伯特·米德:《心灵、自我与社会》,上海译文出版社1992年版。

后　记

本书是在我的博士论文基础上修改而成的。从构思到出版，本书的问世经历了一个漫长的过程。算起来，从 2001 年确定博士论文选题，至今已有 10 年；从 2004 年博士研究生毕业，至今也已有 7 年。之所以如此迟迟付梓，主要是因为对问题的思考一直"在路上"。

常常想起马克思在完成《德意志意识形态》一书后的那句话："我们的主要目的是弄清问题。"① 是的，几年来，总感觉问题还没有弄清楚。而之所以是这样，除了个人资质方面的主观因素外，客观上则是为该选题的前沿性所累。本书的前身、博士论文《活动视野中的思想政治教育》以马克思主义人学这个全新的研究范式，对思想政治教育现象进行了整体性反思，在思想政治教育领域首次明确、系统地提出"范式转换"问题。这一观点是在我的博士生导师张耀灿先生指导下逐渐形成的，并于 2006 年在张耀灿先生牵头撰写、人民出版社出版的《思想政治教育学前沿》一书中公开发表。这一论题的提出和初步探究，得到导师与学界的一致认可与肯定。近年来，张耀灿先生在一系列讲座、报告和相关论文中多次指出，我们在思想政治教育学界较早提出思想政治教育研究要实现人学范式的转向。② 后来有学者总结说，在思想政治教育学研究范式这个问题上，

---

① 《马克思恩格斯文集》第 2 卷，人民出版社 2009 年版，第 593 页。
② 参见张耀灿：《推进思想政治教育研究范式的人学转换》，《思想教育研究》2010 年第 7 期。该文提到的《思想政治教育学前沿》于 2006 年由人民出版社出版，其中的"活动研究"部分即由我撰写。

《思想政治教育学前沿》一书中所提出的从"社会需要论"到"现实的个人"研究范式的转换这一观点最为深刻。①

在此后的若干年内，学界开始从思想政治教育与人的存在之关系的视角进行整体性研究。但我认为，大家很少谈及甚至始终没有解决的一个问题是：人何以需要思想政治教育？大家一致认为，思想政治教育是人的存在方式。但是在解释这个结论时，人们更多的是论证人是精神的存在，人是文化的存在，人需要"思想文化"。但始终没有回答，人何以需要思想政治教育？即，思想政治教育究竟能为人的存在做些什么？难道仅仅是提供思想文化吗？可是，人对思想文化的需要即使不通过思想政治教育也是可以获得满足的。那么，为何非得通过思想政治教育呢？可以说，大家关注的是人与思想政治教育的关系问题，回答和解决的更多却是人与社会思想文化的关系问题。在现实生活中，人们也正是因为没有体会到思想政治教育之于人的价值，认为自己的思想文化需要完全可以自己获得满足，因而往往拒斥思想政治教育。这正是我一直困惑的问题，也是一直想努力解决的问题。

基于此，我开始从认识"思想政治教育与人的关系"这个最基础的、也是最核心的问题着手，相继发表了《思想政治教育本质再认识》、《论思想政治教育的人本价值》、《思想政治教育过程的本质再认识》、《交往活动与主体际：思想政治教育者与教育对象关系新解》、《人的活动：思想政治教育的存在之基》、《现实的人：思想政治教育研究的出发点》、《论思想政治教育研究模式的转变》、《思想政治教育功能分析的新视点》等系列论文。非常感谢《光明日报》、《学校党建与思想教育》、《思想教育研究》、《探索》、《理论探讨》等报刊的厚爱，他们对论文的采纳与肯定坚定了我进一步研究问题的信心，也使我对问题的认识逐渐"澄明"。

十余年来，在我的论文写作、修改和研究过程中，始终伴随着导师张

① 王智慧：《范式转换视域中思想政治教育原理的创生》，《山西师范大学学报》2010年第5期。

耀灿先生的关切。先生作为我国思想政治教育学科的创始人和奠基人之一，他的人格和学术造诣都为学界所景仰，更是我学术进程中的一盏明灯。尤为重要的是，先生总是宽容于我的愚钝与无知；对我的任何进步，先生又总是给予首肯与鼓励。寸草之心，难报先生"经师"与"人师"之春晖！

　　本书的修改与出版也一直伴随着天津师范大学马克思主义学院院长、博士生导师王秀阁教授的教诲与敦促。王院长对教学与科研工作之关系的科学认识，以及在学院工作安排方面的"因材而用"，都是鞭策着我前进的不竭动力，使我沉静地专注于思考想弄明白的问题。

　　责任编辑钟金铃博士为本书的出版付出了辛勤的劳动和大量的心血，他严谨的工作作风让我体会到了"三人行，必有我师"的古训。

　　由于本书的修改大都是在假期和周末进行的，失去了很多陪孔雨凡小朋友玩乐的机会。但愿此书的出版能够给她一个可以理解的理由。

　　学海无涯，思考的道路亦没有终点。

褚凤英

2011 年 7 月 8 日于天津师范大学博理楼 A 区 405 室

责任编辑:钟金铃
封面设计:肖　辉

图书在版编目(CIP)数据

思想政治教育活动研究/褚凤英 著. -北京:人民出版社,2011.9
(青年学术丛书)
ISBN 978－7－01－010278－8

Ⅰ.①思…　Ⅱ.①褚…　Ⅲ.①思想政治教育-研究　Ⅳ.①G41

中国版本图书馆 CIP 数据核字(2011)第 194634 号

思想政治教育活动研究
SIXIANG ZHENGZHI JIAOYU HUODONG YANJIU

褚凤英　著

人民出版社 出版发行
(100706　北京朝阳门内大街 166 号)

环球印刷(北京)有限公司印刷 新华书店经销

2011 年 9 月第 1 版　2011 年 9 月北京第 1 次印刷
开本:710 毫米×1000 毫米 1/16　印张:14.75
字数:200 千字　印数:0,001-2,500 册

ISBN 978－7－01－010278－8　定价:32.00 元

邮购地址 100706　北京朝阳门内大街 166 号
人民东方图书销售中心　电话 (010)65250042　65289539